The Chrysanthemum and the Sword

菊与刀

·全译本·

[美] 鲁思·本尼迪克特　著

万和　译

百花洲文艺出版社

图书在版编目(CIP)数据

菊与刀 /(美) 鲁思·本尼迪克特著 ; 万和译. —
南昌 : 百花洲文艺出版社, 2018.3
ISBN 978-7-5500-2709-1

Ⅰ. ①菊… Ⅱ. ①鲁… ②万… Ⅲ. ①民族文化-研
究-日本 Ⅳ. ①K313.03

中国版本图书馆 CIP 数据核字(2018)第033730号

菊与刀

[美]鲁思·本尼迪克特 著　万和 译

出版人　姚雪雪
出品人　杨建峰
责任编辑　刘　云
美术编辑　松　雪　王　进
制　　作　陈美林
出版发行　百花洲文艺出版社
社　　址　南昌市红谷滩世贸路898号博能中心A座20楼
邮　　编　330038
经　　销　全国新华书店
印　　刷　河北鹏润印刷有限公司
开　　本　880mm×1230mm　1/32　印张　8
版　　次　2018年3月第1版第1次印刷
字　　数　180千字
书　　号　ISBN 978-7-5500-2709-1
定　　价　29.00元

赣版权登字 05-2018-84

邮购联系　0791-86895108
网　　址　http://www.bhzwy.com

前　言

1944年，二战中的日本败局已定，美国急于制定战后对日政策。文化人类学家本尼迪克特受华府委托潜心研究日本，《菊与刀》就是这一研究成果：一个作为文化问题的战争军事问题报告。其研究意见不仅为美国军事外交决策所采纳，也被日本本土称之为现代日本学的鼻祖，是文化人类学者研究日本的经典性著作。

菊本是日本皇室家徽，刀是武家文化象征。菊花呈现柔美，莫不让人想起《枕草子》所展现的日本传统生活之美，以及川端康成笔下的女性温雅哀婉之美。刀则诉诸暴力，最容易让人想起的莫过于举刀剖腹的日本武士。菊与刀，一如樱花与武士。本尼迪克特选择这两个内涵迥异的意象，意在象征日本国民的矛盾人格或日本文化的双重性。正如作者所概括的："日本人既生性好斗而又温和谦让；既穷兵黩武而又崇尚美感；既桀骜自大而又彬彬有礼；既顽固不化而又能伸能屈；既驯服而又不愿受人摆布；既忠贞而又心存叛逆；既勇敢而又懦怯；既保守而又敢于接受新的生活方式。"

作者通过恩、情义、名誉等关键词描绘了日本人的德行规范，同时描绘了一个由洗澡、睡眠、吃饭、恋情、酗酒等组成的人情世界，最后指出日本人的道德困境。其结论是，日本文化是不同于欧美"罪感文化"的"耻感文化"：他们以知耻为德行之本，依靠外部的强制力来做善行。这种文化的极端表现，就是日本流行的自杀现象和战争输出。日本人以适当的自杀行为来洗刷污名从而赢得名誉，这让我们再一次想起武士切腹。而对外发动侵略战争，其深层动因依然是名誉，日本人迫切要求在世界上赢得“尊重”。

作为一部通览日本文化、解读其矛盾性格的惊世之作，《菊与刀》直接影响了美国对日政策，美国战后对日政策的成功也证明了《菊与刀》对日本人所做研究的成功。而该书自问世以来就行销100多个国家和地区，被公认为史上描写日本文化的第一书，受到了社会各界的高度评价，其影响至今不减。

2018年2月

目　录

第一部分

目的——了解日本

日本人是既生性好斗而又温和谦让；既穷兵黩武而又崇尚美感；既桀骜自大而又彬彬有礼；既顽固不化而又能伸能屈；既驯服而又不愿受人摆布；既忠贞而又心存叛逆；既勇敢而又懦怯；既保守而又敢于接受新的生活方式。菊和刀正好象征了这种矛盾。

美国全力以赴进行的所有战争中，与日本的战争是最让他们感到头疼的。在和其他国家打仗时，根本不用花太多时间来考虑两个民族在思维方式、习惯上的差异。比如在1905年的美俄战争中，美国的对手就是一个在文化上不属于传统西方阵营，同时又很精锐的民族。西方人觉得，即使是在战时，也应该遵循一些基本符合人性的战争惯例，但在日本文化里是没有这些概念的。因而，美日在太平洋上进行的战争就不仅仅只是岛屿海滩的登陆行动问题，也不仅仅只是后勤供应问题。在这种情况下，了解“敌性”成了最核心的问题。要对付日本，我们必须首先了解日本人的行动意图。

这其间的困难是可想而知的。日本打开紧闭的国门已有七十五年了，如今人们提及日本人时，仍对他们一系列令人极为迷惑的“但是，又……”等词句记忆犹新。这类词句极高的使用频率是世界其他民族所无法比拟的。任何一个严肃负责的人文社会学家，只要他不是日本人，在谈及其他民族时是不会一方面说这个民族彬彬有礼，同时又加上一句说："但是，他们又很蛮横、傲慢"；他也不会既说这个民族顽固不化，又说："但是，他们也蛮适应激烈变革的"；同理，他也不会既说该民族性格温顺，又说他们不轻易服从上级的命令；不会既说该民族忠诚、宽厚，又宣称："但他们又心存叛逆，满腹怨恨"；不会既说他们勇敢无惧，又描述他们如何怯懦；不会既说他们在做事时很照顾别人的感受，又说他们其实更关注自己潜意识里的思想；不会既讲他们规规矩矩遵守军队中的规则，又描述他们是如何不服管制，甚至犯上作乱；也不会既讲该民族如何倾慕西方文化，又渲染他们的顽固保守。任何一个严肃负责的观察家，只要他不是日本人，是不会在一本书渲染该民族如何崇尚美好的事物，如何高度重视演员和艺术家，如何醉心于菊花栽培；而在另一本书中却笔锋一转，大肆描述该民族是如何崇尚刀剑和武士的荣誉。

然而，所有上述这些矛盾却成了日本论著中纵横交织的经纬。而且，这些矛盾都实实在在地存在于现实生活之中。刀与菊便是这样一组矛盾。很大程度上，日本人是既生性好斗而又温和谦让的；是既穷兵黩武而又崇尚美感的；是既桀骜自大而又彬彬有礼的；是既顽固不化而又能伸能屈的；是既驯服而又不愿受人摆布的；是既忠贞而又心存叛逆的；是既勇敢而又懦怯的；是既保守而又敢于接受新的生活方式的。他们十分在意别人对自己的看法，而当别人对他们的劣迹毫无所知时，他们又会被自己的罪恶感所击倒。他们的士兵规规矩矩，但骨子里他们又生性叛逆。

既然了解日本人已成为美国的当务之急，我们就不能再对上述相关的令人烦躁的矛盾置之不理了。一系列棘手的问题正等着我们解决。比如日本人下一步将采取什么行动？如果不攻打日本本土，日本是否会投降？我们是否应该直接轰炸日本的皇宫？从日本战俘身上，我们可以找到哪些有用的信息？对日军和日本本土人民我们应采取哪种舆论策略，才能既挽救美国人的生命，又消磨日本人那种顽固抵抗的意志？这些问题即使是那些所谓的“日本通”也会众说纷纭。如果战争结束，为了保持世界和平，我们应该对日本人实行永久的军事管制吗？我们的部队是否准备要在日本深山老林中与那些疯狂的顽固分子决一死战呢？在战争还未结束之前，日本会不会发生一次类似法国或俄国式的革命？如果发生，谁将领导这次革命呢？如果没发生，那是否意味着日本民族只有等待灭亡？对这些问题的预测肯定是千差万别的。

1944年6月我奉命研究日本，组织要求我尽量使用一个文化人类学家所能使用的一切研究手段，尽早弄清日本民族的真实面目。那年夏初，美国开始了大规模的对日反攻行动。在美国，许多人都认为对日战争可能还得持续三年，或许十年，或许更长时间。在日本，民众们则认为这次战争可能会成为百年战争。他们说，美军虽然取得了局部胜利，但是新几内亚、所罗门群岛距离日本本土还有几千英里远呢！而日本官方的公报、媒体甚至根本不承认日本海军的失败，日本国民仍坚信他们会是真正的胜利者。

然而，进入六月以后，战争形势发生了急剧的变化。盟军在欧洲开辟了第二战场，两年半以来，盟军最高司令部一直将欧洲战场放在军事优先考虑的地位，现在由于对德战争即将取得胜利，这种策略就显得不再那么必要了。在太平洋地区，美军部队已在塞班岛登陆，这将是一场预告日军大败的重要的战役。此后的一段时间里，美军更是日益与日军短兵相接、决一死战。从以往在新几内亚、瓜达尔卡纳尔、缅甸、阿图、塔拉瓦（Tarawa）、比亚克（Biak）等地与日军的战役中，我们已清楚地知道，我们所面对的是一个极难对付的敌人。

因而，到了1944年6月，尽快了解日本民族的性格特征就被提到了议事日程。我们不仅要关心日本军事、外交方面的事情，还要关心她一段时间内的大政方针政策以及她对后方普通老百姓生活产生的舆论影响，对每一个细微的细节我们都必须仔细观察。日本正在全力以赴地进行战争，我们不仅要了解东京当局的目的和动机，不仅要了解日本漫长的历史以及她的经济、军事实力，我们还必须了解日本政府对她本国国民的期望值，必须了解日本人的思维和情感习惯，以及这些习惯所形成的处事模式；我们必须弄清这些行动、想法背后的制约因素；我们必须撇开一些先入为主的观念，设想在这种情况下，美国人会怎么做？我们必须尽量从事件中超脱出来，不要觉得美国人在一定情况下会做的事情，日本也会这么做。

我的工作任务是很艰巨的。目前美日两国正在打仗，往往在战争中很容易诅咒和痛骂敌军，但要真正了解敌人却并不是那么容易。而这正是我进行研究的目的。核心问题是日本会如何行动，而不是我们处在他们的境地会如何行动。因而，在研究中我告诉自己必须把日军在战争中的一切行动都看作“正值”，即有价值的资料来加以分析和利用，而不是作为“负值”也就是不利条件来看待。对日本发动战争这个事件本身，我应该把它当作一个文化问题来研究，而不是当作一个军事问题来看待。与在和平时期一样，日本人在战时的行为也自有其日本人的特点。那么，日本人在对待战争的态度，反映了他们哪些特殊的生活方式和思维习惯呢？看看日本的将领都在做些什么吧！他们在鼓舞士气、消除疑虑、激发潜能——所有这些都显示了在战争中他们把什么视为最核心的资源？我必须认真研究战争中的各个细节，只有这样才能逐步了解日本人。

但是，美日两国正在交战这一事实难免对我的研究造成影响

——这意味着我必须放弃实地调查的念头，而这种调查方法往往是文化人类学者最重要的研究方法。我无法去日本，也无法寄宿在日本人的家庭中生活，亲自观察他们日常生活中的种种酸甜苦辣；我无法亲眼目睹他们作决定的复杂过程；我无法观察他们是如何教育下一代的。当时唯一一部有参考价值的书就是人类学家约翰·恩布里（John Embree）的《须惠村》，但我们在1944年所遇到的许多关于日本的问题，在那本书里却还未涉及。

尽管困难很大，但作为一个文化人类学家，我却相信，还是有一些研究方法和技巧可以利用的，至少我可以利用最保险的方法——即与被研究的民众进行直接接触来进行研究。在美国有一些在日本长大的日本人，通过与他们交流，我可以知道他们是如何看待战争的，他们的观点给了我很多启示；我想，这种启示对每一个想了解其他文化的人类学家都是必不可少的。当时其他的社会学家多是通过采用分析图书文献、历史事件、统计资料，及日文的报纸来从事日本研究的。但我深为确信，我们真正想要知道的东西，更多是隐藏在日本文化的规则及其价值之中的。因此，从生活在那种文化的人开始研究，收获可能会更大一些。

然而，这并不意味着我不去查阅资料，也不意味着我不向曾在日本生活过的外国人请教。通过大量阅读有关日本的文献以及倾听西方日本专家的意见，我的研究工作开始初见成效。这些优势是那些研究亚马逊河发源地或新几内亚高原等地的人类学家们所没有的，因为这些民族基本上没文字，不能用文字、笔墨来记录自我。而且，西方人士对这些地域风情的描述很少，即使有，也大都是浮光掠影。很少有人知道这些民族的历史，这意味着实地调查的学者们必须在没有任何先驱学者的帮助下，探索这些民族的经济生活方式、社会阶层状况以及宗教生活中的最重要的层面。而我在研究日本的过程中却有许多学者的遗产可以继承，文献中有许多对现实生活细节详尽的描述：西方学者详细生动地记载了他们的生活经历，日本人自己也写了不少自身不寻常的心路历程的书。与其他东方民族不同，日本人有强烈描写、剖析自我的冲动，他们既写日常的生活琐事，也写他们宏伟的全球侵略计划，其露骨程度实在让人惊讶。当然，他们并没有和盘托出，因为没有任何一个民族会这样做。日本人在描述自己时经常会忽略一些关键性的东西，可能这些对他们来说太熟悉了吧。就如同呼吸的空气，已经习而不察、视而不见了。美国人在写美国时也是一样。尽管如此，日本人仍然是比较喜欢剖析自己的。

如同达尔文在创立物种起源理论时采用的方法一样，我阅读这些文献时也特别注意分析那些自己不太理解的东西。比如我要怎样才能理解议会演说中那一大堆罗列的概念？日本人为什么会对无足轻重的事咆哮不止，而对骇人听闻的暴行却听之任之？这种态度的背后到底隐藏着什么？我一边阅读，一边不断地问自己，“这幅画卷的症结何在？”“要彻底了解日本文化，我必须了解什么？”

另外，我还看了不少在日本拍摄的影片资料，包括宣传片、历史片以及描写东京及农村现代生活的影片等等。看过后我也和看过这些片子的日本人进行交流。与我不同，他们都是以日本人独特的眼光来看待电影中的男女主角及反面角色的。当我被一些情节搞的迷惑不解时，他们却不会如此。而且，他们对剧情、动机的理解与我也不一样，他们是从整部电影的结构来理解的。这就像阅读小说一样，我的理解和在日本长大的日本人就有很大的差距。在这些日本人中，有些人乐于褒奖日本的风俗习惯，有些人则痛恨日本的一切，很难说哪一种人使我受益更多。但他们所透露出的规范日本人日常生活的价值观却是一致的，不论他们对这种价值观是欣然接受，还是痛加排斥。

如果只是直接从研究对象（普通老百姓）本身搜集资料并寻求解释，人类学家所做的工作也无非是重复那些在日本生活过的任何一名西方观察家们所做过的事情。如果一个人类学家的工作仅仅如此的话，那他是不可能在现有的研究成果上有所突破的。正是由于文化人类学家受过专门的训练、正是由于他们的某些特质，他们才有可能在进行一段认真的研究后，在这个人才辈出的人文领域崭露头角。

人类学家已对亚洲和大洋洲的其他文化有了一定的了解，而日本文化中的一些社会习俗和生活习惯与太平洋岛屿上的原始部落的传统是极其相似的，比如有的是和马来西亚的相似，有的是和新几内亚的相似，也有的是和波利尼西亚的相似。根据这些相似来推测古代的移民和相互接触情况是一项很有趣的工作，但我并认为文化研究的真正意义是要了解这种文化间的历史关联，我觉得更为重要的是要用这类相似和差异来理解日本的生活方式。我对亚洲大陆的暹罗（Siam）、缅甸和中国文化也多少有些了解，正是这些民族创造了亚洲博大精深的文化，因而在研究过程中我也常常把日本文化和这些民族的文化进行比较。在有关原始民族的研究中，人类学家也反复强调这种文化比较是何等的有价值。一个部落可能有百分之九十的正式习俗与邻近部落相同，但却有可能有一小部分与周围任何民族都不相同，正是这一小部分差异体现着他们独特的生活方式和价值观念，也正是这一小部分差异最终决定着该民族的未来发展方向，尽管他们在整体中所占的比率非常小。对于一个人类学家来说，最重要的就是研究这种在整体上具有共性的民族间的差异。

同时，人类学家还必须使自己最大限度地适应自身文化与其他文化之间的差异。要解决这一难题，人类学家必须改进研究技巧。不同文化背景的人在遇到某种状况时，他们对这种情况寓意的理解是不同的。我自己就亲身体验过这种巨大差别。在一些北极乡村或热带沙漠地区，我们会发现一些以血缘关系或金钱交换为基础的部落习俗，而这几乎是连最具想象力的人类学家也无法设想的。面对这种情况，人类学家必须进行详尽的研究和调查，不仅要调查亲属关系和交换关系的细节问题，而且更重要的是要弄清这种习俗对在构建种族行为说的影响，以及这种习俗是如何世代相传下去的。

在研究日本的过程中也应该关注这种不同文化间差异、影响及其后果。人们都意识到了美日文化间根深蒂固的差异，甚至现在我们还出现了一种误导：认为凡是我们干的，日本就一定反其道而行之。一个研究者如果也相信这种说法，将这种差异简单地夸大，认为不同文化的民族根本不可能相互了解，那将是非常危险的。人类学家根据自己的经验已充分证明，即使最离奇的差异也不会妨碍研究者对不同文化的理解。比起其他社会科学家来，人类学家应更好地把差异作为一种“正值”即有用的资料来利用，而不是当作“负值”来看待。制度和民族之间的差异表现越是离奇，人类学者就应越加关注。在研究过程中，人类学者不应只注意少数几个特别挑选出来的例子，而应该将面铺广，对他研究的部落的生活方式中的任何细节都不能视为理所当然。一个未受过比较文化学训练的人在研究西方各民族的文化时，往往会忽视许多日常生活的细节甚至人们对琐事的固有看法，这主要是因为他把太多事情都视为理所当然。他不明白正是这些习惯和普遍接受的说法深层次地渗透了这个民族的民族性格，影响着这个民族的未来。它们的作用已远远超过了外交官所签订的各种条约。

人类学家必须对这种人们习以为常的日常琐事加以研究，因为一个部落习以为常的事情在另一个部落看来可能就具有了截然不同的意义。人类学家如果要理解某一部落最恶的一面，或是某一部落中最胆怯的一面，或是在某些假想的情况下其他部落是如何应对、如何感受时，他就会发现这将在很大程度上与人们如何理解那些日常习以为常的细节问题有关。人类学家必须认识到这些细节的重要性，并且也要懂得如何去发现和挖掘。

在研究日本文化时这种方法同样适用。人们只有高度重视一个民族中普通老百姓的日常生活琐事，才能充分理解人类学家提出的理论前提的重大意义：不论是最原始部落还是最先进的开化民族，普通老百姓个人的处事方式都是从日常生活中学来的。不论他们的行为是如何怪异、思想是如何的偏激，个人的感觉和思维方式往往总是与个人的经历有关的。我越是对日本人的某种行为迷惑不解，就越认为在日本人的日常生活中一定是有某些最平常的细节和琐事造成了这种奇特行为的产生。我的研究越深入到日本人的日常生活小事中，我的研究就越容易出成果。人都是在日常生活中学习和进步的。

作为一个文化人类学家，我的研究也是从这个理论前提开始的。即：许多看似孤立的行为之间其实存在一种必然的联系。我十分重视数以百计的单项行为构成一个总体模式。一个人类社会在自身的发展过程中逐渐形成了自己的一种模式。在人类社会中，总还是存在着某些公认的价值观的，人们会对某些情况的处理方式和解决方法表示认同，这些便是人们认知客观世界的理论基础。无论有多大困难，人们都试图把这些公认的处事方式融于现实生活中。人们既然接受了赖以生活的价值体系，就不可能同时在个人的微观生活中按照完全不同的价值体系来思考和行动，否则就势必陷于混乱和不便。他们将力求保持自身和大环境的和谐统一，为了努力使自己的行为与整个大环境趋同，他们接受公认的动机和理性思维。一定程度的和谐是必不可少的。否则整个体系就将不复存在了。

而经济活动、家庭行为、宗教仪式以及政治目标就像齿轮一样都相互啮合在一起。一个部门发生比其他部门更急剧的变化，其他部门就会感到巨大的压力，而这种压力正是来自内部和谐一致的需要。在权力至上的前文字时代，人们追求权力的意愿不仅表现在与其他部落的经济交往当中，也同样表现在宗教仪式上。后来随着人类社会的进步，文字开始出现，教会在宗教领域仍然保持了很大的权力，但在经济、政治等领域，教会逐步失去了权威。宗教仪式还是一样的，但内涵已发生了变化。宗教仪式、经济活动和政治活动，不再是各自圈在自己的小池之中，而是溢过假想的堤防，互相交流、汇合，以至掺混而难以分开。事物间的真理就是这样：研究者越是把他的调查研究扩散到经济、宗教、性生活以至婴儿抚育等更多的领域，就越能探究他所研究的领域中的真理，就能有效地在生活的任何领域提出一个理论前提并搜集资料加以论证，就越能学会把任何民族的任何政治、经济、道德的要求都理解为这是他们个人思维习惯和生活方式的表现。因此，我这本书并不是一本专门论述日本宗教、经济生活、政治或家庭的书，而是一本探讨日本人生活方式的书。它试图通过描述日本人的活动来揭示他们表露自我的一些动机和设想。它是一本探讨日本何以成为日本民族的书。

在二十世纪我们有很多弊端，其中之一就是我们仍然有许多合混偏激的概念在头脑中，不仅对日本民族的形成，而且对美国成为美利坚民族的原因，法国何以成为法兰西民族，俄国何以为俄罗斯民族等问题均是如此。各国之间由于缺乏了解而彼此误解。有时，纠纷仅仅是细微的毫厘之差，我们却担心是无法调解的分歧。而当一个民族整个经验、价值体系和思想上与我们的设想截然相反，并在此基础上制定了一系列的路线方针时，我们却奢谈共同的目标。我们根本没有找机会去了解什么是他们的习惯和价值。如果去了解，我们也许会发现，某一行动方针并非必然是坏的，因为事实上它并不是我们所想象的那样。

我们不能完全指望、相信各个民族自己关于自己思想和行动的说法。每个民族的作家都在努力描述他们自己的民族，但这有一定难度。任何民族在观察生活时所使用的镜片、所采用的视角都不同于其他民族。人们在观察事物时，也很难意识到自己是透过镜片观察的。任何民族都把这些视为当然，任何民族所接受的焦距、视点，对该民族来说，仿佛是上帝安排好的。我们从不指望戴眼镜的人自己会弄清镜片的度数，我们也不能指望各民族自己会分析他们对世界的看法。当我们想知道眼睛的度数时，我们就训练一位眼科大夫，他就会通过特定的技术来检查眼镜的度数。无疑，将来我们也会承认，社会科学工作者的任务就是为当代世界各个民族提供类似眼科大夫那样的服务。

这项工作，即要求大夫具备坚强的意志和某种硬心肠，又要求他们持有宽容心态。一些善意人士有时指责所谓的强硬心肠人们。这些“世界大同”的鼓吹者们坚信并且向全世界各地人们灌输这种信念：即“东方”和“西方”，黑人和白人，基督教徒和伊斯兰教徒，这些差异都是表面现象，实际上，凡是人，想法都是相似的。这种观点有时被称作“四海之内皆兄弟”。但是，我却不理解，为什么信奉“四海之内皆兄弟”，就不能说日本人有日本人的生活方式，美国人有美国人的生活方式。看来这帮软心肠的先生们有时似乎认为，全世界各民族都是一张底片印出来的，如若不然，国际亲善主义就无从建立。但是强迫他人接受这种尊重其他民族的条件单一性，就好比强求自己的妻子儿女要同自己一模一样，这就未免太荒谬了。而硬心肠的人认为差别必须存在。他们尊重差异。他们的目标是确立一个能容纳各种差异的安全世界。美国可以是地道的美利坚而不威胁世界和平；法国、日本也是如此。对于任何研究者来说，企图以外部压力来抑制此种人生态度的滋长的想法都无疑是荒谬的，因为这类研究者连他们自己都不相信文化差异就是悬在人类头上的达摩克利斯之剑。同样，软心肠的先生们也无需担心采取这种立场就会使世界僵死不变。鼓励文化上的差异，并不意味使之停滞静止。英国并未因为在伊丽莎白时代之后是安妮女王时代和维多利亚时代而丧失其英国色彩和性质，相反，正是由于差异和不同才使民族情节能够世代相传。

对民族间的差异进行系统研究，需要坚强的意志和宽容心。只有具有坚定不移的信仰的人，才会有超乎寻常的宽容。只有这样，宗教的比较研究才会蓬勃发展。这些人也许是耶稣教徒或阿拉伯学者，或不信教者，但绝不是偏执狂。文化的比较研究也是一样，如果人们还在战战兢兢地保卫自己的生活方式，并只相信自己的生活方式是世界上唯一的解决办法时，文化的比较研究就不能发展。这种人决不会懂得，了解其他生活方式的知识会增强对自身文化的热爱。他们把自身置于愉快和丰实的体验之外。他们是如此保守，以至他们别无其他选择，只能要求其他民族采纳并接受他们的特殊方式。作为美国人，他们就强求其他一切民族接受我们自己所喜欢的信条。但是，其他民族是难以接受我们所要求的生活方式的，这就好比我们无法学会用十二进位制来代替十位制进行计算，或者无法学会像东非某些土著那样以单腿站立方式休息一样。

因此，这是一本阐述日本习惯的书：人们觉得日本的习惯应该是什么样的，或是说人们觉得日本的习惯就是什么样的。它将谈及日本人在哪些情况下希望能得到恭维，在哪些情况下则不希望；他们什么时候会感到惭愧，什么时候会感到尴尬，以及他们对自己都有哪些原则、要求等等。本书所论述的事项，要说最理想的论据，恐怕就是那些平凡的街头巷尾形形色色的清谈者了。这并不意味着这些人都会亲自置身于书中提及的那些特殊情况，但他们都会承认在那种情况下他们会如何如何。之所以这样进行研究，目的是要勾勒出日本人灵魂深处指导他们思考、行动的态度。也许最终这本书都不能完全达到这种目的，但这是此书追求的目标。

研究者在研究中很快就会发现，对一些现象的研究，即使再增加更多的材料，也不能保证它的确凿性。譬如，一个人应在何时向谁行礼，就没有必要对每个日本人都进行统计研究。这种常识问题，任何一个日本人都可以向你说清楚，只要有几个例证就行了，没有必要通过成千上万的日本人获得一致的结论。

而如果研究者想弄清楚影响日本人生活方式的理论前提条件，他的工作就远比统计证实工作艰巨得多。人们迫切需要明白的是，这些公认的习俗和判断是如何形成日本人赖以观察现实的镜片的；他们必须阐述日本人的理念如何影响他们观察人生的焦距和观点，同时他还必须努力使那些用完全不同的焦距来观察人生的美国人也能听得明白。在这种分析工作中，最有权威的参照物和标准就并不一定是“田中先生”——普通日本人的代称了：因为“田中先生”并不能说清楚自己的观点，何况在他看来，为了能让美国人理解而写的那些解释无疑是过分的累赘。

目前，美国人对社会的研究，很少注意研究文明民族文化所赖以建立的各种理论前提。大多数的研究者都认为这些理念是不言而喻的。社会学家和心理学家大都只关注意见和行为的“分布”，他们的研究方法大都是统计法，他们通过对大量调查资料、调查答卷、交谈者的回答、心理学的测试等等，进行统计分析，想从中找出某些因素的独立性或相互依存关系。在对舆论进行调查时，可以在全国范围内实行抽样调查，这种科学的方法现在美国已发展成完善的体系。通过这种方法，就可以了解对某一公职候选人或某项具体政策有多少支持者或是反对者，支持者或反对者又可以按乡村或城市、低薪收入或高薪阶层、共和党或民主党来进行分类。在一个实行普选、并且由国民的代表起草颁布法律的国家里，这种调查结果具有实践的重要性。

美国人可以用投票方式来进行民意调查，并掌握调查情况。但他们之所以能这样做，是因为有一个十分明显却无人道破的前提条件：那就是他们都熟悉美国生活并且认为它的存在是合情合理、自然而然的。通过这种调查往往能告诉我们很多我们还不太了解的情况。要想了解一个国家，首先必须对这个国家国民的习惯和观点进行系统的定性研究，然后辅以投票的方式才能有效。通过审慎的抽样调查，可以了解支持政府和反对政府的人各有多少。但是，如果事先不弄清楚他们对国家本身抱有什么样的理念，抽样调查结果又能告诉我们什么呢？只有在清楚了他们头脑中国家的概念之后，我们才能弄清各种利益集团在街头或国会中到底在争论些什么。公众对政府所持的观点，要比标志各政党支持率的数字更具普遍性、而且也更持久。在美国，不管是共和党还是民主党，都认为政府是一种凶恶的东西，它限制个人的自由。对美国人来说，除了战时状态外，政府官员的社会地位并不比其他民间事业职员的地位要高。这种国家观与日本人之间的差别悬殊，甚至与欧洲许多国家也大不相同。我们首先必须了解的正是日本人的国家观，以及这种观点是如何反映在风俗习惯上，如何反映在对成功者的评论上以及民族历史的神话、庆祝民族节日的词曲中的。通过系统的研究，我们可以从这些间接的表现中发现日本人的国家观。

在研究选举时，我们往往会精确地知道赞成票、反对票各占百分之几。同理，我们对某一民族的生活态度以及他们所赞同的解决问题的方式，也应进行仔细、详尽的研究。日本正是这样的国家，她的基本观念十分值得我们研究。我确实发现，一旦我们弄清了西方人的观念与日本人的人生观有什么差别的话，并理解他们所使用的一些范畴和符号，那么西方人就不会再觉得那些原本很怪异的日本人还是那么离谱了。我开始明白，为什么日本人会把原本很急剧的变化看作是和系统一致的组成部分。我能试着分析原委了。当我和日本人一起工作时，我会发现那些原本觉得怪异的词句和概念，现在却一跃而变为具有重大含义、且充满情感的东西了。他们的道德观、罪恶观同西方人所理解的有着巨大的差异。他们的价值体系是独特的：既不是佛教的，也不是儒教的，而是既包含了日本人长处也包括日本人不足的，日本人自己的。

战争中的日本人

在战争中，日本人认为救助受难者是完全没有必要的。在撤退的时候军医甚至会先把伤病员全部枪杀，或让他们用手榴弹自杀。在我们看来，日本人对同胞简直犯了虐待罪。

每种文化都有自己一套对战争的独特看法，不管这些看法间的差别有多大，其中还是有一些在西方国家看来都是相同的。例如，当吹起号角的时候就是在动员大家要全民皆兵了；当局部战役失败后往往要鼓舞士兵的士气；当战死和伤亡人数达到一定比率时就应该考虑投降；以及和文化同源的其他西方国家作战时，在对待战俘问题上应遵循哪些公认的行动规则等等。

在对战争的看法上，日本人与西方人的真正不同在于日本人的人生观以及他们对人所应当承担的责任的看法。在系统研究日本人的文化及其行为时，我们不必过多考虑他们关于战争的观点与传统西方的战争观点之间的差别，尽管其中的某些差别可能会影射出日本人的性格特点，而或许这个特点正是我们所不了解的。同理，我们也不必特别考虑这种差别在军事层面上是否重要。

日本人评判战争正义性的标准与美国人是完全不一样的，它对国际形势的判断也与美国人不同。美国把战争归因于轴心国的侵略，认为是日本、意大利、德国三国的非法入侵破坏了国际和平。美国认为：当轴心国占领了满洲国、埃塞俄比亚和波兰时，他们实际上是在推行压迫弱小民族的罪恶政策；他们践踏了“让自己生存、也让别人生存”的公认的国际准则，或者至少是侵犯了“门户开放”的原则。而日本对战争的看法却是截然不同。他们认为：只要各国都拥有绝对的主权，整个国际社会就会处于一种无政府状态之中。因而，日本必须为建立一种等级秩序而斗争。这个历史使命只能由日本来完成，因为只有日本才是唯一的真正的自上而下等级制的国家，也只有她最了解“每人都摆正自己位置”的必要性。日本国内已经实现了统一和和平，平定了叛乱，建立了公路、电力、钢铁等基础产业设施。据日本官方数字统计，日本百分之九十九点五的青少年都接受了义务教育。因而，在这种情况下，它应该帮落后的友邻之邦中国一把了。同时，又由于“大东亚”各国同属一个人种，因而日本应该首先把美国从这一地区赶出去，然后再来收拾英国、俄国，让他们“滚回到他们该待着的地方去”。各国都是国际等级结构中的一环，环环相扣从而形成一个统一的整体。在下一章中，我们将谈谈这种等级思想在日本文化中所具备的深层次的含义，这种等级思想是符合日本人口味的。然而，那些被日本占领的国家并非也这么想，这可能是日本最大的不幸了。即使战败后，日本仍认为从道德角度讲不应该排斥“大东亚共荣圈”的理想。另外，日本战俘，即使是最不好战的士兵，也很少指责日本政府所勾勒的对大陆和西南太平洋地区的战略构想。今后一段相当长的时间内日本都将继续继承这种几乎与生俱来的“大东亚共荣圈”思想，其中最重要的是对等级制思想的信仰和崇拜。对崇尚平等的美国人来说，这些思想可能是陌生的，是不可思议的。但我们必须清楚了解等级制对日本意味着什么，等级制在凝聚日本民族时起了哪些积极作用。

同理，支撑日本取得胜利的基础也与美国一直所理解的不同。日本叫嚷着日本必胜，宣扬精神必将战胜物质。他们说：美国是个大国，军事实力确实优越，但这算得了什么？！这些都是我们早就知道的，根本不应放在心上。人们可以从一份发行量很大的报纸上看出一些苗头。《每日新闻》上经常会刊登这样的句子："我们如果害怕数字就不会开战。敌人的丰富资源并不是这次战争创造的。"

即使是在日本打了胜仗的情况下，日本的政治家、高级统帅以及军人们都反复强调说："这次战争并不是军备的较量，而是日本人崇尚精神与美国人崇尚物质两种观念的较量。"在美军打了胜仗的时候，他们还在反复地说："在这场较量中，物质力量注定必将失败。"在塞班、硫黄岛战役溃败时，这一信条毫无疑问成了很自然的托词，但这并不是专门为失败而准备的借口。在日军炫耀胜利的几个月中，这个信条一直起着鼓舞士气的作用。早在偷袭珍珠港以前，它就已经是一个尽人皆知的口号了。在三十年代，前陆军大臣、狂热的军国主义分子荒木大将在《告日本国民书》的宣传小册子中写道：日本的"天定使命"就是要在"全世界宣扬武士道精神，力量不足不是问题，我们日本人难道还怕那些纯物质的东西吗？"

当然，像其他许多备战的国家一样，日本人其实也很担忧。在整个三十年代中，国民总收入中相当大一部分都用于了军备，而且这个比例还在上升。在偷袭珍珠港的那年，国民总收入将近一半用在了陆海军的军事装备上。有关民用的财政支出只占政府总支出额的百分之十七。由此可见，日本与西方各国的区别并不在于日本对物质军备的不关心。但是，日本人认为：军舰、大炮等物质的东西只不过是永恒的"日本精神"的表面象征，这就像武士的佩刀是武士道德品质的象征一样。

美国一贯注重实力，而日本则一贯重视非物质资源。日本也像美国一样开展增产运动，但日本增产运动的独特性在于它独特的思想基础。日本人认为，精神就是一切，是永恒的。物质当然也必不可少的，但那却是次要的，短暂易逝的。日本的广播电台经常叫嚷说："物质资源是有限的，没有万年不变的物质，这是永恒的真理。"这种对精神的信赖赤裸裸地体现在了战争之中。在日军的战术手册中有一句格言："以我们精锐的士兵来对付敌军武器装备的优势，以我们血肉之躯来抵挡敌人的坚枪利炮。"这就是军队传统的指导思想，并不是为这次战争而特意定做的，日军部队手册的第一页就用粗体字印着"阅读必胜"四个字。日军的飞行员可以驾着战斗机以"赶死"的方式冲向我们的军舰，这就是精神战胜物质信条的活生生的例子。日军把这支力量称为"神风特攻队"。之所以叫做"神风"是处于这样一个典故：公元十三世纪成吉思汗东征时，他的船队在驶向日本的途中因遇飓风而全军覆没，是这次"神风"挽救了日本。

日本的精英阶层即使对民间也崇拜精神优于物质条件这一信条。例如，老百姓不是在工厂里干了12个小时，又被通宵达旦的轰炸搞得筋疲力尽了吗？他们就说："身体越累，意志、精神就越昂扬"，"越是疲倦，就越能锻炼人"。老百姓冬天在防空洞不是很冷吗？大日本体育会就在广播中命令大家做御寒体操，声称这一体操不仅能代替取暖设备和被褥，而且可以代替一般老百姓为维持正常体力所需而又极其缺乏的粮食。他们说："当然，也许有人会说，在现在食品缺少的时候谈不上做什么体操。但此话不对。食物越是不足，我们就越要用其他方法来增强我们的体力。"这就是说，必须用额外消耗体力的方法来增强体力。美国人看待体力的标准，总是看昨天是否达到八小时或五小时的睡眠；饮食是否合理；是不是寒冷，再计算可以消耗多少体力。日本人的计算方法则根本不考虑什么贮存体力的问题，认为那是物质至上主义。

在战争中，日本的广播更为极端，甚至说在战斗中，存在精神可以战胜生理上的死亡的例子。有家广播电台曾播送过一个飞行员战胜死亡的故事。“空战结束后，日本的飞机都是三、四架一组地飞回机场。大尉是最先回来的一批。他从自己的飞机上走下来，然后用双筒望远镜注视着天空。当他的部下返回时，他一架一架地数着，脸色有些苍白，但却十分沉着。看到最后一架飞机返回后，他写了报告，向司令官作了汇报。然而，刚汇报完，他就倒在地上。在场的军官们急忙跑上前去帮忙，但他已经断气了。经过检察，发现他的身体已经冰凉，在他的胸口上有致命的弹伤。一个刚断气的人，身体是不可能如此冰冷。而大尉的身体却凉得像冰块。所以，大尉肯定是早就死了，是他的精神支持他作了这次汇报。可以肯定，正是这个大尉的强烈责任感才使他一直坚持到最后并创造了这样的奇迹。”

当然，美国人肯定会觉得这个故事编造得太荒诞。然而，所有受过教育的日本人对这则广播却并不感到好笑。他们相信，日本的听众肯定不会认为这是荒诞无稽的故事。他们首先指出一点——即这个广播如实地说明，这位大尉的英雄事迹是“一个奇迹般的事实”。为什么不能有奇迹？灵魂也是可以训练的。这位大尉显然是一位自我修炼到家的高手。既然日本人都懂得：“崇高的精神可以永恒”，那为什么这种精神就不能在这位责任感极强的大尉身上停留几个小时呢？日本人深信，通过特殊的修炼，一个人的精神能够达到最高境界。大尉通过训练已达到了这种境界。

作为美国人，我们完全可以对日本人的这一系列极端的行为不屑一顾，认为这是不开化民族的托词，或者是被欺骗者的幼稚幻想。但是那么，不论在战争时期还是在和平时期，如果我们真的这样看待，我们就难以在与日本人打交道时游刃有余。通过大肆的宣扬和特殊的训练，一些禁忌和对某些事物的排斥已深深根植于日本人心中。但同时，我们必须认识到这些信条并不仅仅只是某些怪癖的体现。只有当美国人了解了这些后，他们才能理解为什么日本人在战败时会说"光有精神是不够的"；才能理解为什么日本人会承认"企图用'竹枪'来守住阵地真是幻想"的内在含义。而更为重要的是，当我们听到日本人的"光有精神是不够的"的论断时，我们知道这是通过在战场上、在工厂中与美国人的精神进行较量的过程中而得出的结论。就像日本人在战败后所说的那样：在战争中，他们"完全是凭主观感觉行事的"。

日本人关于在战争期间等级制的必要性的看法、精神力量高于一切的理念以及对其他事情的看法都为比较文化研究者进行研究提供了素材。他们不断宣扬安全、士气等问题只不过是为了预警而事先准备问题。不论遇到什么灾难，城市的空袭也好，塞班岛的溃败也好，菲律宾的失守也好，政府总是对日本老百姓说：这些是早在我们预料之中，没有什么可担心的。收音机仍播着冗长的文字，希望日本人继续坚信，他们仍然居住在一个全都预计到的世界之中。"美军占领了基什加岛（Kiska），从而使日本本土处于美国导弹的攻击范围之内，但是我们对此早有估计，并作了必要充分的准备。""敌人肯定会以陆、海、空三军的立体战术向我们发动攻击。对这些，我们早就预料到了。"日本战俘，就连那些希望日本在这场无休止的战争中战败的人也认为，轰炸不可能完全摧毁日本本土，"因为他们早就做了充分的准备"。当美军开始轰炸日本大型城市时，飞机制造业协会副会长在电台中发表讲话说："敌机终于飞到我们上空了。然而，令他们失望的是，我们飞机制造业的全体成员早就预料到了此事，并对此已做了充分的准备，因而，没有什么值得担忧的。”只有假想成“一切都在我们的预料之中，我们已做了万无一失的准备”，日本人才能继续大肆宣扬说一切都像他们预料的那样，没有任何人将任何事强加给了他们。“我们不应认为自己是被动挨打了，而应该认为是我们自己主动地把敌人吸引过来的。”日本人会说：“敌人啊，你要进攻就来吧。”他们决不说：“要发生的事终于发生了”，相反，他们会说：“我们所期待的终于来了。我们欢迎它们的到来。”海军大臣在国会演说中引用了1870年的伟大武士西乡隆盛的格言说：“有两种机遇，一种是偶然撞上的，另一种是自己创造的。当面临困难的时候，必须自己去创造机会。”另外，据电台报道，当美军突入马尼拉市中心时，山下（奉文）将军“微微一笑，诡秘地说：敌人的行动正中我下怀……”“敌军在仁牙因湾（Lingayen Bay）登陆后不久，马尼拉市就陷落了。马尼拉的沦陷可能事先已被山下将军料到了，因而事态的发展是与将军的部署一致的。山下将军的作战目标正在一点一点地实现。”这也就是说，马尼拉的溃败帮了山下将军的大忙。

和日本人一样，美国人也走极端，只是他们往往走向另一极端。美国人之所以要全力以赴投入战争是因为这场战争是别人强加给他们的，是因为他们遭到了攻击，所以要给对方一点颜色瞧瞧。美国军方发言人在谈及珍珠港、巴丹半岛事件时，决不会对普通士兵说：“这些都是我们早已预料到的。”反之，美国的官员会说：“这是敌人故意挑起的，我们只能给他们点颜色看看。”美国人认为这个世界是一个充满竞争与挑战的世界，因而他们时刻准备迎接挑战。而日本人却认为这个世界上的好多东西都是事先安排好的，不必感到害怕。真正使他们感到受到威胁的是那些未曾料到的状况。

日本人在作战时经常考虑的另一个问题也显示了日本人生活方式的独特性。他们会经常说："全世界的人都在注意着我们呢！"因而，在作战过程中他们必须将日本精神发扬光大。美军在瓜达尔卡纳尔岛登陆时，日军向其部队下达的命令是："现在全世界都在关注着我们，我们必须体现出日本男儿本色。"日本海军对其官兵的指示是："一旦遭到鱼雷攻击，而上级命令你们弃舰时，所有海员必须以最优雅的姿态转移到救生艇上，否则将遭世人之耻笑，美国人会把你们的丑态拍成电影，拿到纽约去放映的。"日本人非常在乎他们给世界其他民族的人留下的印象，而他们对这一点的关注正是源于日本文化的影响。

最明显的例子就是日本人对天皇陛下的态度。天皇到底真正拥有多大权力呢？一些研究日本的美国权威人士指出：其实在日本七百余年封建统治中，天皇不过只是一个有名无实的木偶。每个平民首先最应该效忠的就是他的庄园主，即"大名"；其次，他还要对将军和大元帅尽忠。对每个平民来说，天皇就如同一个可有可无的角色，离他们的生活实在太远了。天皇深居在与世隔绝的宫廷之中，他的个人活动和各种仪式也都要受到各种规章制度的严格限制。一般情况下，这些规章制度是由军事大元帅制定的。如果一个等级很高的封建诸侯表示对天皇敬意，那么他很有可能会被审判。对日本一般老百姓来说，天皇几乎如同不存在一样。一些美国学者认为，只有从日本的历史上寻求根源，才能真正了解日本。因为对一般老百姓来说，天皇只是一个模模糊糊的概念，那为什么这样一个模糊的概念能够立即被人们接受，并最终成为凝聚日本这个保守民族的力量呢？美国学者还认为：那些反复强调天皇对其臣民有永久统治权的日本评论家其实是太夸张了，他们越这么说，就越证明他们论据的脆弱性。因而，美国的战时政策没有必要去削弱天皇。

恰恰相反，对日本近来编造出的那种邪恶的纳粹元首理念，我们才应该给予坚决的回击。天皇是当代日本具有民族主义色彩的神道教的核心，如果我们对天皇的神圣性进行挑战，那么，整个日本的价值结构就会坍塌。

许多熟悉日本的有才干的美国人，在他们读了来自前线的一些材料或日本媒体方面的报道后，往往会对上面的观点持相反的意见。凡是在日本生活过的人都非常清楚，没有什么会比用言语诋毁天皇，或对天皇进行直接的人身攻击更刺痛日本人的心、激起他们斗争的士气了。这些人非常清楚，日本人绝不会把对攻击天皇看作是对军国主义的攻击。一战后，当“德谟克拉西”（在英文中的意思是“民主”）的理念已深入人心时，当军国主义已成为众矢之的以至于士兵去东京的街头都要换上便服时，日本人们对天皇的崇敬仍旧是那么的狂热。但一些土生土长的日本人也指出：不能将日本人的这种对天皇的崇拜与德国的“盲目崇拜希特勒”混为一谈，后者是纳粹党兴衰的晴雨表，是与法西斯的一切罪恶紧紧联系在一起的。

当然，我们也可以从日本俘虏的口供中找到类似的观点。与西方的军人不同，日本战俘由于没有受过专门的训练，在被俘后他们往往不知道什么该说、什么不该说。因此，他们对所有问题的回答都是杂乱无章的。这种现象可能与日本的不投降主义有关。直到战争结束前几个月，这种状况还是没有改变。即使有一些改变，那也只限于特定的军团和地方部队。我们应特别重视这些战俘的口供，因为它们集中体现了日本军人的意见。除了极少数是因受伤或失去知觉无力抵抗而被俘的以外，几乎所有的这些战俘都不是因士气低落而主动投降的。就这一点，就值得我们对他们的口供进行认真的研究。

那些顽强抵抗到底的日本俘虏，把他们的极端军国主义与天皇联系了起来。认为自己是在“执行天皇的意志”，是为了“让天皇放心”，并愿意“为天皇而献身”。他们认为：“发动战争是天皇的旨意，作为臣民我们只能遵守。”然而，那些反对这次战争及日本未来侵略计划的人，也同样把他们的和平思想归功于天皇。对所有人来说，天皇就是一切。讨厌战争的人称天皇是“爱好和平的天皇”，他们说天皇“一直都是一位自由主义者，一直都是反对战争的”，“是被东条英机欺骗了”，“在满洲里事件时，天皇就表示他是反对军部的”。“战争是在天皇不知道和未被天皇授权的情况下发动的。天皇不喜欢战争，因而也不会允许他的国民参战。天皇并不知道他的士兵们受到怎样的虐待。”这些证词和德国战俘的完全不同。不论德国战俘对希特勒手下的将军或最高司令部背叛行为表示如何的不满，他们仍然认为希特勒是挑起战争、发动战争最大的唆使者。而日本战俘则明确表示，对皇室的忠诚与军国主义及极端的战争侵略政策是两回事。

天皇和日本是分不开的。“没有天皇的日本就不能被称为日本”，“根本难以想象没有天皇的日本会是什么样子。天皇是日本国民的象征，是宗教生活的中心，是超宗教的信仰对象。”即使日本战败，天皇也不能因此而受到谴责。“人们不会觉得天皇应该对战争负责的。”“如果战败，也应由内阁和军部领导人来承担责任，天皇是没有任何责任的。”“即使日本战败了，所有的日本国民仍然会继续崇拜天皇。”

在美国人看来，只要是人就免不了会受别人的怀疑和批判。因而他们对日本国民对天皇的顶礼膜拜感到极度的不可思议。但事实上，即使在日本战败后，日本国民对天皇的态度和看法仍然没有改变。经验丰富的审讯官都觉得没有必要在每份审讯笔记上都写下“拒绝诽谤天皇”的字样，因为没有一个战俘愿意诽谤天皇，这其中也包括那些和盟军有过合作、并帮助过盟军对日军进行颠覆的人。在所有审讯战俘的口供中，只有三份不同程度上表示过对天皇的反对意见。一份比较露骨的提到：“保留天皇是一个错误。”另一份则说：“天皇是一个意志薄弱的人，他只不过是个傀儡罢了。”第三份则只是提到：“如果天皇将皇位让给皇太子，而在皇太子执政期间废除了君主制的话，那么日本青年妇女就会像她们羡慕已久的美国妇女一样得到解放了。”

因而，当日军将领们把“天皇恩赐”的香烟分赏给部下时，当他们在天皇生日那天率领部下向东方三拜并高呼“万岁”时，他们正是利用了这种举国上下对天皇的崇敬。在“部队日夜受到敌军轰炸时”，日本将领们会带领部下一起早晚共吟天皇亲自在“诏书”中向军人颁赐的“圣旨”，“朗朗诵声在树林中徐徐回荡”。军国主义分子极力用尽人们对天皇的忠诚之情。他们号召所有官兵要以对天皇的敬爱之情来“实现天皇的愿望”、“消除天皇的困扰”，并愿意“为天皇而献身！”但是，这种对天皇的尊崇却是一把双刃剑。正如许多日本战俘所说，“只要天皇下令，即使只有一根竹枪，日本人也会毫不犹豫地投入战斗。同样，只要是天皇下令，日本人就会马上停止战斗。”“如果天皇下诏，日本明天就会放下武器，停止斗争，连最彪勇好战的满洲关东军也不另外。”“只有天皇的诏书才能使日本国民接受战败这一事实，并为了战后家园的重建而继续生活下去。”

日本人对天皇是毫无保留的无限忠诚的，而对其他的人和团队又是无比的吹毛求疵，这两种态度形成了鲜明的对比。不论是日本的报纸、期刊还是其他战俘的供词中，都有不少对政府和军部领导人的批评意见。战俘们公开指责那些前线的指挥官，尤其是那些不能与部下同生共死的人；对那些自己坐着飞机撤离，而让士兵们自己抵抗到底的指挥官，日本战俘们更是深恶痛绝。一般来说，战俘们对有的军官赞赏有加，而对另一些军官却严厉谴责。这说明日本人并不是缺乏辨别善恶是非的能力。即使日本本土的报纸、杂志也有时对“政府”的行为进行指责，他们要求更强有力的政府、更高效的组织协调部门。他们甚至抨击政府限制了言论自由。一个明显的例子就是：1944年7月，一些报纸编辑、前国会议员、日本极权政党头目和皇家顾问联盟的相关领导人在一起举行了一个座谈会，东京一家报纸对此次事件进行了相关报道。其中有位发言者说：“我认为唤醒国民良知的办法有很多，但其中最重要的一种就是言论自由。这么多年来，日本国民都不能畅所欲言。他们害怕讲了些什么后会受到责怪。他们疑心很重，往往只是表面应付，做事缺乏气魄。这样，还有什么人民大众的力量可谈？”另一位发言者也就这个问题发表了自己的看法：“我几乎每天晚上都和自己选区的选民进行座谈，问他们对好多事情的意见，可他们就是唯唯诺诺不肯开口。当人的言论自由都没有时，还有什么更好的方法能刺激人们战斗的意志呢？在所谓战时特别刑法和治安维持法下，日本国民的言行深受限制。因而他们像封建时代的老百姓一样，唯唯诺诺、胆小如鼠。内在的战斗力也不可能发挥出来。”

所以，即使在战时，日本人也批评政府、军部高级将领以及他们的直接上司。他们并没有全盘地盲目地接受等级制的一切规则。然而，在对待天皇这个问题上却除外，天皇不会受批判。直到近代，天皇的至高无上性才得以确立，为什么他会如此受到人们尊重呢？日本人的性格中的什么因素会使天皇的神圣性不可侵犯呢？只要天皇一声令下，日本人就会“挥舞竹枪”，战斗到生命的最后一刻。同样，只要诏令一下，日本人也会老老实实承认战败的事实，接受占领。这种看似滑稽的现象是会将我们的研究引入歧途呢？还是会指引我们寻找真理？

日本人的这些关于战争的看法不仅影响了日本国内人们的态度，而且也影响了前线军人的思想。比如一般的日本人都有反物质主义的倾向，对天皇都虔诚崇拜。其中有些关于战争的看法深深影响了日军的战斗风格，比如只要取得胜利，不会考虑牺牲的人数。当美国把海军勋章授给台湾海峡危机总指挥乔治·爱斯·麦肯因将军时，日本媒体的宣传口径与美国人的态度是截然不同的。报道是这样写的：

“我国官方认为，之所以授予乔治·爱斯·麦肯因将军勋章并不是因为他使日军开始考虑要不要卷入冲突。虽然大家都知道这正是在尼米兹公报上所确认的。美国觉得：授予麦肯因将军勋章是因为他成功挽救了两艘损坏的美国军舰，并把它们安全地护送到了基地。这篇报道之所以重要是因为它是一件真人真事，而不是虚构的。我们并不怀疑麦肯因将军确实救了两艘军舰。但是我们感到奇怪的是：在美国，挽救了两艘军舰就能被授予勋章。”

一次次的救援行动，一批批对落难者的救援物资都让美国人深深地感动。对美国人来说，“雪中送炭”不仅仅只是英雄主义的行为。而日本人所理解的英勇是排斥这类救援行动的。他们甚至将美国人在B29轰炸机和战斗机上配备救生器具的行为称作“懦夫行为”。日本的报纸、广播不断地谈论着这个话题，只有置生死于不顾的冒险精神才是最高尚的，小心谨慎、提前预防是无价值的。这种指导思想在对待伤病员和疟疾患者的身上体现得淋漓尽致。在医疗用品严重不足的情况下，要维持正常的战斗力量都将是一个问题，而要治疗这些伤员简直就是在浪费资源。时间一长，补给上的困难致使本来就很少的医疗服务变成了空谈。但这并不是事情的全部，在这里，日本人对物质主义的蔑视起了重大作用。日军士兵往往被灌输这样的思想：死亡本身就是精神的胜利，我们这样对病者的治疗实际上是对英雄主义的干扰，这就好比要在轰炸机上安上安全设备一样。即使在日常生活中，日本人也不像美国人那样经常去看内外科医生。美国人对伤病患者的关注和怜悯要远远地超过对其他福利设施的关心，关于这一点，即使和平时期，来美国旅游的欧洲人也常常谈论到。这种对弱者的关照对日本人来说是很陌生的。在战争中，日军没有一支训练有素的医疗队伍，能够在战火中搬运伤员、并进行最及时的抢救；也没有系统的医疗设施，如前线救护所、后方野战医院，以及远离前线的康复医院等。对医疗药品补给就更不用说了。在某些紧急情况下，为了避免麻烦，干脆把伤病员干掉了。尤其是在新几内亚和菲律宾，由于欠缺考虑，日军往往在伤病员还没被转移的情况下，就不得不从还有医院的阵地上撤退了。在敌人就要占领这个阵地的时候，日军医院的负责人才开始执行所谓“撤退计划”。其实他们所要做的就是在临走时先将伤员全部杀掉，或是让伤病员自己用手榴弹自杀。

如果日本人可以用处理废品的方式来对待本国的伤病员，那么他们对待美军战俘的态度显然也不会好到哪去。依我们的标准，日本人不仅对美国战俘，而且对他们自己的同胞也是犯了虐待罪的。前菲律宾上校军医哈罗鲁得·格拉特里（Harald W.Glattly）讲述他自己的战俘经历时说，在他被监禁在台湾的三年期间，美军战俘所享受的医疗待遇要比日军好。在俘虏营中，盟军的军医经常照顾盟军的战俘，而日军却几乎连一个军医都没有。在相当长的一段时间之内，给日军战俘看病的唯一的医务人员只是一个非专业的下士，后来变成了一个巡官。那个巡官说他自己一年也就只见过军医一两次。

比日本这种不计较伤亡人数思想更极端的就是他们的不投降主义。西方任何军队在尽了最大的努力后，发觉自己根本没有希望取得胜利的情况下都会向敌军投降。他们仍然觉得自己很光荣，而且根据国际协议，他们的名字会很快通报给他的祖国，以便让他们的家人知道他们还活着。无论是作为军人还是作为平民，他都不会觉得有任何愧对家族的地方。然而，日本人却不这么想。荣誉就是战斗至死。在没有任何希望的情况下，日本士兵应当用最后一颗手榴弹自杀或者赤手空拳冲入敌军进行自杀性的冲锋。他唯一不能做的就是投降。如果日本士兵由于受伤或丧失知觉而做了俘虏，那他就“再也没法在日本抬头做人了”。他丧失了名誉，那个以前的他已经“死”了。

当然，日本军规中有上述的规定，但在前线却显然没必要再对此进行特别的教育。日军忠实实践着这条军纪，以至在北缅会战中，被俘者与战死者的比例为142比17166，也就是1比120。而且，这142名被俘者中，除少数以外，在被俘时都已负伤或已昏迷。一个人独自来或两三个人结伴来“投降”的情况就更少了。在西方国家里，有个公认的原则是如果阵亡者达到全军兵力的四分之一或三分之一时，这个仗就不值得再打下去了。投降者和阵亡者的比率大约是4比1。日军在霍兰迪亚（Hollandia）第一次大规模投降中，投降者和阵亡者的比率为1比5，这与北缅的1比120比起来已经前进了一大步了。

所以，在日本人看来，那些美国战俘光是投降这件事就够让人觉得可耻的了。即使没有受伤，或得疟疾、赤痢等病，也已经是个“废物”，没有资格在被称为“完人”了。许多美国战俘都坦言，在俘虏营里大笑是一件非常危险的事，因为这会极大地刺激看守。在日本人眼里，没有什么事情比做战俘更让人感到可耻了，而美国人居然不懂得这个，这简直让人无法忍受。另外，美国战俘必须服从的一些命令，也是日本军官要求俘虏营的日本看守们必须遵守的。在夜间集合或是乘坐拥挤的运输船转移，对日本看守们来说已是司空见惯了。尽管日本哨兵只是要求美国战俘不要公开违抗规定，要他们慢慢学会如何隐瞒自己的违章行为，可美国战俘还是觉得哨兵的管制太严。战俘们白天外出修路或上工厂做工时，按规定是禁止从外边把食物带回来的，但这个规定常常是一纸空文。因为只要把水果、蔬菜偷偷地包起来，不让上头发现就行了。但是，一旦被发现，那就是犯了滔天大罪，就意味着是在向日本哨兵的权威挑战。公然向权威挑战，哪怕只是“顶顶嘴”，也会受到严厉的惩罚。在日常生活中，日本人也是很讨厌顶嘴的，在军队中对顶嘴的惩罚更加严格。由于文化习惯不同，人们处理问题的方式可能有所不同。但在俘虏营中，对于“恶迹”和“叛逆”只能是严惩不贷。

特别是在战争初期，很多日本士兵深信：一旦被捕，敌军肯定会虐待战俘，甚至会把他们杀死。所以大家更加觉得作战俘是可耻的了。在日本国内有一个广泛流传的谣言，说美军的坦克都是从在瓜岛战役中投降的战俘的尸体上碾过的。也有一些日兵打算投降，但美军很怀疑，为安全起见就把他们都杀了，这种做法却得到了上级的肯定。一个视死如归的日军最大的骄傲就是能与敌人同归于尽。即使在被俘后他们也会这么干。就像一个日本战俘所说的那样：“既然已下定决心要把自己献给胜利的祭坛，如果临死前不能作出什么壮举那才是奇耻大辱呢。”正是这种思想才使美军倍加警惕，也使日军不愿投降。

投降是可耻的，这一思想已在日本人心里打上了深深的烙印。虽然这与我们所理解的一般战争惯例有所差异，而日本人却视为理所当然。同样，我们的一些行为在他们眼里也不可理解。他们非常吃惊地说，居然会有些美军战俘要求把自己姓名通知本国政府以便让自己的家属知道自己是否还活着，这简直太不可思议了。至少，日本兵没有想到在巴丹半岛战役中美军会向他们投降，因为他们原以为美军会像日军一样奋战到底呢！他们实在无法理解，为什么美国人对被俘一点都不感到羞耻。

西方兵和日本兵之间在行为上最戏剧性的差别，是日军在被俘后竟会与盟军合作。日军不知道在这种新的环境下应该怎么办。作为一名日本人，他已没有什么名誉可言，他的政治生命已经结束了。直到战争快要结束的前几个月，才有极少数人说：不论战争结果如何，他们都希望能够回国。还有一些人则要求处决自己。他们说：“但是，如果你们规定不许这么做的话，那我就要做一个模范战俘。”事实上，他们比模范战俘表现得还要好：一些老兵和多年的极端民族主义者给我们指出弹药库的位置，仔细说明日军兵力的部署情况，还为美军写宣传品，甚至还与美国飞行员同乘一辆轰炸机去攻打军事目标，好像他们的生命又开始了崭新的一页。虽然现在生活的内容与过去完全不同，但他们此时的信念却与过去同样坚定。

当然，不可能所有的战俘都是如此。也有少数坚硬不摧的人。而且，对这些顽固不化的人来说，不论最后结果怎样，在一开始就必须先给他们一些好处。因而，有些美军指挥官很警惕，从不接受日本人主动提出的帮助。甚至在某些战俘营，美军根本不打算要利用任何日军战俘可能提供的帮助。在那些接受日军战俘合作的战俘营中，必须首先通过调查消除原本的顾虑，随后慢慢在对日本战俘有好感的基础上建立对他们的信任感。

美国人并未期望每个战俘都会做出这样180度的大转弯，因为这和美军对日本战俘的认知不符。但日本人的行为准则好像是：一旦选定了一条路就全力以赴去做，如果失败了，就很自然地再选择另一条道路。那么，他们这种行为方式对我们管理战后的日本人有什么启发？还是说只是个别被俘士兵身上出现的特殊情况？就像日本人在战时的其他特殊行为一样，战后它们引起了我们对日本人生活方式的重新思考。它们不仅涉及日本人民赖以生存的环境、各种机制运行的方式，还涉及日本人的思维方式和行动习惯。

第二部分

各得其所　各安其分

对发动战争、侵略别国，日本人的理由是：他们在建立国际等级新秩序。当然理想的等级秩序一定是日本人处于金字塔的顶端。被占领国的居民要把日本当作哥哥，理解他们来统治自己的好意。

要想理解日本人，首先弄清楚日文中“各得其所”（或“各安其分”）这几个字的意思，对理解日本人至关重要。日本人对秩序和等级制的信仰如同美国人对自由和平等的依赖一样，虽然这两个事物看上去如同南北两极一般对立。一般美国人都不太可能将等级制视为社会机制的一部分。而日本人却对等级制的作用深信不疑，认为等级制构建了人与人之间的关系以及人与国家之间的关系。因而，我们只有认真研究诸如家庭、国家、宗教及经济机构这样的社会团体，才有可能了解日本人对生活的看法。

日本人在看待国际关系问题时也如同在审视国内的问题，也是从等级制的视角出发的。在过去的十年间，他们一直自认为自己高居于国际权力金字塔的顶端，而如今的现实却是西方国家取代了他们当初的那种地位。由于一直深受等级观念的影响，在内心里他们只好接受现实。日本的外交文件一再申明对这一观念的重视。1940年日本签订的日德意三国同盟条约前言声称：“大日本帝国政府、德国政府和意大利政府确信，要使世界保持永久和平，前提条件是各国都能摆正自己的位置，在国际社会中‘各得其所’。”天皇在签订此条约所发的诏书中再次提到了这点。诏书中说：“努力促进世界大同，在全球伸张正义，这乃我皇祖皇宗之遗训，我日本国民应将此日夜铭记在心。当今时局动乱，人民生灵涂炭。为早日勘定祸乱，恢复和平，我三国政府遂立盟约，以期早日达成目标。”“我们的重要任务是要各国政府能够在国际舞台上摆正自己的位置，我们的光荣使命是让各国人民能够安居乐业。这在历史上是绝无仅有的，我们仍然有很长的路要走……”

就在日本偷袭珍珠港的当天，日本大使向美国国务卿赫尔（cordell Hull）递交了一份明确的声明，其中一点写道：“……日本帝国最重要的目标就是要使各国都能在国际社会中摆正自己的位置，现有的国际秩序是与日本的愿望背道而驰的，因为它使太多国家都在国际体系中享有了太多的自由。”

这份声明是针对不久前赫尔的备忘录而发的。赫尔在这份备忘录中强调了美国的几条最基本原则，提出这些基本原则在美国人心中的地位与等级制在日本人心中的地位同等重要。赫尔国务卿提出了四项原则，即：各国主权及领土完整的不可侵犯；互不干涉内政；信赖国际合作及和解；平等的原则。这些原则体现了美国人信奉平等及不可侵犯的权利的精神，也是我们认为不仅在国际关系中，而且在日常生活中也必须同样遵循的准则。对美国人而言，平等，是追求一个更美好的世界的基础，是实现崇高理想和获得高尚道德的基础。对我们来说，它意味着拥有不受压迫、不受干涉、不受强制的自由，意味着在法律面前人人平等、每个人都有追求幸福的权利，它是当今世界公认的基本人权的基石。即使在我们自己破坏了这一原则的时候，我们还是尊重平等的；我们满怀怒火，向等级制度宣战。

美国人自建国以来就一直是这样看待问题的。杰弗逊把这些原则写入了《独立宣言》，宪法重要组成部分之一的《权利法案》也是以这些原则为基础的。一个新诞生的国家能够在自己的公开文件里正式地写入这些原则是非常重要的，因为它们反映了美洲大陆上的人们在日常生活中所形成的生活方式，一种与欧洲人完全不同的生活方式。一位法国年轻人阿列克斯·托克维（Alexis de Tocqueville）在十九世纪三十年代初访问美国后写作了一些有关平等问题的书。对阿列克斯·托克维来讲，美洲大陆就是一个完全不同的世界。但他是一位很有悟性的观察家，很快便在美国这个陌生的世界发现许多优点。托克维是在法国贵族社会中长大的，在他的那些个阶层里，有实权有影响力的人士都受到过法国大革命的震撼和冲击，对《拿破仑法典》也还记忆犹新。在托克维的书中，他高度评价美国的新奇的生活秩序，并以一个法国贵族的独特的视角预示了在欧洲旧大陆即将发生的事情。虽然欧洲与美国存在着巨大的差异，但他确信正在美国形成的生活方式将是人类社会发展的趋势，因而在美国发生的事情迟早也将在欧洲发生。

因而，托克维用了大量笔墨来描述这个新世界。他认为只有在这里人人才能真正平等。人与人间的交往都非常轻松、自然、不拘小节。人们都以平等的身份进行沟通和交谈。美国人在对待关于等级的礼节上，既不强求别人恪守这些礼节，也不勉强自己遵循这些礼节。他们崇尚自我奋斗，不接受没有理由的恩惠。那里不存在贵族式的或是罗马式的家族，在旧世界占统治地位的社会等级制度在这里消失得一干二净。托克维说，在美国人心中没有什么可以和平等相提并论。即使是自由也不例外，因为人们可能会在无意中忽视自由。而平等却是人们生活的基石和意义。

托克维以一个异乡人独特的视角描述了一个多世纪以前的美

国人的生活。许多美国人读后都深有感触。随着时间的流逝，美国社会也发生了沧海桑田的变化，但这个社会的基本轮廓还是没有变的。当你阅读这本书的时候，你会惊奇地发现，原来1830年的美国已经是我们所了解的美国了。不仅在过去，现在在美国也仍然有一些人像杰弗逊时代的亚历山大·汉密尔顿一样，他们仍对贵族式社会秩序情有独钟。但即使是汉密尔顿本人也不得不承认：在美国，贵族式的生活已经一去不复返了。

因此，在珍珠港事件前夕，我们就真诚地向日本表明了我们的原则，即美国在太平洋地区的一切政策都是建立在一定的道德基础上的。我们知道，我们在前进方向上迈出的每一步都将不断完善这个并不完美的世界。同理，当日本人推出他们“各得其所”的信念时，他们也是根据自身的社会经验而制定出自己的生活准则。很长时间以来，不平等已成为日本社会正常运作的一个重要的组成部分，承认由等级制而产生的特权对他们来说就如同呼吸一样自然。然而，这还不是西方人所理解的那种简单的霸权主义。统治者也好，被统治者也好，都是按照与我们完全不同的传统、习惯来说话办事的。现在日本已经欣然接受了美国的权威地位，因而我们就更应该深入探究这习惯背后的指导思想。只有这样，我们才能准确地判断出他们在目前的情况下将采取怎样的行动。

尽管日本有越来越被西化的趋势，但它依然是一个等级制森严的国家。人们的每一次寒暄，每一次交往，都必须显示出彼此间的亲疏远近以及双方在社会地位上的差异。当日本人表达“吃”或“坐”的意思时，对不同的人，他用的表达方法是不一样的。他会区分要表达的对象是家里人、下属还是上级。比如“你”这个词在日文中就有好几个，在不同的场合必须使用不同的“你”；动词也有不同的说法，有不同的表达方式。也就是说，在日文中有很多

“敬语”，这点与其他太平洋上的民族是一样的。在使用这些“敬语”的时候还要伴有适当的鞠躬和跪拜。所有这些细节都是有具体的规矩和惯例的。鞠躬时，不仅要弄清楚向谁鞠躬，而且还得懂得鞠多大的躬。一个对主人来说十分恰当合理的鞠躬，而在另外一个关系稍有不同的人看来可能就是一种无礼了。鞠躬的方式也很多，可以是双腿跪地用前额触地的跪拜，也可以是双手伏地的跪拜，甚至还可以就是简单地低下头和肩来跪拜行礼。因而日本人必须从小就得学习行礼，而且得学习在哪种场合行哪种礼。

两个人交往时，不仅要考虑彼此间等级的差别，同时还需考虑双方在性别、年龄，家庭背景以及彼此过去的交情等其他因素，只有这样才能在待人接物上受到大家的好评。甚至是两个同样的人，在不同情况下，他们彼此间表现的亲疏远近程度也是不一样的。一般人在与自己的好朋友交往时可以不用行鞠躬礼，但如果对方穿上军服，那个穿便服的朋友就必须向他鞠躬。如何适当地表现出对等级制的尊重是一门艺术，它要求人有综合考虑多种因素的能力。在有些情况下可以不太考虑一些辈分、等级上的差别，而在有些情况下却要求人们特别注意这种社会等级上的不同。

当然，也有一些人在彼此交往中没有那么多讲究。比如在美国，人们（这里主要指各自家庭里的人）一回到自己家中，就会把一切形式上的礼节都抛掉。而在日本，家庭恰恰是人们学习礼仪和观察礼仪的地方。母亲背着婴儿时就用手摁下婴儿的头，教婴儿懂礼节。幼儿刚会摇摇晃晃走路时，要学的第一课就是学习尊敬父兄。妻子要给丈夫鞠躬，孩子要给父亲鞠躬，弟弟要给哥哥鞠躬，女孩子则不论年龄大小，要向哥哥和弟弟鞠躬。鞠躬并不是只徒具形式的，它同时还具有深刻的内涵。比如一个人向另一个人鞠躬的话，那鞠躬的人的意思就是承认对自己正在处理的事，对方现在有权干预；而受礼的一方的意思就是也知道自己承担着与其地位相应的某些责任。性别、辈分、长次的不同构成了等级制度的基础，是家庭生活重要的组成部分。

孝道是中国和日本共同的传统美德。在公元前六、七世纪，伴随着中国的佛教、儒教以及中国的世俗文化在日本的传播，中国的孝道思想也被日本人普遍接受。然而，由于中日两国家庭结构的不同，孝道的特点不可避免地有所改动。在中国，甚至是现在，一个人也必须对整个家族尽孝尽忠。一个有成千上万个成员的家族对每个都有约束力，它的兴衰成败也来源于每个人的支持与努力。当然，中国幅员辽阔，各地具体情况也有差异。但在大部分地区，一个宗族几乎包括了一个村庄的全部居民。中国人口有四亿五千万之多，但只有470个姓氏。同一姓氏的人，大都承认彼此是同宗。某一地区的居民，可能全部同属一个宗族。即使在城市里也会有同宗，虽然他们住得离乡村已经很远了。像广东那种人口稠密的地区，宗族成员全部联合起来，经营、维持着壮观的氏族宗祠，在祭祖的日子里，宗族成员共同向同一远祖繁衍的数以千计的祖宗牌行礼致祭。每个宗族都有自己的财产、土地和寺院，并设有基金以资助有前途的宗族子弟学习。它联系并了解散在各地的成员。每十年左右刊印一次经过认真增订的族谱，记载有权分享祖宗恩惠者的姓名。每个家族都有自己世代相传的家规族规，家族甚至可以在意见与当局不一致时拒绝把本族犯人交给当局审判。在封建帝制时期，这种半自治性质的大家族，承认受政府当局管理往往是名义上的。而那些由于不断的政府更迭而由政府指派来的地方官员，在这个地区更是被视为外人，没有任何实际权力。

日本的情况就大不相同了。一直到十九世纪中叶的时候，也只有少数贵族和武士家族可以使用自己的姓氏。在中国，姓就是整个家族的命根子，如果没有姓氏或相当于姓氏的东西，就不能被称为家族，它也不可能发展。在某些宗族中，族谱的作用就类似于姓氏。但在日本，只有上层阶级持有族谱，而且那种族谱的记录，就像“美国革命妇女会”（Daughters of American Revolution）一样，是从现在活着的人追溯上去的，而不是由远古到现在那样列举始祖所传的后裔。这两种方法是有本质的区别。再加上日本是封建国家，尽忠的对象并不是宗族，而是封建领主。每个领主就是当地的君主，这和中国那种任期短暂的官员完全不一样，因为后者往往是这个地区以外的人。在日本，重要的在于这个人是属于萨摩藩还是肥前藩。人与人之间是靠他们所属的藩来联系的。

祭祖是另一种使家族制度化、机制化的方法。即在神庙或圣地祭拜氏族神以让他们保佑后人。在日本，即使是没有姓氏和家谱的平民也是这么做的。如果无法证明整个村民都同属一个祖先的话，他们是不会一起在一个神庙里祭祀祖宗或族神的。往往有些人因为住在某位祭神的封地上，就被称作这个祭神的“孩子”。当然，这块地儿的人和那块地儿的人其实最终还是有某种联系的。因为和世界各地的其他村落一样，人们由于在一个地方世代定居、通婚，彼此间就有了亲戚关系，只是他们不是出于同一个共同的祖先罢了。

一般人的客厅里都会摆着与六七个最近去世的先人的灵牌，人们在这里祭拜祖先，表达对先人的怀恋和尊敬。在日本所有社会阶层中，人们每天都要通过这种方式来祭祀过世的父、母、祖父母以及其他近亲。佛坛前会供有食品，佛坛上供奉的是类似墓碑的灵牌。曾祖父、曾祖母的墓碑上的文字如果已经无法辨认，也不再有人去重新刻写它们，三代以前的墓地甚至会被人们快速淡忘。日本的家族联系很淡薄，也许与西方，比如法国的家族最相近。

因此，日本人的“孝道”主要是局限在朝夕相处的家庭成员间的。充其量只包括父亲、祖父，以及伯父、伯祖父及其后裔，范围就包括在这个圈子内，每个人应该根据自己在这个圈子里的辈分、性别、年龄来确定自己的位子。豪门望族的家庭成员圈子可能大点，但往往会分成几个独立的支系，然后次子再另立门户。在这个小的家庭成员范围内，对每个处于不同位置的人应当承担什么样的义务有着明确的规定。只要长者还把持家里的事物，对他们就必须绝对服从。甚至今天，一个自己几个儿子都已成年的男子，在他父亲还未正式隐退之前，无论干什么都必须向年迈的父亲请示，获得他的允许。哪怕孩子已经三十、四十岁了，父母还是要一手包办他们的婚姻。父亲作为一家的男性之长，用餐时他首先拿筷子，沐浴时也是他先去洗，全家人向他毕恭毕敬地行礼他则只需点头受礼。在日本有一则流传极为广泛的谜语，用我国的解谜形式来翻译则是："为什么儿子让父母明白自己也有错的时候就像要求和尚头上蓄发一样？"（佛教僧侣必须受剃度）答案是："不管怎么想，绝对不可能。"

"各安其分"不仅包含着辈分的差别，而且也包含着年龄的差异。日本人在说自己非常困惑时，常说"既不是哥哥又不是弟弟"，就像我们说的"既非鱼又非鸟"一样。在日本人看来，一个人只有保持如兄长一般的气魄，他在社会生活中才能如鱼得水。因为长子往往是继承者。去过日本的旅游者们往往会提到"日本的长子从小就拥有的责任感"。长子拥有与父亲相差无几的特权。在过去，弟弟肯定不久就会成为依赖长子的人。现在，特别是在农村和乡镇，按古老规矩长子留在家中，弟弟们受到更多的教育，到社会上去闯荡取得更多的收入。但古老的等级制观念仍然根深蒂固。

甚至在现今政治论坛上，在大东亚政策的讨论中这种遗留下来的兄长观念也表现得淋漓尽致。1942年春天，陆军省一个中佐发言人就共荣圈问题作了如下的发言："日本是他们的哥哥，他们是日本的弟弟。这一事实要使占领地区的人民们都明白。不要对被征服者太体贴了，否则他们会非常依赖日本，以至对日本的统治产生不好的影响。"换言之，在做决定时，哥哥觉得怎样对弟弟好就怎么办好了，在这件事上不必过分考虑弟弟的意见。

不论长幼，一个人在等级制中所处的位置还和他的性别有关。日本妇女走路时要跟在她丈夫身后，因为她的社会地位比丈夫低。即使她们穿上西服，和丈夫并肩而行，进门时走在丈夫前面，一旦换上和服，就必须退到后面。在日本家庭中，女孩子只能眼睁睁地看着礼品，关怀和教育费全被兄弟占有。即使有几所为青年女性开设的高等学校，那里的课程也是以教导礼仪和举止规范为重，在智力训练上根本没法与男性学校相比。这种学校的宗旨无非是给那些上流家庭出身的女学生讲授一点基本的欧洲语言常识，以便他们在帮丈夫整理完书籍后，能正确地插入书架，放回原处。

但是，与亚洲其他的国家比起来，日本妇女还是拥有很大自由的。而且这也不单纯是日本西化的一种表现。比如，她们不像中国上层妇女那样必须缠足，她们不必始终藏在闺房里，他们可以自由进出店堂，在大街上行走等等，这些都让印度妇女羡慕不已。在日本，妻子掌管全家收入和支出的比例。钱财短缺时，她就把家当送进当铺。家庭主妇管理着家里佣人的事物，对儿子的婚姻也有很大的决定权。当了婆婆以后更是一把持家好手，对儿媳呼来唤去，仿佛忘了自己前半生也是一个唯命是从的媳妇一样。

在日本，由辈分、性别和年龄的关系而造成了极大的特权。但是，与其说这些爱行使特权的人是独断专制，倒不如说他们是受整个价值体系的影响。一般父亲或兄长要对全体家庭成员负责，包括活着的、去世的，以及将要出生的。他必须做出重大决定贯彻下去。不过，他的权力不是无限的。他的行动必须对全家的荣誉负责。他必须使儿子及弟兄们能牢记该家族的遗产，包括精神遗产和物质遗产，并要求他们配得上它们。即使是一个农民，他也是祈求祖先能够保佑他的崇高事业的。他的阶级地位越高，他对家族承担的义务越多。家族的责任和使命往往是要高于个人自己的要求的。

不论门第如何，遇到重大事件时，家长都会召集全体家庭成员，通过开会讨论来决定。比如，一个有关订婚的会议，家族成员可能会从老远的地方赶来参加。大家都对事情有发言权。因人而有轻重。一位妻子或弟弟的意见也可能被采纳。户主倘若无视众人意见，独断专行，则会很难堪，当然，在有关自己的前途和命运时，个人可能不会完全对会议的决定从命。但是，那些一直以来都完全服从家族会议决定的长辈们，会使出浑身解数要求晚辈们也像自己当年一样地服从决定。与普鲁士传统中那种男子对妻子和小孩的专横权利比起来，日本人这种做法的合理性在法律上和习惯上都与普鲁士的不同。它的强制性并不因此而削弱，但效果则不同。日本人在家庭生活中并不学习尊重专制权力，也不会轻易养成对专制权力屈服的习惯。无论要求多么苛刻，每个成员都必须服从家族会议的决定。因为这个决定与每个人的利益生死攸关，因为家族意志要求每个家族成员必须忠诚与服从。

家庭是日本人学习等级制思想最早的平台，人们通过家庭的学习把自己个人对等级制思想的认识固定下来，并为以后的政治、经济活动打下了深深的烙印。在日本，不论这个人在一个团队中是否真正具有支配权力，只要他的位置在既存的“等级体制”中高于自己的位置，那么人们就要对这个人表示“服从”和“尊敬”。即使是夫妻之间，或兄长之间，在正式场合妻子和弟弟也不能对丈夫或兄长怠慢无礼。这种由等级制思想所规范的人与人之间的界限不会因某个有能力的人的出现就消失，尽管这个人可以在幕后控制、引导事态的发展；同样，等级制规定的各种礼节仪式也不会为了迎合眼前当权者而有所改变。等级制依然是不可侵犯的。这种现象有时甚至会给人们提供一些策略上的便利，比如出生卑微的人也有可能掌握实权，虽然很可能在当时的情况下他更多的是身不由己。日本人在与家人交往的过程中懂得：要果敢地做出一项决定，其最令人信服的理由无非是向众人表明这么做可以维护家族的荣誉。这种决定并不是那些专制家长的心血来潮，也不是通过铁腕强加于人的。日本的家长更像一位物质财富和精神财富的受托人，这些财产对所有的人来说都非常重要，它要求每个人的意志都服从规范的要求。虽然日本人在家庭中很少使用暴力，但人们并不因此就不尊重、不服从家长的要求，也不会因此就冒犯身份地位比较高的人。同样，家庭中做主的也并非都是些强硬的人。总的来说，每个家庭中的等级思想、行为规范还是可以很好地延续下来的。

美国人处理人际关系的方式与日本人完全不同，因而对上面提到的日本人家族中等级思想和等级做法很难接受，也很难形成一种强烈的感情共鸣。日本家族中有一种相当牢固的连带性，这种连带性如何获得，是本书研究的课题之一。同时，更重要的是：要想理解这种等级思想在政治、经济生活等其他领域对人的要求，首先就必须认识到日本人是如何在家庭生活中养成这种习惯的。

等级思想对日本人生活的影响不仅体现在家庭生活中，也体现在阶级关系上。日本历史上一直都是一个等级森严的阶级社会。一个有着几个世纪等级制习惯的民族，既有其重大的长处，也有其重大的短处。等级制一直是日本有文字历史以来生活中的准则，甚至可以追溯到公元七世纪。那时，日本已经从无等级的中国吸取生活方式，使之适应其自身的等级制文化。在七世纪到八世纪的时候，日本的天皇及官员们都被中华民族的绚烂文化深深吸引，因而他们决定要用中国的那种高度文明来充实日本的文化事业。他们以无与伦比的巨大精力进行这项事业。在那以前，日本连文字都没有。七世纪时，日本采用了中国的表意文字来记述它自己那种与中国完全不同的语言。在那以前，日本有一种名叫四万神的宗教，它保佑山岳、村庄，给人们赐福。这种民间宗教历经无数变迁，延续至今，这便是现代的神道。七世纪时，日本大规模地从中国引入佛教，使其成为“保护国家的宗教”。在此以前，不论官方还是私人，日本都没有巨大的永久性建筑。于是，天皇仿照中国的京城建造了新的奈良城。日本各地还仿照中国式样，建造了许多壮丽的佛教伽蓝（寺院）和僧院，天皇采用了使节们从中国学来的官阶品位和律令。在世界历史上，很难在什么地方找到另一个自主的民族如此成功地有计划地汲取另一个外国文明。

不过，在刚开始的时候，日本就未能复制出中国的那种无等级的社会结构组织。日本所采纳的官爵，在中国是授给那些经过科举考试合格的行政官员的，而在日本却授给了那些世袭贵族的封建领主。这是日本等级制的主要组成部分。日本有许多半独立的藩国，而各个藩国间又相互警惕对方的实力。因而许多当地的社会习俗都是与领主、家臣及侍从的特权紧密相关的。中国的文化如中国的官僚行政制度以及那种将从事不同职业的人凝聚起来的宗族观念等虽源源不断地输入到了日本，但却最终未能取代日本人以等级观念为核心的生活方式。日本人也不能接受中国人那种世俗皇帝的观念。日语中将皇族的人称为“云上人”，其意为只有有皇家血缘关系的人才能继承皇位。在中国经常改朝换代，但在日本却一次也没发生过。天皇神圣不可侵犯，天皇的臣民也是不可侵犯的。日本天皇及其宫廷大臣们当时把中国文化引入中国的时候，肯定无法想象中国在这些方面做了哪些安排，也想不到中国人对他们做了哪些改动。

因此，尽管日本吸收了中国文化的各种精华，但这些文明不过只是为世袭领主与诸侯间的冲突扫清了道路。随后几百年的时间里，世袭领主与诸侯间为争夺国家的统治权展开了激烈的斗争。八世纪末叶，贵族藤原氏掌握了大权，将天皇的权力实行了虚设。后来，封建领主们纷纷反对藤原氏的统治，整个日本陷入了内战之中。动乱中，著名的源赖朝征服了所有的对手，并自封为“将军”，成为日本的实际统治者。“将军”的全称是“征夷大将军”，与日本其他惯例一样，只有源赖朝的子孙才对其他封建领主具有控制权，并将这种特权世袭下去。现在的天皇已是徒具虚名，没有任何实际的行政权力，唯一的重要性仅体现在将军必须接受他的象征性的封赐这一礼仪上。实际权力掌握在幕府手中，为了保持自己的统治，他们对那些不肯服从的领地用武装加以镇压。每个封建领主，又称为“大名”，都有完全受命于自己的武装家丁，即“武士”。动乱时，这些武士随时准备挑战敌对的大名或最高统治者将军的“地位”和权威。

公元十六世纪内乱不断。经过几十年的浴血奋战，伟大的武将德川家康击败了所有的对手，在1603年成了德川家族的第一位将军。这种将军特权世袭了约有二百六十多年。1868年，天皇与将军的“双重统治”被废除，德川政权宣告结束，日本进入了近代时期。在日本历史上，漫长的德川时代往往被视为最重要的时期之一。因为它实现了日本国内几代人以武装求和平的梦想，并大大影响了为德川氏政治目的服务的中央集权制度。

德川家康曾遇到过一个非常棘手的难题，至今仍未找出一个令人满意的解决方案。在内战中，一些大藩的藩主曾公开反对他，并且直到最后惨败才俯首称臣。这就是所谓“外藩”。德川家康曾允许这些大名继续拥有自己的领地和家臣，并在自己的领地享有最高统治权。但是，这些大名们却不能享有德川家臣的荣誉，不能在幕府担任任何重要的职务。重要职务会一律保留在嫡系大名，即内战中拥护德川者的手中。为了维持这一困难的政局，德川家康首先采取的方法就是防止各个藩主们积蓄力量，组成任何可能威胁将军统治的联合力量。为了维持日本的和平和德川氏家族的统治，德川氏不但没有废除封建体制，而且还强化了这一体制并使它更加牢固。

日本的封建社会对阶层的划分极为复杂，每个人的身份地位都通过世袭的方式固定了下来。德川氏更加强化了这一制度，并且规范了各个不同阶层的日常行为。每户人家必须在门口张贴明示自己阶层地位和世袭身份的标志。他的衣着、食物以及居住的房舍，都要遵守世袭身份条款的相关规定。在皇室和宫廷贵族之下，日本还有四个世袭等级，其顺序依次是士（武士）、农（农民）、工（工人）、商（商人），最下的是贱民。贱民中人数最多、最为人所不齿的是“秽民”，即从事各种污秽职业的人。他们包括清道夫、掩埋死囚者、剥取死兽皮及制革者等。他们是日本社会的“不可接触者”，或者更为准确地说，他们根本不被当作人看。人们对他们居住的村庄视而不见，甚至连他们居住地方的道路在国家地图上也没有标注。这帮人生活极为贫困，他们虽也从事一些贸易活动，但他们却被排斥在正式社会组织之外。

与处于社会最底层的贱民相比，商人的地位仅比他们好一点。也许美国人对这种现象实在无法理解，但这在封建社会中却是客观存在的。商人与整个封建制度是格格不入的。因为当人们开始重视商业，经济贸易活动蒸蒸日上时，封建制度就有衰亡的危险。十七世纪时，德川氏颁布了世界上任何国家都未曾有过的闭关锁国政策，这从根本上破坏了一个国家商业的发展。日本曾经在中国和朝鲜的整个沿海地区进行过海外贸易，商人阶层的规模也逐渐扩大。为了阻遏这种趋势，德川氏规定：凡是建造或驾驶超过一定大小规模的船只的人，都要处以极刑。准许建造或驾驶的小船，既不能航行到大陆附近，也不能运载商品。由于关税壁垒，国内贸易活动也受到了严格的限制，藩界都各设有关卡，严禁商品自由流动。至于商人的日常生活也有相关的法律对其进行了规定。《奢侈取缔令》中规定了商人应穿戴什么样的衣服、佩带什么样的雨伞、操办婚礼丧礼时花费的最高限额等等。商人和武士不能住在同一个社区。当商人受到特权阶层如武士的羞辱时，法律不会对商人的正当提议进行保护。当时的日本之所以能够发展，很大程度上要归功于市场经济。而德川氏却企图把商人置于低人一等的地位，这在当时的市场经济下无疑注定是要失败的。

德川幕府极力将武士和农民打造成维持封建社会安定最中坚的两个阶级。在德川家康最终平定内乱之前，杰出的将领丰臣秀吉就已经用著名的“缴刀令”，完成对武士和农民这两个阶级的分离。德川家康收缴了农民的武器并规定只有武士才有佩刀的特权。武士不能再兼作农民、工匠或商人。即使是作为寄生阶级中最底层的武士也不能从事生产，他必须靠从农民的赋税中抽取的俸禄维生。大名把征收的谷米按份额分给每个武士家臣。武士无须考虑生活来源，他完全成了仰赖领主者。在日本历史的早些时期，封建大名与手下武士之间的牢固纽带，是在各藩国之间兵连祸结的战争中结成的。在天下太平的德川时代，这种纽带变成经济性质的了。日本的武士与中世纪欧洲的骑士不一样，他们既不是拥有领地和农奴的小首领，也不是有钱的士兵。他们是依靠俸禄生活的人，而在德川初年他们俸禄的额度就按照其家族的地位高低决定了。这份俸禄并不充足。根据日本学者估计，整个武士阶级的平均俸禄与农民的所得相差无几，只够维持基本生计。更头疼的是，这份微薄的俸禄有时还要和其他的家族继承人来分享。结果，选择做武士实际上限制了自己家族的繁荣。对他们来讲，最令人难堪的莫过于承认威望实际上是建立在财富和派头的基础上的这一事实。所以，他们给自己立下的信条是：俭朴是人的最高美德。

农民、工人、商人这三个阶级一般被称为“庶民”，而武士则不同，它不属于“庶民”，并且与庶民间还有着巨大的鸿沟。武士的佩刀不单单是起装饰的作用，同时它还是其特权和阶级的象征。他们可以对平民使用佩刀，这在德川时代以前就已经形成传统了。德川家康所颁布的法令中也规定：“对武士无礼或对上级不逊的平民，应立刻被斩。”不过，这也只不过是旧的规定罢了，它根本没有考虑到要在平民与武士阶级间的一种相互依存的关系。德川家康的政策是完全建立在严格的等级规定之上的。庶民阶级和武士阶级直接听命于大名，归大名直接统率。正如我们所看到的那样，这两个阶级各处在不同的社会阶梯上，每个阶梯从上到下又各有一套自己的法律、法规、统治权限以及相互间权利义务的具体规定。两个阶梯之间的人有不可逾越的距离。随着形势的变化，两个阶级之间需要一座沟通的桥梁，但这种沟通本身并不是封建体系的固有组成部分。

在德川时代，武士不再只是与刀剑为伴，他们还日益成为藩主的理财专家和精通古典能乐、茶道等各种风雅艺术的人。他们处理所有文字工作，并通过巧妙的手腕来实现藩主的意图。在两百年漫长的和平时间里，个人舞刀弄剑的机会非常有限。就如商人不顾严格的等级规定而致力于追求高雅舒适的城市生活方式一样，武士虽然也时刻准备浴血奋战，但在这个过程中也发展了各种风雅艺术。

虽然法律上没有明文规定农民不应受到武士的欺辱，虽然政府每年都征收沉重的赋税，并对他们的生活设定严格的行为规范，但他们还是有些安全保障的。比如，农民对农田拥有所有权，而在日本，有土地就意味着有威望。德川统治时期禁止土地永久转让。与欧洲封建主义不同，这条法律并不是要保障封建领主的利益，而是为了保障每个耕作者的利益。农民非常珍视这种对土地的永久拥有权，他们子子孙孙都在这块土地上耕作、不辞辛苦、无怨无悔。农民阶层就向阿特拉斯一样，他们的辛勤劳动养活了大约二百万的寄生阶级。这其中包括将军府官员、大名府官员以及武士等等。他们要交实物税，也就是要将一定比例的收获上缴给大名。同样是水稻农业国，暹罗时代的传统赋税是百分之十，而德川时代的日本则是百分之四十，而实际交纳的还要高。在有些藩中赋税则高达百分之八十。此外，还经常会出现强迫劳动役和无偿服务的情况，这在很大程度上消磨了农民的精力和时间。同武士一样，农民自己也限制家庭人口的数量。整个德川时代，日本全国人口基本没有太大的变化。在这么一段相当长的和平时期之内，一个亚洲国家的人口能基本保持不变，这足以说明那个时期的统治状况。不论是寄生阶级还是劳动阶级，政府都对两者实行斯巴达式的严格控制。人与人之间，以及下属与上级之间有着相当大的依赖性。人们都很清楚自己的义务、权力及位置。如果这些原则遭到破坏的话，最贫困的阶级就会进行反抗。

极度贫困会使农民起来反抗。不仅要反抗封建领主，而且还要反抗幕府当局。在德川氏统治的二百五六十年间，农民起义的次数不下一千次。主要原因并不是由于“四公六民”的传统重赋，而是要抗议累增的赋税。在实在无法忍受的状况下，他们就会成群结队涌向藩主表示抗议，但是请愿和谈判的程序却是井然有序的。农民们写好请愿书，然后递呈给藩主内臣。如果请愿书被内臣扣压，或者藩主置之不理的话，他们就派代表去江户把状子呈送给幕府的将军。在一些有名的判例中，都是农民在江户城内的大道上拦截幕府高官的车子，直接呈递状子以保证折子不被扣压。尽管农民呈递状子要冒极大风险，但幕府当局收到状子后会立刻开始着手调查，并很快宣判，并且判决结果有一半是对农民有利的。

然而，幕府当局对农民上访事件的看法却是：农民的抱怨可能是正当的，国家对他们意见的重视也是可取的。但是，日本人对法律和秩序的服从程度还是差强人意的，农民起义的领袖们已公然违反了等级制的严峻法令。尽管最后判决结果对农民有利，可不容忽视的一点是：农民起义者的行为已经破坏了必须忠贞这一基本法律。因此，不管他们的出发点如何正确，他们也应被判以死刑。甚至那些农民也应该一同受刑。被判处死刑的人虽然被他们视为英雄，但处刑那天，当人们聚集刑场，亲眼目睹起义的领袖们被投入油锅、砍头或是被钉上木架时，在场农民们却没有进行暴动。这就是法令，这就是秩序。人们可以在事后给那些被判死刑的人建祠立碑，奉他们为殉难烈士。但他们必须受到惩处，因为这是他们所赖以生存的等级制法律的核心。

简单地说，德川幕府历代的领导人都在力图巩固、强化各藩的等级结构，以便使每一个阶级对封建领主产生深深的依靠感。每个藩中，大名居于等级制的顶端，因而他对属下可以行使特权。将军最主要行政职责就是控制大名，他必须采取一切手段来防止各个大名之间结盟或推行侵犯计划。各藩藩界上也设有哨所关卡，对过往行人严格查验，严禁“出女入炮”，以防止大名私运妇女出境或偷运武器入境。不得到将军的许可，大名不能联姻，以防止导致任何政治联盟的危险。藩与藩之间的通商也受到阻碍，甚至彼此之间不能架桥。另外，将军不时还会派出一些密探来了解各地大名财政收支情况，一旦发现哪一个藩主的金库充盈，将军就会要求他承担巨额的土木建筑工程，以此来消耗他的资金。在各种规定中最出名的一项就是，一年当中，大名必须在京城（江户）住上半年。当自己返回领地的时候，也必须把自己的妻子留在江户（东京）作为将军手中的人质。通过这些方式，幕府确保了自己的权威，并加强自己在等级制中的统治地位。

当然，由于将军也是由天皇任命来执掌政权的，因而在这个拱形的等级制权利结构中，将军并不是最重要的力量。但在日本的幕府时代，天皇和他的世袭贵族们大都隐居在京都与世隔绝的深宫中，因而没有什么真正实权。天皇的财政来源甚至还没有一些大名多，宫廷中的一切仪式也要严格地遵守幕府的规定。尽管如此，即使是最有权有势的德川将军，也从没想过要改变这种由天皇和实际统治者共同实行双重统治的局面。双重统治在日本有着深厚的历史根基。从十二世纪起，将军就常掏空天皇的实权，自己以天皇的名义来统治这个国家。曾有一个时期，这种双重统治的现象极其突出，以至于天皇把实权托付给一位世袭的世俗首领，而这个世俗首领又将权力的行使权交给了自己的政治顾问。这种权力的委托和再委托是非常普遍的。即使在德川幕府即将崩溃的时候，佩里将军也没有想过要咨询一下天皇的意见，他们早已忽略了天皇的实际存在。1858年，美国的第一任驻日本大使哈里斯（Townsend Harris）在和日本进行第一个通商条约的谈判时，也是靠自己在谈判中的慢慢摸索才发现这些实权者的背后原来还有一位天皇。

实际上，日本人关于天皇的概念与太平洋各岛上持有的皇帝思想是一样的。天皇是神圣的精神首领，可以参与政治，也可以不参与。在一些太平洋岛屿上，皇帝自己行使权力；而在另一些岛屿上，皇帝则将权力委托给别人。但是皇帝本身是神圣的。新西兰各部落中，神圣首领是神圣不可冒犯的，以致不能亲自取食而必须由专人奉食，这奉食的汤匙都不许碰到他那神圣的牙齿。他外出时必须由人抬送，因为凡经他神圣的双脚接触过的土地都自动地成为圣地，而归神圣首领所有。他的头部尤为神圣，任何人都不可触摸。他的话可以传达到部落诸神的耳朵里。在某些太平洋岛上，如萨摩亚岛、汤加岛，神圣首领与世俗生活完全没有关系。世俗的首领掌管一切政务。十八世纪末到过东太平洋汤加岛的詹姆斯·威尔逊（James Wilson）写到那里的政府时说，它“和日本最为相似，在那里，神圣首领是军事将领的某种政治犯”。汤加岛的神圣首领不参与政务，但却把持宗教仪式。他摘下园中的第一颗果实并亲自主持相应的仪式，然后，人们才能吃园中的其他果实。精神首领去世时，讣告时要说“天堂空虚了”这样的话。死后，他一般会葬入王墓，但他却从不处理政务。

虽然在政治上毫无实力，并且有时还被称为“国家的某种政治犯”，但在日本人的思想中，天皇在等级制中是应该占有“一席之地”的。对日本人来说，衡量天皇身份的尺度并非是要天皇积极参与世俗事务。在征夷大将军统治的长达几个世纪的年代里，日本人始终坚持认为天皇应该深居在他京都的宫廷里。只是从西方的观点看来，天皇的作用才是多余的。而对早已习惯等级、地位、角色思想的日本人来说，天皇的作用并非是多余的。

上自天皇，下至贱民，近代日本都深深地打上了封建时期等级思想的烙印。毕竟，从法律上讲，日本封建统治的消亡不过是七十五年前的事情。而对个人来说，那种根深蒂固的民族习惯在人的一生中都不会消亡。在下一章中我们将看到，虽然国家的目标发生了根本性的变化，但近代日本的政治家们仍在竭尽全力地谋划希望能够把等级制度保存下来。与其他主权国家比起来，日本在定位自己与世界的关系时，就连最具体的细节也会认真考虑进去，仿佛是在绘制一幅精密的地图一样。两个多世纪以来，这个世界的法律和秩序都是靠铁腕和强权来维持的。因而，日本人认为只要严格遵从这个严密等级体系的行为规范，日本的安全和稳定也就有了保障。只要人们在公认的界限范围内行事，只要日本人严格地履行自己的义务，那么日本还是可以信赖这个世界的。那样的话，刁民贼党就能够得到平息，各个大名之间的内战也会得到制止。如果民众们有充分的证据证明自己的权利受到了别人的侵犯，那么他们也可以像农民受到剥削时一样公然上访。虽然这样做个人可能要承担一定的风险，但这种做法却是得到大家公认的。在幕府统治时期，有些开明的将军甚至还设立了“控诉箱”，这个箱子的钥匙只有将军一个人有。任何公民如有疑义，都可以向控诉箱投抗议信。在日本，如果一方受到另一方的侵略，而这种行为又是被现存行为规范所不允许的话，那么被侵略的一方就会得到国家全力的保护。因而人们都非常相信行为规范，并且认为只要自己遵守它，就一定会获得安全。一个人的勇气、亲和力是体现在与现存规范是否一致上，而不是体现在他对现存制度的抵抗或修改上。在这些规范许可的范围内，这个世界就是一个可知的、可靠的世界。这些规范并不只是一些抽象的道德准则，它们也是一系列具体的行为准则：它规定了在这种场合应如何行事，在那种场合又该如何行事；武士在这种情况下该如何办，平民在这种情况下又该如何办；兄长该如何，而弟弟又该如何等等。

与那些长期生活在强有力的等级制统治下的民族不同，日本在这种制度下并没有变得温良顺服起来。重要的是要承认，日本各个阶层都受到某种保障。甚至贱民阶层也得到保证垄断他们的特种职业，他们的自治团体也是经当局认可的。每个阶层所受的限制很大，但又是有安全保证的。

日本的等级限制还具有某种灵活性，这点与印度十分相似。在日本，你可以在不破坏公认的常规的前提下，采用一些小技巧来适度对等级制度有所利用。一个人可以通过好几种办法来改变自己的身份等级。在市场经济下，放高利贷的人和商人必然会富裕起来。当他们富裕起来后，就会使用各种传统的方法来跻身于上流社会。比如他们可以利用典押和地租而变成“地主”。的确，有明文规定不许买卖农民的土地。但是，更重要的原因恐怕是由于日本的地租很高，因此让农民继续在土地上工作是对地主最有利的，而高利贷者们则通过对土地收取佣金来获得收益。这种土地“所有”权在日本是有名有利的行业，而这些土地“所有”者的子女们则通过与武士阶层通婚而变成贵族。

另外一个传统的变通方法就是收养，它提供了一种“购买”武士身份的思路。尽管德川氏对商业严加限制，但商人还是很快就富了起来。因而，商人们就千方百计把自己的儿子过继给武士家庭当养子。日本人大多喜欢招女婿而很少收养子。入赘的女婿称“婿养子”，可以成为岳父的继承人。对“婿养子”们来说，他付出的代价是很大的。他的户口要从生父家的户籍中迁出，然后转入妻子家的户口本，从此后就要姓妻子家的姓并要和岳父岳母们一起生活。虽代价很高，但获得的实惠也是不少的。当富有的商人家的后代成了武士后，原先拮据的武士家庭实际上就与财富挂上了关系。正是通过这种手段，才没有发生反对等级制度的暴动或叛乱。通过这种手段，富人也逐渐跻身于上等阶层。

因此，日本的等级制并不是要求人们只能在同一阶层内部进行通婚。有好几种“攀高枝”的做法都是人们所认可的。这些做法最直接的后果就是富裕的商人逐渐渗入到上层的武士阶层。这种情况，使西欧与日本间的差异越来越大。在欧洲，一个逐渐发展、力量日益增强的中产阶级的崛起导致了各国封建制度的最终崩溃，中产阶级统治了现代工业时代。而在日本却没有产生这样强大的中产阶级。商人和高利贷者都公开“购买”上层阶级的身份，另外，有些商人还和下级武士结姻以便来提高自己的社会地位。然而，最令人感到惊异的莫过于当欧洲与日本的封建制度都处于垂死阶段之时，日本比欧洲容许各个不同的阶层中拥有更大的流动性。对这一点最有说服力的象征就是没有任何迹象表明：在贵族和中产阶级间会有不可调和的阶级矛盾。

很容易就能看出，这两个阶级拥有共同目标，保持克制是对双方都有利的事情。这类情况在法国也出现过，在西欧也有过二三类似的例子，但整体说来，阶级的固定性在欧洲还是十分顽强。在法国，阶级冲突竟导致了贵族的破产。但在日本，不同的阶级间却彼此联合起来。由商人、金融阶层和下级武士组成的联盟推翻了衰朽的幕府统治。近代日本虽然仍保留贵族制度。但如果日本没有采取容许阶级自由流动的手段的话，这种情况是很难发生的。

日本人做事爱循规蹈矩，这是有他们自己的理由的。因为在日本，只要你按规矩来，你就可以获得充分的安全感；这种规范要求抵抗外敌，并要适度调整自己对利益的要求；它要求相互间要履行义务和承诺。在德川幕府于十九世纪后半叶崩溃时，日本没有任何集团主张废除这些规范。那里没有发生“法国大革命”，甚至连“1848年式的革命”（指“二月革命”）也没有发生。然而，事已至此，谁也无力回天。从一般平民直到幕府将军，每个阶级都欠商人和高利贷者的债。人数众多的非生产阶级和巨额的财政支出已无法维持。财政窘迫的大名已无力支付自己武士侍从的定额俸禄，整个封建网络都受到了人们的指责与嘲笑。在这种状况下，大名们便企图靠对农民增收更重的年贡来避免破产与崩溃，幕府更是寅收卯粮，常年预征，农民生活极度贫困。幕府的统治也难以维持，濒临破产。1853年当佩里司令官率兵而至时，日本国内的危机已达到了顶点。1858他以武力夺得了日本的政权，鉴于当时日本无力抗拒的状况，日本随后与美国签订了日美通商条约。

但当时日本举国上下的口号却是“一新”，即复辟，恢复王政。这与革命是完全对立的，甚至是非进步的。另外一个与“尊王”这个口号联系在一起的就是“排夷”，即打压外邦。国民仍怀着回到闭关锁国的“黄金时代”的幻想，而极少数懂得这条道路走不通的识时务的领导人，却纷纷被暗杀。似乎毫无迹象足以表明这个不喜欢革命的国家会改弦易辙，会顺应西方模式，更不用说五十年后竟能与西方国家争雄竞长。但这一切还是发生了。日本发挥了与西欧各国完全不同的固有长处，达到了高层人士和一般舆论都没有要求过的目标。在十九世纪六十年代，没有一个西方人会对日本未来的前途看好。因为从西方人的水晶球中，在地平线的上方并没有看到巴掌大的乌云。所以他们也不会料到二十年后会有一场变革的烈风横扫日本列岛。但是不可能的事却发生了。日本的民众一反落后的、受等级思想束缚的常态，毅然选择了一条崭新的道路，并坚定地走了下去。

第三部分

明治维新

无论在家庭生活还是政治领域，日本人都有严格的等级划分。只有这样，日本人才会感到安全。所以很大程度上，虽然明治维新是反对封建旧制的，但它最终能够成功是利用了日本民众对封建等级制的无条件遵从。

“保卫天皇、驱逐蛮夷”口号的提出宣告了近代日本的到来。此口号最主要的目的就是要保护日本免遭外国侵略，使日本恢复到十世纪的黄金时代，实行天皇和将军的“双重统治”。其中，京都的天皇朝廷最反动、最极端。在支持保皇势力的人看来，保皇派的胜利：就是要使外国人受到屈辱，并最终把他们赶出去；就是要重新恢复日本的传统生活方式；就是要剥夺“改革派”在一切国内外事务上的发言权。其中，强大的大名成了倒幕派的先锋，他们试图通过“王政复古”的方式来取代德川氏家族在日本的统治。农民们希望能多留一点自己的收成，但他们却讨厌“变革”。武士们既想继续享有俸禄，又希望能挥刀上阵、建立功勋。而那些在财政上支持复辟势力的商人们，虽然希望国家能推行重商主义，但他们骨子里却从未责难过封建制度。

1868年，由于倒幕运动和复辟势力的胜利，日本结束了它“双重统治”的年代。当时，很多西方人都认为胜利者将推行一种极为保守的孤立主义政策，然而，新政府从一开始就采取了相反的政策。在不到一年的时间里，它就废除了大名在各藩征税的权力。另外，在审批土地使用权这个问题上，原来的政策是“四公六民”，即农民要把收成中的4份交给大名，而现在这个“四成”由政府来提取。作为补偿，政府给每个大名发放相当其正常收入一半左右的俸禄，同时，还免去他们应交给政府的用于供养武士和公共建设的费用。武士和大名一样，靠从政府领取俸禄维生。随后的五年内，新政府又逐步从法律上明文规定不能由于阶层间的不同就产生特权思想，并废除了关于不同阶层人的着装规定等等，甚至下令“散发”。贱民被解放了。禁止土地转让的法令被废除了。各藩间的关卡被解除了，佛教的国教地位也被取消了。到1876年，政府又把大名及武士的俸禄都折合成贷款一次性发放，还款期限从五年到十五年不等。贷款的数额则按每个人在德川时代所领取的固定俸禄额而定。在新的非封建的经济中，这笔钱足够让他们开个小公司了。在德川时代，商人、金融巨头和封建土地贵族的联合就已经很明显了，现在的这些措施只不过试图预防这种现象的最后一招罢了。

在刚开始，明治政府所采取的一系列激烈的改革措施并没有得到大家的拥护。与这些措施比起来，当时的老百姓可能对1871年至1873年的侵朝战争更为关心。明治政府不仅从未动摇自己的改革方案，而且还彻底否决了侵略朝鲜的计划。在这种情况下，政府的施政方针与绝大多数为建立明治政府的初衷发生了强烈的冲突和对立。到1877年，这些矛盾竟演变成了西乡隆盛领导的一场大规模的反政府叛乱。他的军队是前封建年代保皇派所有愿望最集中的体现，而明治政府却在复古后的第一年就背叛了这种愿望。随后，政府又利用招募来的一支平民义勇军击败了西乡隆盛叛乱的武士。

虽然叛乱最终被平息，但它本身就说明了日本民众对当时政府所实行的改革政策是何等的不满。

在农民中也存在着对新政府强烈的不满。1868年到1878年明治统治的头十年之间，日本至少暴发了190多起农民起义。直到1877年，新政府才开始逐步减轻压在农民身上的重税。所以，也难怪农民们感到新政府太忽视他们了。另外，农民们还对许多问题表示极为不满，包括建立学校、征兵制度、丈量土地方案、遣散方案、给贱民以平等待遇问题、官方限制佛教问题、改用阳历问题，以及其他许多欲改变他们早已习惯的生活方式的努力。

那么，是什么导致政府采取如此激烈的变革，以至成为众矢之的呢？最重要的恐怕要数日本那种独一无二的下层武士和商人的“特殊联盟”，这种联盟即使在封建时代也有滋生的土壤。这些商人曾都是大名雇佣的心腹，亲自经营和管理过各藩的垄断企业，如矿山、纺织、造纸等，在这个过程中，他们政治斗争的技巧得到了磨炼并逐渐成熟。然后，这些商人纷纷购买了武士身份。并在武士阶层中普及了生产技术知识。这种武士和商人的联盟迅速把那些自信且干练的人才推上前台，为明治政府的改革出谋划策。不过，问题的关键并不在于他们出身于哪个阶层，而在于他们为什么能变得如此精明、强干和务实？十九世纪后半叶的日本才刚刚脱离中世纪不久，它的国力与今日的泰国差不多，在这种综合实力薄弱的情况下却能产生出这样一批审时度势的领导人实属不易。他们齐心协力、成功地推进了一个最需要政治手腕的改革大事业，这是任何其他的民族都未曾尝试过的。这些领导人所有的优点和缺点都源于日本人的民族性格，而对这个问题进行深入细致的探讨正是本书的写作目的。这里，我们暂先了解一下明治政府期间的政治家是如何完成他们的改革事业的。

明治政府从未想过要把这次改革与意识形态挂钩，他们只是把它当作一项工作来认真对待罢了。他们改革唯一的目的就是要使日本在世界上成为一个举足轻重的国家。他们并不是彻头彻尾的革命者，因为他们既没有把封建阶级批得体无完肤，也没有完全没收其财产，而是对他们实行利诱，使他们最终能支持自己的统治、默认其统治的合法性。另外，农民的境遇毕竟还是有所改善的。至于早期农民暴动的原因，与其说是阶级矛盾的激化，还不如说是由于明治初期国库的亏空。

不过，明治政府中那些精明强干的实权人物，却都是极力反对废除日本的等级制思想的。通过强调天皇的最高统治权和削弱将军势力等手段，“复古维新”运动使社会的等级结构更加清晰明了。他们废除了藩，从而消除了忠于藩主和忠于国家之间的矛盾。这些变化并没有从根本上否定等级制的习惯，只是赋予了他们一个新的位置。为了更好地推行自己的施政纲领，那些被称为“阁下”的新领导人甚至还加强了中央集权。他们交替使用胡萝卜加大棒的手腕，恩威并施，使国家的统治能够正常有序的进行。但是，他们却从未想过要去迎合公众舆论，虽然公众不赞成改用太阳历、要求建立更多的公共学校、要求废除对贱民的歧视和不平等待遇等等。

谈到恩惠，有一条就是1889年天皇颁布的《大日本帝国宪法》。它明确规定了人民在国家中所处的地位，并建立了议会。这部宪法是“阁下”们在对西方各国宪法进行了认真的研究之后精心拟定的。然而，在起草的过程中，制定者极力要“采取了一切预防措施，以防止公众舆论对政府工作的干涉和影响”，负责起草宪法的机构隶属于皇家内务部，因而是神圣不可侵犯的。

明治政府的政治家们对自己的目标非常明确。在十九世纪八十年代期间，宪法的草拟者伊藤博文公爵派金子侯爵前往英国，就日本目前遇到的问题，听取斯宾塞（Herbert Spencer）的意见。经过深入的交谈，斯宾塞将自己的意见以书面形式呈递给了伊藤。在提到等级制时，斯宾塞写道，日本社会中存在着一个任何国家都无与伦比的经济腾飞的基础，那就是民众对“长辈”的尊重和服从，对天皇的绝对忠诚，这是一笔可贵的资源，是日本政府应该加以引导和利用的，它为日本的复兴提供了一个机遇。日本将在明治政府的领导下稳步前进，并克服前进道路上的一切障碍。对斯宾塞（Herbert Spencer）的评价，明治政府非常满意。他们力图在现代世界中仍保持日本那种“适得其所”的优点，他们不愿打破对等级思想的依赖。

不论是在政治、还是在宗教和经济领域，明治政府都对国家和人民间的义务作了明确的划分，要求各自能“各安其分”。无论对美国人还是对英国人来说，这种划分和安排都是不可思议的，因而我们在观察日本时很容易忽视这点。同时，日本的政府高层也明确指示，不必完全受公众舆论左右。政府中的实权人物大多数都是贵族出生的，普选产生的人物很少受到重用。在这一层次中，人民是没有丝毫发言权的。1940年，政府最高层的组成人员大多是天皇的亲信、天皇的顾问以及以天皇特别任命的官员。他们担任的职务一般是内阁大臣、直辖市首长、大法官、国家各部部长以及其他重要职务。由选举产生的官员在仕途上是不可能达到这种高度的。由选举产生的议员在内阁大臣、财政部长、交通部长的人事定夺上就更没有什么发言权了。普选产生的众议院代表，代表选民的意见，虽然有权对政府高官提出批评和质询，但却在人事任免、外交决策、财政预算等方面没有真正的发言权，也不能提出议案。参议院的成员一半是世袭的，另有四分之一是经天皇特别任命的，参议院对众议院有监督权。因为在对法律的核准问题上参议院和众议院有平等的权利，因而监督权的规定实则显示了两院间的等级差别。

通过这种方式保证了日本政府中的高级职位仍掌握在出生高贵的“阁下”们手中。但是，这并不意味着在“各安其分”的体制下日本政府没有自治权。在所有亚洲国家中，不管它采取哪种政治体制，权力和权威总是从上端慢慢往下，然后延伸到中层，从而与强势的地方自治权发生碰撞。这些国家间唯一不同的在于各个地方政府的民主达到了什么程度？政府能负多大的责任？地方的领导是对整个地方的选民负责？还是只为少数地方财团服务，甚至在一定程度上要损害公众的利益？德川时代的日本就像中国一样，最小的行政单位只包括五至十户人家，也就是我们现在称的“邻组”（neighboring families 居民中最小的责任单位）。“邻组”的组长，对组内的一切事务具有领导权。他要规范组内成员的行为，报告可疑情况，发现在逃犯要立即交给政府。明治政治家们开始的时候废除了“邻组”，但后来鉴于他们的积极作用又恢复了他们。在市镇中，政府有时甚至积极培植“邻组”。但在今天的农村中“邻组”已经不起什么作用。和它比起来更为重要的单位是“部落”。“部落”虽然没有被废除，但也没有作为一个独立的单位编入政府的行政体系。它们往往是一些国家权力鞭长莫及的地区。这些村落由十五户左右的人家组成，直至今日，他们还是按自己的方式来管理着这个地区，部落首领由大家轮流担任，他的重要任务是“管理部落的财物；监督救济丧夫遭灾村民的实施情况；组织村民进行集体农耕、盖房和修路；遇火灾召集村民进行救援；在地方休息日的时候敲钟击鼓，以示告知”。与其他亚洲国家不一样，日本的部落首领们不能征收赋税，这不属于他们的工作范围。因而，他们所处的地位实则是很尴尬的，近代日本的地方行政机构主要划分为市、镇和村。一般由本地方公认的“德高望重的长者”推选出一位人选来担当地方领导职务，由他来代表本地区与代表中央的政府或府县公署交涉办事。担任地方领导的这个人必须是村里的老住户，同时要是拥有自己土地的家族成员。当了村长职务后，经济上可能要多少蒙受些损失，但特权却是不少的。他与长者们共同负责村里的财政、卫生和教育。还特别负责管理财产登记和个人档案。居委会是个相当繁忙的部门，它负责管理国家拨来的小学教育的补助费；征集由本村负担、但数额远远高于国家补助的教育经费，并监督这些资金的使用情况；管理村子共有财产的使用和租凭情况；管理土壤改良和植树造林活动，以及登记一切财产的买卖情况；财产买卖必须在居委会正式登记后才算合法。另外，居委会还负责登记本村合法居民的住址、婚姻、子女出生、过继和收养信息，个人有无犯罪前科以及其他资料。个人的材料可以从日本的任何地方迁到他的户口所在地并记入他的档案。在人们找工作时、受审时或因其他原因需要身份证明时，他就可以通过调函的形式或自己亲自回户口所在地，去办理一份本人材料的副本，再交给有关方面。因而人们对这个档案记录都非常重视，轻易不会让上面留下不好的记录。

因此，市、镇、村等地方政府承担的公众责任还是很大的。在二十世纪二十年代，日本出现了一系列全国性的政党。对任何国家而言，这都意味着所有政党都将卷入一场“执政党”与“在野党”的激烈斗争之中。但即使在这种情况下，日本的地方行政机构却丝毫没有受这股潮流冲击，仍然主要由“长者”们来把持局面。不过，在以下三个领域地方行政机构没有自治权。包括：一切法官均要由国家任命，警官和教师属于国家公务员。由于日本的民事诉讼几乎一直是通过调停或仲裁来解决的，所以法院在地方行政中几乎不起什么作用。倒是警察显得更重要一些，每逢有临时集会，他们都必须到场维护治安。但是，这种任务并不是常有的，多数时间警察的主要任务还是保护居民的人身安全和财产安全。为了使警务人员不过多地参与地方事务，政府会常常对警官队伍进行人事变更。学校的教员也常有调动。和法国一样，日本对学校的规定十分严格，全国上下每个学校在同一天授课内容都是一样的；每天早晨每个学校都在同一时间内都在同一广播的伴奏下，做着同样的广播体操。学校、警察和法院不受市、镇、村等地方行政政府的管辖。

由此不难看出，日本的政府机构和美国的政府机构是迥然不同的。在美国，由民选产生的代表来行使最高的立法权和行政权，地方的管理工作则主要由地方警察和地方法院来执行。然而，和荷兰、比利时等西欧国家比起来，日本政府在形式上和他们并没有巨大的差别。例如，荷兰就和日本一样，一切法律都由内阁负责起草，国会实际上从未起草过法律。在荷兰，甚至镇长、市长在法律上也是由女王来任免的，因此女王的权力在形式上是直达地方政府的。这点比1940年以前的日本要做得好。虽然这些职务实际上总是由地方来提名，但必须由女王任命才能生效。在荷兰，警察和法院也是直接对君主负责。但是，在荷兰，任何宗派团体都可以自由地创办学校，而日本的学校制度则主要是沿袭法国传统。在荷兰，运河的开凿、围海造田及地方的发展事业等都是整个地方政府的任务，而不仅仅只是市长或官员们的任务。

将日本政府和西欧各国政府作个简要比较，我们不难看出：真正的差异并不在于形式，而在于各自的职能。过去的经历使日本人养成了“服从”的习惯，并且这种习惯已深深的融入了他们的价值观和道德体系中。政府可以确定的就是，只要那些“阁下”们还高居其位，他们的特权就会受到人们的尊重。这并不是因为人们从心底里拥护他们的政策，而是因为在日本，越过等级特权的界限就是最大的错误。在政府的高层，“公众舆论”是没有什么地位的。政府只要得到“国民的实际支持”就行了。当中央政府越俎代庖来对地方事物进行干涉时，出于惯性，地方的司法单位也会对上级的裁决表示尊重。一般美国人主张国家应尽量少地行使其对内职能，而在日本人眼里则不然，他们认为国家几乎是至善至美的，因而政府越关心人民生活越好。

另外，考虑到舆论监督的作用，日本政府在提到“各得其所”的等级思想时非常谨慎。当政府提出一项议案时，即使这个决议本身是对全体国民都有好处的，但考虑到民意的影响，政府还是希望能够得到大多数民众的支持。在推广旧式农耕改良法时，同美国爱达华州的同行们一样，日本国家农业发展署并没有使用行政权力来硬性推广。在鼓励建立由国家担保的农村信用合作社、农村供销合作社时，政府官员总是要和地方名流进行多次深入的交谈，并对他们的意见给予充分的重视。地方事务需要地方独特的解决方法。日本人的生活方式就是给一定人一定的特权，但同时把这个权力限制在一定范围之内。同西方文化相比，日本人对“上级”更加尊重、更加顺从。因而“上级”们会有较大的行动自由，但同时他们的行为又得有度。日本人的座右铭就是：“各得其所，各安其分”。

在宗教领域，明治政府却制定了许多古怪离奇的制度。然而，这与日本人的那条格言并不是冲突的。因为一个国家往往把它对宗教信仰的管辖视为民族统一与优越性的象征，而在其他领域则给予个人更多的自由。日本国民的主流信仰是神道教。就如同美国人对国旗特殊的崇敬之情一样，由于神道教与民族象征的特殊联系，它在日本也受到了人们特殊的尊敬。因此，日本政府说神道教只是人们的信仰，而不是宗教。这样，日本政府就可以像美国政府要求凡是美国人都必须对星条旗敬礼一样，要求全体国民都信奉神道教，但他们说：这并不违反宗教信仰自由的原则。因为“不是宗教”，日本可以在学校里教授神道教的基本教义而无须担心西方国家的责难。在学校里，国家神道教的教义就成了自信奉神以来日本国的历史，成了对“永世的统治者”天皇的盲目崇拜。国家神道教得到了国家的支持，受国家管理。而对其他宗教信仰，不论是佛教、基督教、还是其他教派的神道或祭礼神道，日本政府都听任日本公民的个人意愿，这点几乎是和美国一样的。宗教上这两种不同领域在行政上甚至是在财政上都是分开的：国家神道教受内务部神职司的管辖，它的神职人员、祭祀活动乃至神社等一切费用开支均由政府承担；世俗神道教、佛教及基督教各派系均由教育部宗教司管理，经费来源主要是教徒的自愿捐赠。

由于日本政府在这个问题上的官方立场，因而人们不能说神道教是个庞大的“国教会”，只可以说它是个庞大的机关。它拥有十一万多座神社，从专门祭祀伊势主神的神社、到祭祀太阳神的寺庙，甚至到一些地方专为特别祭典准备的小神社应有尽有。与全国性政府行政系统一样，供奉的神灵也存在等级结构，从最底层的神灵到各镇、市和府、县的神灵，直到最高层被尊为“阁下”的神灵府邸。与其说供奉这些神官的目的是为了让人们保持一种信仰，还不如说是为了让人们举行仪式、进行祭祀。国家神道教的仪式和我们平常到教堂去做的礼拜不一样。因为它不是宗教，法律上禁止国家神道教的神职人员宣讲教义，因而也就不可能有西方人所了解的那种礼拜仪式。相反，在众多的祭祀日子里，各个镇、村的正式代表都来参拜神社。他们都站在神官面前，然后神官就举起一根扎着麻绳和纸条的竿子，在他们头上来回地舞动，为他们洁身祛邪。随后，神官就打开神庙弄堂的内门，扯开嗓子大声召唤众神来享用供品。神官不停地祷告，参拜者们则按身份辈分排列，毕恭毕敬地一一献上被视为神圣物的小树枝，树枝上还吊着几根细长的纸条。然后，神官再次尖声大叫地送走众神，再关上神庙弄堂的大门。在神道教特别的大祭日里，天皇会亲自为国民致祭，政府各部门也休假一天。和地方神社的祭祀和佛教的祭祀日不一样，国家神道教的假日不是老百姓祭祀的节日。前两者都属于国家可以"放任自由"的领域，而国家神道教却是政府必须牢牢控制的范畴。

在那些比较自由的领域，日本人按照自己的想法进行了各种祭祀活动。目前在日本，佛教仍拥有最多的信徒，其中各个教派的教义和先知还有所不同，宗教活动甚是活跃。即便是神道教，在国家神道教之外，也存在不少教派。有些神道教教派极端推崇民族主义，早在二十世纪三十年代日本政府还没有采取民族主义政策的时候，他们就大肆宣扬民族主义的思想了。另有一些教派把自己比作"基督教科学"，主要侧重于修身养性。还有一些派别信奉儒家思想和教义。甚至有一些教派只专门从事神灵显圣和参拜圣山神社活动。老百姓的祭祀节日多数都不是国家神道教的节日。在这种祭祀日子里，老百姓都蜂拥而至地跑到神庙。每个人都漱口祛邪，然后打铃、击掌召唤神灵的降临。接着，他们恭恭敬敬地一个个依次行礼，礼毕后再次打铃、击掌送回众神。然后，离开神殿前，他们再进行这一天最主要的活动：这就是在小摊贩上购买各种珍品玩物，看相扑、驱魔术以及有小丑插科打诨的舞蹈。对于日本社会中这种比较自由的部分，一位曾在日本久居的英国人引用诗人威廉姆·布莱克的诗说：

如果教堂赐我们几杯烈酒，
再点燃那灵魂的欢乐之火，
我们将终日唱诗祈祷，
绝不会诅咒教堂堕落。

除了极少数献身于宗教的专职神职人员以外，宗教对大多数日本人来说都不是特别枯燥无味的事。日本人甚至有祭祀朝拜的嗜好，在休闲娱乐的节假日更是如此。

因而，明治政府很清楚的区分开了在哪些是国家在政治中的职权范围以及哪些是国家神道在宗教中的职权范围。至于在其他领域，人民则享有充分的自由。但需要控制的一点是：当政府领导人发觉其他领域中的某些做法已经危及了其政权统治的合法性时，政府必须有能力进行干涉和制止。在创建陆海军时，他们就遇到了类似的问题。像其他领域一样，明治政府在军队中也废除了旧式的等级制，而且比在老百姓中废除得更加彻底。在军队中他们甚至废除了日本人的敬语，虽然实际上一些旧的习惯仍然存在。另外，军官的晋升不是看家庭出身，而是看个人的实际能力，这种政策执行的彻底程度在其他领域是少见的。正是如此，军队在日本人中才享有极高的声誉，而且这种声誉是当之无愧的。这确实是一种使新军队赢得民心的最好办法。另外加之军队的排、连都驻扎在同一地区，在和平时期士兵服兵役的地方大都离家不远，这不仅意味着士兵与地方政府有了某种联系，而且更为重要的是它表明：在军队服役的两年期间，军官和士兵的关系、老兵和新兵的关系已经大大代表了武士与农民或是穷人与富人的关系。在很大程度上来讲，军队在许多方面更像是一个民主的实体，是真正的人民子弟兵。在大多数国家中，军队往往都是维持现状的工具，而在日本，军队却对小农阶级有着天然的感情，因而在无数次反抗金融巨头和产业巨头的斗争中，军队都是站在农民一边的。

日本政治家们当初在建立军队的时候并没有想到会有这样的后果，他们所采取的一切确保军队在等级制中的最高地位的措施也不是希望军队参与类似的反抗事件。因而，他们在权力高层的安排上采取了一系列的措施。虽然这些措施并没有写入宪法，但现在公认的惯例就是陆海军大臣不能兼任外务及内政各部大臣。与外务及内政各部大臣不同，陆海军统帅有权直接面见天皇，可以不用事先与内阁成员协商，直接以天皇的名义采取强制性的措施。对自己不信任的内阁，他们还可以通过拒绝委派陆海军将领入阁的方法阻止它的成立。若没有这么高的现役军官担任陆海军大臣，任何内阁都是无法组成的，因为文官或退役军官是不能担任此职的。同样，对于内阁的任何行动，如果军部有任何不满，只需召回他们在内阁中的代表就会迫使内阁倒台。在军部决策的最高层，军部首脑是绝不容许任何人干涉他的决定的。如果还需要进一步的保证，那么可以从宪法中找到一条规定，即如果议会否决政府所提的财政预案的话，前一年度的预算方案将自动执行。最明显的一个例子就是虽然外交部一再保证，但关东军还是以武力占领了满洲。这充分说明当军部首脑意见与内阁不一致时，军队可以在政府未作出决定之前就采取行动。正如和在其他领域一样，军部行动所导致的一切后果统统由日本国民来承担，这并不是说他们非常赞成军部的意见，而是由于军队在这些问题上享有特权，而日本的文化不允许国民对特权提出任何疑义。

在发展工业方面，日本所走的是一条与任何西方国家都不同的道路。在这个领域，也是由上级来规划产业布局、制定游戏规则的。政府不仅要制定企业的发展规划，而且还要成为企业坚强的经济后盾和资金来源。由国家工商总局来对这些企业进行统一管理。日本聘请了外国专家，并派人出国学习先进的技术。用他们自己的话说，“当这些企业组织完善，业务成熟”的时候，政府就把国企卖给这些私人公司了。这些国企最后甚至以“非常低廉的价格”卖给了由政府精心挑选的有名的金融财阀，主要是三井、三菱两家。日本的政治家认为：日本工业的发展是事关日本民族生死攸关的大事，因此不能不负责任的简单地把他们至于市场经济下、听任市场需求法则的指挥。但这种思想又不是说日本就必定会采取社会主义的企业管理逻辑，最后真正获利的实则是那些日本大财团。日本的指导思想是要以最小的牺牲和代价来建立一批它最需要的大型企业。

通过这些办法，日本改变了：“资本主义生产方式正常的出发点和生产顺序”。日本的企业不是从轻工产品和日用消费品的生产开始，相反，它从一开始就大力兴办关系国计民生的大型重工业。兵工厂、造船厂、炼钢厂、铁路建设等大型项目的建设都被赋予优先权，其建设效率是高速的，发展速度是惊人的。当然，现在这些企业也并没有完全私有化，一些大型的军工企业仍然掌握在政府手中，由国家财政特别拨款，进行扶植。

国家给予特别扶植和支持的产业领域里是不包括民营企业和非官办企业的。这个给予扶植和政策支持的特殊领域的资金来源主要是国家信托基金和有官方背景的特权大财阀。在其他领域，日本还是很自由的。这些领域主要是那些投入少、劳动密集型的产业。由于低廉的劳动力价格，这些轻工产业在技术高速发展的今天尚能生存，而且还将继续存在下去。它们在美国人称的那种“家庭血汗工厂”中工作。一个做小本生意的商人在买进原料后，先交给一个家庭工厂或只有四五个工人的小厂进行加工，然后将半成品再交给另外的一个小厂加工，如此几经反复，最后把成品卖给消费者或出口商。据统计，在二十世纪三十年代，日本约有53％的雇员是在不超过五人的小作坊或类似的家庭工厂里工作。这些员工中很多是以学徒的名义招进来的，还有一些是城市中的家庭妇女，他们大都肩背着婴儿在工厂里干着计件的零活。

就如同政治和宗教领域的双重性一样，日本工业的双重性在塑造日本人的生活方式方面发挥了重要的作用。日本政治家觉得为了和自己在其他领域中的等级地位相匹配，他们必须在金融领域也建立起一种等级文化。因而他们决定创办一批具有战略意义的企业，挑选一批政治方向正确的商人，以便与他们建立起一种其他形式的等级联系，使双方能“各得其所”。日本的政治家们从未想过要削弱政府与这些在政策保护下获利的财界寡头的联系，相反，政府不仅要给他们利润，而且给他们很高的社会地位，受到人们的尊重。按日本人传统的对金钱的态度，财界贵族是不受民众爱戴与尊敬的。现在政府所要做的就是：尽量在不违反公认的等级思想的框架下来扶植这些财阀。不过，这种努力的结果并不特别令人满意。因为财阀仍不断受到强势军团和农民的攻击。事实上，日本舆论所攻击的对象并不是财阀，而是“成金”大户。所谓“成金”，就是人们通常指的“暴发户”（nouveau riche），但这个词并不能确切表达日本人的意思。在美国，“nouveau riche”这个词主要指“新来者”（newcomers）的意思。人们之所以看不上他们主要是因为他们不善交际、土里土气、还缺乏教养。然而，人们却被他们的成功故事感动了。因为他们中的很多是从破木屋中起家，有些是从赶骡的小马夫变成身价亿万的油田巨子的。日语中“暴发户”一词起源于日本象棋，意思是说一个棋子从一名小卒一跃而成了帅。它像士一样横冲直撞，神气十足。但若从棋艺的规则上来讲，它是不能这样出牌的。因而，人们都对“暴发户”责难有加，认为它主要是靠诈骗、投机而成功的。这种对投机者的批评与美国人对“白手起家”的赞扬形成了鲜明的对比。日本的等级体制中给巨富留下了“一席之地”，并愿意与他建立联盟。但如果这种财富是不易之财的话，日本公众就会猛烈对它进行攻击。

总之，整个日本社会都是按等级思想建立起来的。无论是在家庭生活中，还是在与人交往的过程中，人的行为都必须与他的年龄、辈分、性别、阶层相符合。无论是在政治领域、还是在宗教、军队、实业等其他领域中，人与人之间都存在严格的等级划分。无论是上层还是下层，一旦逾越自己的权力范围，都将会受到严厉的惩罚。只要生活沿着“各得其所，各安其分”这个轨迹继续下去，日本人就仍会心安理得的活着。他们就会感到安全。当然，他们觉得安全并不是由于他的个人幸福得到了最好的保护，而是由于他将这种等级思想合法化了。他们信仰等级思想就如同美国人崇尚自由、平等、竞争的生活方式一样。

但是，当日本试图向外输出这种“安全”模式的时候，他们遇到了巨大的障碍。在日本，由于深受等级思想的影响，国内老百姓很容易就对等级制度产生认同感。只有在日本那个环境中，人们才有可能产生那种思想。但是，要把等级制思想输出可绝不是一件轻松的事情。别的国家都认为日本那些大言不惭的主张实在是狂妄至极，或者说甚至比狂妄还要恶劣。日本军人每占领一个地方，占领区的居民都对他们深恶痛绝。然而，当看到当地居民们根本不欢迎他们时，日本的官兵们却一直十分吃惊。日本不是已经给了他们一个地位了吗？尽管很低，但这总是整个等级体系中的一个地位嘛；难道这些处于水深火热之中的人民不想要等级制吗？日本军部曾拍摄了几部反映中国热爱日本的战争题材的影片，痛苦绝望、沦落风尘的中国姑娘，由于和日本士兵或工程师相爱而找到了幸福。和纳粹的征服理论相比，这些的确还不是很离谱，但它同样是无法取得成功的。日本人不能总以自己的标准来要求别的国家。如果他们认为自己能，那他们就大错特错了。他们没有认识到，日本人那种心甘情愿地满足于“各安其分”的价值观和伦理观是不能强迫所有的国家都接受的。其他国家对这个是不认同的，它是日本独一无二的文化。日本作家们认为这种伦理道德体系是毫无疑问、理所当然的，因此没有过多的对这种思想加以阐述。我们要了解日本和日本人，必须先从了解这种文化着手。

历史和世界的负恩者

日本人认为：自己一生最大的恩人就是他的上级。如果得不到天皇的恩典则更无幸福可言……在美国人看来，对一些鸡毛蒜皮的小事都非常敏感，这种情况只可能发生在那些染有流氓习气的恶少或患过精神病的人身上。但在日本这却被视为一种美德。

在讲英语的国家中，过去人们常以“历史的继承者（heirs of the ages）”而自居。虽然两次世界大战和大规模经济危机的出现使人们在讲这句话时多多少少不再像以前那么自信了，但人们并没有因这种变化而觉得自己就比先人差或是觉得面对历史有所惭愧等等。东方国家与他们则正好相反，人们往往会觉得自己不如先人，觉得自己是历史的负恩者。当西方人说道崇拜祖先时，他们其实并不是一种真正的对祖先的崇拜，而只是一种礼貌性的仪式，以此来表示人们对过去的一切感恩心理。而且，他们不仅从历史中得到了很多恩惠，即使在当今每天与人们的日常接触中他们实际上也是得到了恩惠的。这种人与世界的恩情关系已成为了西方人日常决策和行为的基本出发点。尽管世界在医疗、教育、物质享受甚至是他们的出生各方面都给了西方人特殊的照顾，但由于他们日常很少思索自己与世界的关系，很少认识到自己实则是从世界里获益的，因此日本人总觉得西方人的动机不纯。与美国人不同，凡是有所涵养的日本人都从不说不欠任何人的恩情。日本人理解的“义”就是要在这个由先人和同龄人编织的巨大的人情世故网中摆正自己的位子。

用言语来简单描述东西方间的差异并不难，但要真正理解这种差异在实际生活中所造成的实际后果就不是一件容易的事情了。也只有当我们真正了解这种东西方的差异后，我们才能理解为什么我们所熟悉的日本人在战争中能够淋漓尽致地表现出那种自我牺牲精神，才能理解为什么日本人会在那种我们觉得根本毫无必要的情况下勃然大怒。从日本人身上我们不难看出，凡是负恩的人都非常容易动怒，因为他们肩负着巨大的责任。

在中文和日文中都有许多词可以来表达英语中的“义务（obligation）”这个词的意思。这些词汇不是简单的同义词，它们隐含的寓意也无法逐字逐字的翻译成英文，因为这些对西方人来说都是很陌生的。“恩”这个词在日文中主要表示一人所负的所有从大到小的债务、义务（obligation）这个意思。当译成英文时，就变成了一连串的词，从“obligation”（义务）、“loyalty”（忠诚）直到“kindness”（关切）、“love”（爱）不等。但这些词都不免歪曲了其原意。如果“恩”也有“爱”甚至是“义务”的意思，那么日本人就可以说“恩”了，但日本人基本是不可能这么用的。“恩”也不能表示“忠诚”的意思。在日文中，有其他的词来表示“忠诚”的意思，那些词与“恩”不是同义词。“恩”这个词有许多用法，其中最主要的一点就是表示一个人承受的最大的负重、债务、恩惠。人们一般是从上辈或上级那里受恩，如果不是从上辈、上级那里或者至少是从同辈那里受恩，这就容易使人产生一种卑微感。当日本人说“我受某人之恩”时，隐含的意思实际是说“我对某人有义务”，因而他们把这位债主、施恩者称作“恩人”。

“知恩图报”实际上是一种彼此奉献的真实流露。日本小学二年级的教科书中有这样一个小故事，题目叫“不忘恩情”，要表达的就是这个意思。这个小故事是日本小学思想品德课中的一段故事：

哈齐是一条可爱的小狗，出生后不久就被一个陌生人带走了。那人像疼爱自己的小孩一样疼爱它。慢慢地，它那弱小的身体也强壮了起来。主人每天早晨上班时，它就送他到车站，傍晚下班回家时，它又去车站迎接。

后来主人去世了。不论知不知道这个现实，哈齐还是每天都在那个车站等待它的主人。每当电车到站时，它就仔细地注视人群，看看自己的主人在不在那里面。

时光就这样流逝。一年过去了，两年过去了，三年过去了，甚至十年过去了，但人们还是每天都能看到那个已经长大、已经衰老的哈齐在那个老车站前寻找着它的主人。

这个小故事隐含的道德寓意就是：忠诚是爱的另一个代名词。一个孝顺的儿子可以说永不忘母亲的养育之恩，这就像哈齐对主人的一片赤诚一样。然而，“恩”这个词并不单单指他对母亲的爱，更重要的是指母亲对他的恩：在他婴儿时期母亲对他所做的一切、在他孩提时期母亲为他所做的牺牲、在他成年后母亲对他的兴趣所作的支持以及母亲在世时为他做的一切。这意味着人们必须对所欠恩情有所回报，因而就有爱的意思，但“恩”这个词的最基本的意思是欠债。美国人在想到爱时，会想到是有感而发的，而不是受某种义务约束的。

当人们受到最好的最大的恩情，也就是通常说的“皇恩”时，“恩”实则蕴涵了一种无限忠诚的意思。这是天皇的恩情，每个人都必须以无比感激的心情来接受。他们认为：在这个国度上生存，如果不能得到天皇的恩典的话，那么一个人的生活、大小万事就将是毫无幸福可言的。有史以来，日本人一生中最大的恩人就是他那个生活圈内的最高上级。在不同时代，这个最高统治人物有所不同。他可以是各地的地头、可以是封建领主或大名，现在则是天皇。最重要的，似乎还不在于谁是最高上级，而在于几百年来“不忘恩情”这种习性在日本人习性中占有最高地位。近代日本用尽一切手段使这种感情集中于天皇一身。日本人对自己生活方式的一切偏爱都增加了对“皇恩”的感情。战争时期，以天皇名义发给前线部队的每一枝香烟都强调每个士兵所领受的“皇恩”。出征前士兵所领的每一口酒就更加是一种“皇恩”。在他们看来，神风敢死队一系列自杀式的撞机就是在报答皇恩；所有为守卫太平洋上岛屿而捐躯的士兵也是在报答浩荡无边的皇恩。

此外，人们也从身份比天皇低的人们那里受恩。比如每个人都理所当然地接受了父母的恩情。这正是为什么在东方著名的孝道文化中父母一直都处于支配地位的基础的原因。对此的说法是孩子欠了父母的恩，要必须努力偿还。所以，在日本子女必须完全服从父母。这点与德国不同，尽管德国也是一个父母拥有绝对权威的国家，但这种权威往往是家长强加给子女的。日本人对这一东方文明中孝道一词的诠释是非常现实的。在谈到子女对父母的恩情时他们往往会说：只有当子女们自己也做了父母，他们才能知道父母对他们的恩情有多重。这也就是说，父母对儿女的恩情实际上就是日常对儿女的照顾，在大事小事上对儿女的操心。由于日本人对先人的崇拜只包括父母双亲及一些尚在记忆中记忆犹新的祖辈，因而日本人打心底里非常感激那些在年幼时照料过自己的人。当然，任何文化中共通的一点就是小孩子都离不开父母双亲的特别照料，都必须由父母供给衣、食、住，然后才能长大成人。这一点是不容置疑的。日本人强烈地感到美国人在这点上做得不是很好。就如同一位作者所说的那样：“在美国，牢记父母的养育之恩实际上就是要对父母好，如此而已。”当然，没有人会让自己的孩子背上“报恩”的包袱。但是，悉心照料自己孩子就等于是对自己小时候父母养育自己恩情的一种回报。人们像父母当年那样、甚至是更加精心地照顾自己的孩子，这实际上就部分地报答了父母的养育之恩。对子女的义务只不过是从属于“父母养育之恩”的一部分。

日本人觉得对自己的老师、主人负有一种特殊的恩情。他们都是帮助自己一路成长起来的人，他们对自己有照顾之恩。将来当老师或主人们身陷困境时，人们应对他们“有求必应”，或是在他们过世后对他们的亲属给予特别照顾。人们必须不遗余力地履行这种报恩的义务，而且这种恩情并不随着时间的消逝而减少。相反，时间越长，恩情也就越重，因为它在时间的流逝中形成了一种利息。对任何一个人来说，受他人之恩都是一件严肃的事情。就像日本人常说的那样：“对于他人的恩情，我们往往是连它的万分之一都难以报答。”这将是一个重负，因而“恩情的力量”常常会超过受恩者的个人喜好和意愿。

这种报恩的理论能否被顺利地运用于日常生活当中，很大程度上取决于人们能否把自己看作是负恩者，在履行义务时能否真正地无怨无悔。前面，我们已经谈到了等级制在日本是如何被严密紧凑地组织起来的。日本人在等级制下养成的服从的习惯使日本人从道德的高度上认识到应该报恩，这点是西方人无法理解的。如果把上级都看作圣人，这种报恩理论是比较容易实施的。在日语中隐含着这样一个很有意思的现象，即上级对自己的下属经常是充满爱意的。日语中的“爱”，相当于英文中的“love”这个词。在上个世纪，传教士在传播基督教中的“love”时，认为日语中唯一能表达此意的，只有“爱”这个词。他们在翻译圣经时，也用了这个词来表达上帝对人类普世的爱以及人类对上帝的爱。但是，“爱”这个词在日文中特指上级对下属的“爱”。西方人也许会觉得这种“爱”其实是“庇护”（Paternalism）的意思，但在日语中它的内涵远不只如此，它还有一种崇敬与爱戴的意思。严格地讲，当代日本语中“爱”这个词仍主要表达一种上级对下级的关心。但可能由于基督教用语的影响，或者是为了迎合官方努力打破等级界限的需要，这个词现在也用来表达同辈之间的一种感情。

尽管文化的特殊性使日本人更易于接受报恩的思想，但在日本，平白无故地接受他人的恩惠仍不是一般人认可的做法。人们不喜欢因为随便接受他人恩惠而欠上人情。当日本人说“托您福”的时候，译成英文最接近的句子就是“imposing upon another”。但在美国，“imposing”有强求别人的意思。而在日本，“托福”则表示给别人一些东西或者帮别人的忙。对日本人来说，最令人讨厌的事情莫过于平白无故地接受陌生人的恩惠。因为他们知道，在与近邻和以前的亲戚朋友打交道的过程中，接受他人恩惠是一件多么让人烦心的事。如果对方只是个熟人或与自己差不多的同辈，他们又会觉得不舒服。总之，他们宁愿避免卷入由于接受恩惠而带来的一切麻烦。日本人一般都对大街上发生的事视而不见、不大理睬，这并不只是由于缺乏积极主动性，而是因为他们认为，除了官方警官以外，任何人随便插手这事都会使对方背上恩惠的包袱。明治维新以前，有一条著名的法令就是：“凡遇争端，无关紧要的人不得干预。”在这种情况下，如果没有足够令人信服的理由而出面帮助，别人就会怀疑你是不是想从中捞点什么好处。既然知道帮助别人会强迫别人接受恩情，因而人们在遇事时都不主动插手，而是谨慎地对待。特别是在“非正式”的场合，日本人在对自己是否会卷入受惠于他人这件事上都非常谨慎。哪怕只是一支烟，如果与递烟的人过去并无交情的话，那他就会感到不舒服。在这种情况下，表示谢意的最礼貌的说法就是“噢，谢谢，但这让我很为难”（日语是“の毒”，原意是为难的感情、难受之情）。有一个日本朋友告诉我：“在这样的情况下，直截了当地表示这样会让你感到为难可能更好些。因为你从未想过要为对方做点什么，因而你也不想接受他的恩惠。”因此，“这让我很为难”（の毒）。“の毒”这句话有时译作“Thank you”（谢谢，谢谢您的烟）有时又译作“I am sorry”（很抱歉，很遗憾），或者译作“I feel like a heel”（承蒙您如此看得起，但实在不好意思）。上面这些意思都有，但又都不是十分的贴切。

在表达接受他人恩惠的不安心情的时候，日语中有很多类似“Thank you”的说法。其中含义最清楚的，被现代大都市的百货公司广泛采用的是“ありがそち”，其本意是“这可太难办了”，在这里表示“谢谢”的意思。日本百货公司在这里这么说，主要是想表达顾客们不辞劳苦地来上门购货，作为商家实际上是受了顾客极大恩惠的，这里是一种恭维的言辞。在接受他人礼物时及其他许多场合中也使用“ありがそち”来表达“谢谢”的意思。另外还有几种表示感谢的词句，如“真过意不去（Kino doku）”，这是表示受恩惠时的为难心情。小店店主经常爱挂在嘴上的是“すみません”。这个词（すみません）的原意是：“对不起，让您费心了。”在这种情况下的意思是：“我受了您的恩惠。但在现代市场经济下，我可能永远都无法报答您的恩情，对此我感到非常遗憾。”这个词在英语中被译成“Thank you”（谢谢）、“I'm grateful”（十分感谢）或“I’m sorry”（对不起）、“I apologize”（很抱歉）。譬如在大街上，一阵风吹走你的帽子，别人给你拣了回来，在这种场合用这句话是最合适不过了。当那人把帽子递给你时，出于礼貌，同时也是为了表达自己在接过帽子时内心的不安：你会说“这个素未谋面的陌生人现在帮助我、施恩于我，而我却无以报答，对此我深感内疚。因而我只有一直的道歉，或许只有这样才能让我好受一些。”“すみません”（对不起，让您费心了）是日文中使用最多的道谢语。说这句话的意思是：“虽然我受了他的恩，并且接过帽子这一事件并不意味着我俩恩情的结束。但我却没法办，谁让我俩是匆匆而过的陌生人呢？”

在日本人看来，另一个比“すみません”能更强烈表示人们负恩心情的词是“かたごけなぃ”（承蒙关照、愧不敢当）。这个词的汉字写作“辱なぃ”（“丢脸”的意思）。在这里则兼有是“受辱”与“感激”双层的意思。所有日文辞典对这个词的解释是：由于自己受到了特别的恩惠，而这个恩惠是自己不配接受的时候，就会感到羞愧和耻辱。用这个词就说明自己承认在受恩时感到特别羞愧，而这种羞愧（耻）感是日本人最难接受的。关于这点我们将在下一章中作具体的阐述。日本的老板及店员在向顾客道谢时，仍使用“かたじけない”（受之有愧），顾客买货要求赊账时也说“かたじけない”。这个词在明治以前的小说中，是经常出现的。出身卑微的小姑娘被藩主选中为妾时她们会说：“かたじけない”（受之有愧），意思是说：“我不配受到如此恩宠，对您的仁慈，我真是受宠若惊。”同样，在决斗中被政府当局赦免无罪的武士，也会说“かたじけない”，意思是说“接受您如此浩荡的恩惠，我简直没脸见人了。我十分后悔自己当初不该那么自作自受，在此，我向您表示深深的谢意。”

以上这些关于词汇用法的陈述不是蜻蜓点水，而是具体生动地说明了“恩惠的力量”。人们在接受恩惠的时候心情往往是很复杂的。在社会公认的人际关系中，人人都受到巨大的责任感的推动，每个人都希望能彻底报答他人的恩情。然而，欠他人人情是很难受的，因而人们很容易就产生反感。在日本著名的小说家夏目漱石的代表作《Botchan》就对这种反感进行了生动的描写。小说的主人公Botchan是一位自幼在东京长大的青年，他在一个省的小镇上当教员，但很快他就感到自己的同事大多是些平庸之辈，彼此间共同语言很少。幸好其中有一位年轻的教师和他的关系还不错。有一天，在他俩一起出去的途中，他的那位新朋友请他喝了一杯冰水，价格是一钱五厘，约相当于零点二美分。

不久后就有一位教师告诉Botchan说他的好朋友在背后讲他的坏话。Botchan相信了这个爱嚼舌头的教师的话，随后又想起了那个朋友请他喝冰水时的恩情。

“虽然只是喝了他的一杯冰水，但接受这种人的恩惠实在有损我的尊严。一钱也罢，五厘也罢，接受这种人的恩惠，我实在是死不足息。……毫无表示地接受别人的恩惠，就等于说是我看得起对方的人品，觉得他是一个体面的人。在喝那杯冰水的时候，我自己没有坚持要AA制，而是接受了他的‘恩惠’并对他的做法表示感谢，这种感激是用金钱买不到的。我虽无权无势，但我也有独立的人格。要我低下头去接受别人的恩情，还不如让我偿还他一百万元的日元呢！”

第二天，他把那一钱五厘丢到了他那好朋友的桌子上。因为，只有当他们算清这一杯冰水的恩情，他的好朋友背地里讲他坏话的事才可能得到真正的解决。他们也许会厮打一番，但必须事先了结两人间的恩情，因为那已不是朋友之间的恩情。

在美国人看来，对这些鸡毛蒜皮的小事都如此敏感，这种情况只可能发生在那些染有流氓习气的恶少或患过精神病的人身上。但在日本却被视为一种美德。人们觉得很少有日本人干事会如此较真、会有那种极端的举动。当然，那可能也是由于多数日本人马马虎虎罢了。日本的评论家在谈到《Botchan》这部小说时，说Botchan是“一个性情刚烈、纯似水晶、为正义战斗到底的勇士”。实际上，作者曾说，“Botchan”是自己的化身，评论家们也觉得Botchan的性格正是作者性格的真实写照。这是一个关于崇高美德的故事。受恩者只有应把自己的感谢之情看作是价值“百万美元”的东西，并按照这种思想来指导行动，才能彻底摆脱受他人恩惠的内疚之情。并且，只能从体面、仰慕的人那里接受恩惠。Botchan在愤怒中，将教员好朋友的恩情和多年来一直关爱自己的老奶妈的恩情作了一下比较。这位老奶妈对他十分溺爱，总觉得他家里没有一个人关心他、喜欢他，于是经常私下给他拿些糖果、彩色铅笔等小礼物，有一次甚至还一下子给了他三块钱。“她对我始终如一的关怀给我的生活点亮了色彩。虽然我从老奶妈手里接过那三块钱的时候感到非常‘耻辱’，但那钱是我当作贷款收下的。”然而几年过去了，他还是没有要还清那钱的打算。那么，既然对教员好朋友的一分一厘都很敏感，为什么至今仍不还老奶妈的三元钱呢？比较之后，Botchan自言自语地说：“那是因为我已经把她看成是自己的一部分了。”通过这个独白，我们可以更好地了解日本人对恩惠的反应：不论感情多么错综复杂，只要“恩人”实际上是和自己很亲的人、或是在“我个人的”等级范围之内的，或是特别崇敬我的人，或是会做一些我们自己在那种情况下也可能做的事情的人，比如在刮风的日子里帮别人拣起落帽等，我们就可以对这种“恩惠”心安理得。如果不是这种情况，“恩惠”就会成为人们揪心的痛。不论这种“恩情”是多么的微不足道，人们也应该对此感到难过和愤恨。

日本人都知道，如果一个人背负了过多的报恩的思想包袱，那么不论在任何情况下，他都可能会惹麻烦。这一点可以从近期的杂志的“失恋者答询专栏”中找到明显的例证，它的特点有点像《东京心理学杂志》。它的答疑毫无弗洛伊德精神分析的色彩，纯粹是日本式的。一位上了年纪的男性在征求意见时这样写道：

“我是一个有三个儿子和一个女儿的父亲。我的老伴16年前去世了。为了儿女，我没有再婚，孩子们也一直很赞成我这么做，认为这是我的一种美德。如今孩子们一个个都结婚成家了。八年前儿子结婚时，我退居到离家两三条街远的一幢房子里。说来有点不好意思，三年来，我一直和一个姑娘在一起并发生了关系。她是被人卖到妓院当妓女的，我听了她的身世后十分同情，就花了一小笔钱替她赎了身，并把她带回家，教她基本的礼仪，让她在我家做用人。那姑娘责任心很强，而且很会过日子。然而，我的儿子、儿媳、女儿、女婿们都因此而看不起我，把我视若外人。当然，我并不责怪他们。这是我的过错。

“那姑娘的父母开始对此事并不知道，他们来信说由于女儿已到了结婚年龄，希望那姑娘能够早日回乡准备嫁人。我同她的父母见过面，把具体的情况都向他们作了交代。她的父母虽很贫穷，但并不是唯利是图的人。他们同意她女儿留下来，权当她已死了。那姑娘自己也愿意守在我身边直到我去世。但是，我俩年龄相差甚远，我和她在一起就犹如父女一样。因此，我也曾想过把她送回乡下去。我的儿女们都认为她主要是图我的财产。

“我长年生病，估计也就有一两年的活头了。我究竟该怎么办呢？我很想听听你的意见。最后我还要说明的一点就是，虽然那姑娘以前因环境所迫落入风尘，但她的品行是高贵的，她的父母也不是唯利是图的人。”

负责这个案例的医生认为，这个事例再次说明了一个人背负的恩情太重的时候会发生什么情况，也就是说：这位老人把对子女的恩情看得太重了。他说：

“你说的是一件非常常见的事情……在未进入正题之前我必

须澄清的一点是，从你的来信看你似乎希望从我这儿得到你所想要的答案，这使我有些不高兴。当然，对您长期的独身生活我深表同情。可是，你试图利用子女们对你的感恩戴德来使自己目前的行为正当化，这点我是无法苟同的。我并不是说你是个奸诈的人，但你的确是个意志薄弱的人。如果你不想再找其他的女人，并且不想让你的子女们因为您至今仍未结婚而感到内疚的话，那我建议你最好向子女们说清楚你的用途，并向他们明确表示自己必须和那个女人共同生活。当然，孩子们的最直接的反映就是对你的这种做法感到反感，因为你过分强调自己对他们的养育之恩。不过，人非圣人，孰能无过，你也不可避免的陷入感情的纠葛之中。但是，高尚的人是应该战胜情欲的。你的孩子们之所以反感你，是因为他们对你的期望值很高，觉得他们心目中的父亲是可以战胜情欲的。然而，你却让他们失望了。虽然他们想法很多，也是很自私的，但我很理解他们的心情。你当然是这样想的：子女们自己结了婚，在性欲上得到了满足，却拒绝自己的父亲有这种要求。但子女们却不是这么想的（像我前面所说的）。因而这两种想法间是有冲突的。

“你说那姑娘和姑娘的父母都很善良，我想这只不过是你个人的想法罢了。众所周知，人的善恶是由环境、条件决定的。不能因为他们眼下没有追求好处，就说他们是‘善良’的。做父母的让自己的亲身女儿嫁给一个即将过世的老头当小老婆，这种做法难道不愚昧吗？如果他们打算嫁女为妾，那一定是想得到钱财方面的好处。你如果以为不是这样，那你就大错特错。

“你的子女担心那姑娘的父母是在打你的财产的主意，说实话，我也是这么认为的。那姑娘年轻，也许不会有这种念头，但她的父母则一定会有。

“现在你有两条方案可以选择：

（1）做一个‘完人’（毫无私欲、无所不能的那种），彻底同那姑娘一刀两断。这个你也许做不到，因为你的个人感情是不会允许你这么做的。

（2）‘重新做一个凡人’（抛弃所有的粉饰和虚伪），彻底打破你在子女们心目中的光辉形象。

“至于财产，你应尽快另立一份遗嘱，其中规定子女们和那姑娘的份额各是多少。

“最后，请您不要忘记自己已步入老年了。从你的笔迹我可以看出，在好多事上你已经变得相当孩子气了。你与其说的想法是理性的，还不如说是感情用事。你说自己是把那姑娘救出苦海，但我觉得你实际是把她摆在了自己母亲的位置。我们都知道婴儿没有母亲是生存不下去的，所以我劝你选择第二条道路。”

在这封信中谈到了许多关于恩的理念。一个人一旦有了似乎要让别人（这其中包括哪怕是他自己的子女）蒙受大恩的做法，那当他要想改变这种做法，就必须牺牲自己。他应该懂得自己必定需要承受很多。而且，不管他在给儿女们恩惠时作出了多大牺牲，日后他也不应因此而居功自赏。试图利用自己对儿女的恩惠来“使自己目前的行为正当化”的想法是不正确的。同时，孩子们对此感到不满是“正常的”。因为他们的父母未能始终如一地坚持初衷，他们有种“被出卖”的感觉。做父亲的如果认为自己在孩子们需要照顾的时候已竭尽全力地为他们牺牲自己的一切，而当他们长大成人后子女们就应该照顾父亲的话，那他就大错特错了。孩子们不但不会那样想，反而会由于这种恩情的存在而“自然地反对父亲”。

美国人对这种事的看法就完全不一样。美国人认为：在丧妻后又当爹又当妈把孩子抚养成人的父亲是伟大的，在他们的晚年应当受到孩子们的感激和爱戴，而不是“群起而攻之”。为了使日本人能明白这种判断的逻辑，我们不妨把它看作一种钱财上的往来，因为在这点上美国和日本的文化是共通的。如果父亲在一项很正式的交易中把钱借给孩子并要求他们到规定的时间内要还本付息，那么我们完全可以对那位父亲说：“孩子们反对你、厌倦你是很应该的。”在这个意义上，我们就能理解为什么日本人接受别人的烟卷后，不是直截了当地说声“谢谢”，而是说“惭愧”。我们也就可以理解为什么日本人会讨厌一个人给另一个人施加恩惠。至少我们可以理解为什么“Botchan”对一杯冰水的恩情看得如此之重了。但是，美国人在有些事上是不用金钱标准来衡量的。比如，偶尔在冷饮店请一次客；早年丧妻的父亲对孩子们长期的无微不至的关怀；以及义犬“哈齐”对主人的忠诚之举等等。但日本人却喜欢这么做。爱、关怀、慷慨仁慈本来是无法用金钱的标准来衡量的，而在日本这种情感是可以附加条件的。接受了别人这类情感的人就是欠恩者，因而他们要像日本谚语所说的那样：只有天生慷慨的人才会接受此类恩惠。

第四部分

回报万分之一的恩情

中国的“仁”是被排斥在日本的观念之外的。“行仁义”在日本是指杀人越货、强抢明偷。在此日本人实际上贬抑了中国人价值观的核心。

接受他人的恩惠实际上就是欠了别人的债，因而必须还债。但在日本，“报恩”的方式却与我们平常理解的不同。在美国人的道德观以及平日使用的词语中，人们经常会把obligation（责任）与duty（义务）这两个范畴混在一起。对此，日本人感到非常奇怪，这就好像好多美国人对一些小地方的财务交易状况感到不可理解一样，因为这些地方的人在讲“债主”和“债务人”的时候总是容易混淆。对日本人来讲，给人恩惠实际上相当于一笔重要的永久性的投资；而报恩则是另外一回事，它必须是积极的、刻不容缓的。人们施恩不是美德，而报恩却是美德。人们为了报恩而积极工作实际上就是一种美德。

对美国人来说，要想理解日本人这种关于美德的看法，那么可以参照一下美国人是如何看待金融交易的，以及每个交易都是如何规定对违规行为的制裁措施的。比如在美国，任何一个公民都应该如实地履行合同。要是有谁想巧取豪夺，美国的法律对他决不宽容。个人在向银行申请贷款时，不仅银行会综合考虑申请人的还贷能力，债务人也会认真考虑银行贷款利息的高低，以及能够贷款金额的大小。在涉及钱的问题上，美国人所要考虑的事情是与爱国感、爱家感完全不同的。对美国人来讲，爱是一种心灵的感受，是不受任何约束的。而那种视国家利益高于一切的爱国感，也只有在这个国家受到外敌的武装侵略时才有实质的内涵，否则一切都是空谈。因为这种爱国感是和人类邪恶的本性不相符的。与日本人天生的先入为主的报恩、赎罪思想不同，美国人认为儿女只是应该同情并援助贫困的双亲，认为丈夫只是应该不对妻子实施暴力，认为家长只是应该抚养子女。但是所有的这些既不可能像金钱上的往来那样分得清清楚楚，也不可能像事业上的成功那样获得应有的回报。与美国人关于债务清偿及违约制裁的逻辑一样，日本人的报恩思想也是非常强烈的。在美国，一个人如果违约了，那么对他的制裁可能是用他的抵押来付清所有的本息，而在日本，对不报恩行为的惩罚可能更加严格。对日本人来说，报恩不是在一些紧要关头如两国间宣战或父母病危的时候才凸显的事情，而是一种深刻笼罩心头的阴影。这就如同纽约的农民时刻担心着自己的抵押、华尔街上股票刚刚脱手的资本家眼睁睁地看着股市飙涨一样。

日本人把“报恩”这种行为按不同的规则分成了好多种，但每种恩情都是无论过了多长时间，或是做了多少努力，还无法彻底还清的。对于同等厚重的恩情哪个先报，哪个后报问题则要根据具体的情况而定。对于那种永世难报的恩情，日本人称之为“义务”，认为：人们永远连那份恩情的万分之一都无法回报。这种难以回报其万分之一的恩情主要包括两类：一类是报答父母的养育之恩，即“孝”；另一类是报答天皇的栽培之恩，即“忠”。这两者都是强制性的，是任何人都必须履行的。日本的小学之所以被称为“义务教育”，是因为实在是没有其他的任何一个词能够比“义务”

更贴切地表达必须的意思了。生活中的偶然事件可能会使人们在尽“忠”尽“孝”过程中对某些细节问题有所调整改变，但这种义务整体上来说还是对每个人都有强制作用的。

日本人责任与义务一览表：

一、恩情：恩情是指被动发生的义务。我们往往说一个人“受恩”、“身受恩宠”。如果从接受者的被动角度来讲恩情是一种义务。

皇恩——从天皇那得到的恩惠。

亲恩——从父母那得到的恩惠。

主恩——从主人那得到的恩惠。

师恩——从师长那得到的恩惠。

在人的一生中人会在与各种人交往的过程中得到不同的恩惠。

注：所有对自己施恩的人都被称为“恩人”。

二、恩情的相应义务：每个人都必须“还债”，每个人都必须回报“恩人”的恩情。也就是说，从偿还者的主动角度讲报恩也是一种义务。

1. 义务：无论如何努力回报，无论过了多长时间，这种恩情都是无法全部还清的。

忠——对天皇、对法律、对日本国要忠，这是每个日本人的义务。

孝——对双亲、对祖先要孝，对子女要精心照料。

敬业——对自己的工作要热爱，要有责任感。

2. 以下的恩情是要求在一定的时间内以同等同量的恩情加以回报的。

（1）对世界的所负有的义务，包括：

对君主的义务

对近亲的义务

对那些施与自己恩惠的人的义务。比如接受了他的金钱、善意，以及工作上的帮助（如工作搭档）等。

对非近亲（如伯父、伯母、表兄妹、堂兄妹等）的义务，这并不是说自己能从这些人身上得到什么恩惠，而是念于大家都是旁系亲属、共有一个祖先的缘故。

（2）对自己名誉相当于德语中的（die Ehre）名声所负有的义务：

当一个人受到侮辱，或遭到失败时，每个日本人都有责任和义务通过报复或复仇的方式来为自己“洗刷”污名（注：这里的反击、报复行动不应被看作是对他人的侵犯）。

每个日本人都有不承认自己在专业上无能和无知的义务。

每个日本人都有遵守日本礼节的义务，行为应该文明规范，在生活中不做与自己身份不符的事情，在不如意的时候要学会克制自己的感情等等。

日本人所理解的“忠”、“孝”两种“义务”都是无条件的。这样，作为日本美德核心的“忠”、“孝”就和中国人所理解的那种对国家尽忠和对父母尽孝道的思想区分了开来。从七世纪开始，日本就广泛吸取了中国伦理道德体系的精髓，所谓的“忠”、“孝”都是汉语中的字眼。但是，两国间所不同的是中国人并没有把这些道德看成是无条件的。相反，在中国人眼中，“忠”、“孝”是有条件的，而“仁”，也就是英文中的“benevolence”（慈善、博爱），是比“忠”、“孝”更高境界的美德，西方人所指的有关人们交往的美好关系都可以用“仁”来表达。父母必须具有“仁慈的心”。同样，统治者如果不“仁”，人民理所当然地可以揭竿而起。“仁”是使他人忠诚的先决条件。帝王皇位的巩固和人们对文武百官的服从全在于统治者施与“仁政”。中国的智者在与人们的交往中也讲究“以德服人”。

日本人并不看好中国的这种伦理道德观。杰出的日本学者朝河贯一在谈及中世纪中日两国的差异时写道：“在日本，这些观点显然与天皇的绝对权威不相容的。所以，即使是只作为学术理论，我们也从未全盘接受过这种观点。”事实上，“仁”在日本是被排斥在传统伦理道德体系之外的，它从未享受过在中国伦理体系中如此崇高的地位。在日语中，“仁”被念作“jin”，但字形还是与中文中的“仁”一样的。“行仁”或“施仁”即使是对身居高位的人来说也不是必须具备的品德之一。由于“仁”被排斥在日本的伦理道德体系之外，因而当人们提到“仁”的时候，更多联想到的是积德行善之类的事。比如热衷于慈善事业、要求赦免犯人以便使自己名垂千史等等。但这些的确只是工作之外的事，并不是要求每个人都必须如此。

当人们提到“行仁义”的时候，还有另外一种隐含的意思就是“做法律规定范围以外的事情”，这种行为经常被流氓地痞们视为美德。比如在德川时代，武士们是佩带双刀的，显得十分威武。而那些无赖则只佩单刀，他们所谓的“行仁义”就是干些杀人越货的勾当。如果一个犯了事的歹徒要求窝藏在另一个帮派里，那这个帮派为了避免这个歹徒的同伙将来寻衅报复，只有把他藏起来，这种做法就是地痞流氓们通常所理解的“行仁义”。现代社会中，“行仁义”更不是什么好词，人们只有在谈及如何惩罚那些不良行为时才会使用这个词。正像日本媒体所披露的那样：“现在，在日本国内，地下劳工到处‘行仁义’的做法仍十分猖獗，对此，我们必须严加惩处。警方也应加强对此类不法行为的取缔力度。”毫无疑义，这里的“行仁义”当然和那些被流氓地痞们称为荣誉的“强抢明偷”活动有着异曲同工之处。尤其值得注意的是在现代日本中，经常会有一些小包工头会像上世纪末到本世纪初美国码头上的意大利籍工头padrone那样，自己私下和一些不熟练的工人订立非法劳动契约，自己承包一些工程，然后以非常低廉的劳动力成本获得高额的利润。这些在日本也被称作“行仁义”。中国的“仁”的概念在这里已经完全走样了。日本人就是这样大肆地篡改、贬抑了中国价值观、道德观的核心内容，同时又没有其他新的内容能够使“忠”、“孝”两种“义务”变成有条件的，因而孝道在日本就成了无条件地必须履行的义务，即使是父母的恶行也要无条件的宽恕。只有当对父母的“孝”与对天皇的“忠”发生冲突时，人们才可以以“忠”为重，放弃尽“孝”的义务。此外，无论父母是否值得子女尊敬，也无论父母是否破坏儿女的幸福，尽“孝”对子女们来讲都是一种不可推卸的责任。

日本近代的电影中有这样一个故事：在农村大灾荒时，有些父母为了一家大小的性命，往往会将自己的女儿卖去妓院挣点钱。一位乡村教师为了挽救自己的学生，就向村人借了一笔钱，想把自己的学生赎出来。没想到这笔钱还没被派上用场，就被这位乡村教师的母亲挪用了。其实，这位老师的母亲并不穷，她自己经营着一个规模不小的餐馆。这位老师知道钱是自己的母亲偷的后，出于“孝道”，只能自己来背这个黑锅。他的妻子不久发现了真相，于是写了一封遗书，说钱是自己拿的，然后自己怀抱不满周岁的小孩投河自尽了。事情最后被传开了，但这位母亲在这场悲剧中究竟应负多大责任，对此，人们仍是众说纷纭。事后，那位教师尽完孝后，只身前往北海道去磨炼自己的人格，以求在今后类似的考验中能够更加坚强地应付。当然，这位老师是一位真正的英雄。但在美国人看来，应该为整个悲剧负全权责任的是那个偷钱的母亲。然而，我的那位日本朋友却强烈反对我这种美国式判断。他说，孝道常常会与其他道德观发生矛盾和冲突。如果片中的主人公足够聪明的话，他能找到一条既能“尽孝”又能“无损于自己尊严”的折中的办法。但是，如果那位教师为了保全自己而谴责母亲，哪怕只是在心里谴责，这在日本的道德观中也是不能容忍的。

不论是小说中还是在现实生活中，青年人在完婚后都必须严格履行“尽孝”的义务。除了少数特别现代的家庭之外，在日本社会中，人们仍然认为由父母通过媒人来为儿子选择结婚对象是理所当然的。在这件事上是家里说了算，而不能由儿子自己来做主。这其中的原因不仅是涉及门当户对问题，更主要是因为那媳妇也将被载入家谱，为他们这个家族传递香火。一般的惯例是媒人安排一次非正式的见面，双方的家长也都参加，但男方和女方在初次的见面中并不相互交谈。有的父母是希望自己的儿子能够通过婚姻与名门望族拉上关系，虽然这种婚姻往往意味着男方要付出巨大的花费；也有的父母就是希望给自己的儿子挑一个人品好的姑娘。主要是稍有孝心的儿子都会遵从父母的意见的。特别是长子，以后是要和父母在一起生活的，因而对家长们来说挑选儿媳妇非常重要。众所周知，婆媳关系一向都是不好处的。婆婆总是爱挑媳妇的毛病。纵然是儿子、媳妇非常恩爱，相处非常融洽，只要婆婆不愿意，就可以把媳妇赶出家门，解除儿子和她的婚姻关系。在日本的小说和个人自传中，很多都描写了作他人妻子的艰难，而且也对丈夫的痛苦作了充分的描述。当然，丈夫是为了“尽孝”而迫不得已地解除与妻子的婚姻关系的。

一位现住在美国的比较“现代”（Modern）日本妇女给我们讲述了一个她自己的亲身经历。她在东京时曾收留过一个被婆婆赶出来的年轻孕妇。这个妇女由于得罪了婆婆，被迫与自己深爱的丈夫离别。当时，她身患疾病，心力交瘁，却从未说过自己丈夫半个“不”字。渐渐的，她把全部期望都倾注到了自己即将出生的婴儿身上。可谁知孩子刚一出生，婆婆就带着自己唯命是从的儿子来要小孩。当然，按常理说这小孩是应该属于男方家的，婆婆也有权利把孩子带走。可哪知婆婆把小孩一带走后就立即送进了孤儿院。

上述的这些例子涉及了孝道，也都提到了子女们是如何来偿还父母的“养育之恩”的。而在美国，这些都会被看作是外界对个人追求幸福权利的干扰。日本人之所以不把这看作是外界对他们生活的干扰，这主要是因为他们打心底认为自己是欠父母“恩情”的。就如同美国的故事中都是描写一个特别正直诚实的人是在付出了多大的努力之后才还清欠债一样，上面的这些例子实际反映了日本人将什么视为美德；反映了日本人是如何在证明自己的意志力足够坚强，以致可以承受任何磨难赢回自己的尊严。然而，无论这种磨难表面上显得是如何的崇高，其结果都是令人非常愤懑的。一个值得人们注意的现象就是：在缅甸，当人们谈到“最令人憎恨的事物”时，人们的答案是“火灾、洪水、小偷、官吏和坏人”；而在日本，人们的答案却是“地震、打雷、老人（如一家之长和父亲等）”。

与中国所说的孝道不一样，日本人在“尽孝”时，不会追溯到几个世纪以前的祖先，也不会后推到同一祖先衍生的庞大宗族。日本人概念中的祖先只包括当代的前辈先人。每年日本人都会对祖坟墓碑上的文字更新一遍，以便确认死者的身份。当后人无法记得先人的具体情况时，他也就不再是后辈“尽忠”的对象了，家里佛龛上也不会有他们的灵位了。日本重视的那些“尽孝”的对象只限于那些在脑海中还记忆犹新的先人。他们很注重现在。许多评论家都曾坦言：和中国人比起来，日本人缺乏思辨的能力和抽象思维的能力，日本人的孝道观恰好印证了这种论点。然而，他们这种观点最重要的现实意义就在于它把“孝尽”的义务仅限于活着的人之间。

不论在中国或日本，“尽孝”不仅仅指对父母和先人的服从和尊敬。在照顾子女这个问题上，西方人认为这主要源于母亲的本能和父亲先天的责任感，而东方人则认为这是在给祖先“尽孝”。日本人对这一点深信不疑，他们认为：对祖先“尽孝”的最好办法就是像父母照顾自己一样精心地照顾自己的儿女。日语中没有特指“父亲对子女的义务”的专门词汇，因而这类义务全都包括在后辈对父母及对祖父母的“尽孝”范围之内。“尽孝”给一家之长规定了很多义务：如抚养子女；让儿子或弟弟接受教育；管理财产；保护那些需要保护的亲戚及其他无数类似的责任。在日本，家庭的制度化导致的最直接的后果就是种种规定，严格限制了对其“尽孝”的人数。按照日本的这种规定，儿子死后，要由父母来抚养儿子的遗孀和子女。同样，万一女儿丧夫，父母们也要收养自己的女儿及其子女。但是，是否要收养丧偶的外甥女或侄女就不在“尽孝”的义务之内了。如果收养，那也完全是在履行另一种完全不同的义务。让自己的子女接受良好的教育和精心的照料是在履行自己“尽孝”的义务，而若想抚养、教育自己的侄甥辈，习惯的做法是把他们过继为自己的养子，否则的话，那就不是叔伯辈应尽的“义务”了。

这种出于“尽孝”的考虑而对贫困的直系亲属所给予的援助是不要求对这些被援助者过分上心和尊敬的。一个寄人篱下的年轻寡妇经常被称为“冷饭亲属”，因为她们吃的都是别人的冷饭剩菜。而且，那个家庭中的任何人谁都可以随便指使她，对于别人的一切决定她也必须绝对服从。她和她的子女们只不过是这家人的穷亲戚罢了。有时可能由于那个当家人的原因，他们的境况会稍微好点，但这并不意味着那家的家长必须善待她们。同样，兄弟之间也没有义务要互相关爱。当兄弟两人水火不相容时，人们通常只要求哥哥履行对弟弟的义务，并对他的这种行为给予赞赏。

婆媳间的关系是最难处的，矛盾也是最多的。媳妇在这个家里永远都是外人。她必须熟悉婆婆的喜好，并学着按婆婆的意思来办事。在许多情况下，婆婆会毫无顾忌地说媳妇配不上自己的儿子，由此我们也可以推测，在一定程度上是婆婆的妒忌心在作怪。但是，正像日本的谚语所说的那样："可恨的媳妇照样生出可爱的孙子"。因而"报恩"、"尽孝"的理论在婆媳间也是成立的。媳妇在表面上总是温顺贤良的。然而，随着时间的流逝，这些温顺可爱的媳妇都会变成苛刻、唠叨、吹毛求疵的婆婆，与自己以前的婆婆完全一模一样。媳妇们年轻时是不敢顶嘴、从不反抗，但这并不意味着他们就真的是温顺贤良的人。到了晚年，就该是她们作威作福的时候了，她们把多年积压的怨气一股脑地全发泄到新媳妇头上。今天，大多数的日本姑娘们都不太愿意嫁给一家中的长子，因为她们不想和霸道的婆婆们生活在一起。

"尽孝"并不意味着一定要得到家人的好感。在有些文化中，这种好感与爱是一些大户人家道德思想的基石。而在日本情况却有所不同。正如一位日本作家指出的那样："日本人非常重视家庭这个整体，也许正因为如此，他们不大关心家庭中的个别成员，也不太重视联系家庭成员间的纽带。"当然，实际情况不一定完全如此，但这句话却描述了一种真实的情况。这里的关键在于"尽孝"和还债。年长者对后辈们身负巨大的责任，其中之一就是监督年轻人有没有作出必要的牺牲。即使晚辈们不愿意，也于事无补，他们必须绝对服从长辈的决定。否则，他们就没有很好地履行还债的义务。

“尽孝”时，日本最独特的一点就是家庭成员之间可以相当露骨的相互谩骂。这种现象在对天皇“尽忠”时是根本不可能存在的。日本的政治家们精心安排，使天皇远离喧嚣的尘世生活，将天皇置于圣人的位置。只有这样，天皇才能动员全国上下，一致为国家效命。说天皇是国民之父是不够的，虽然父亲在家庭中承担对子女的一切义务，但却“很可能是个不太值得他人尊重的人”。天皇必须是远离一切世俗杂虑的圣父。对天皇尽忠已经被神话成一种对品性高洁、一尘不染的圣父的崇拜。在明治改革初期，日本的政治家去西方各国考察后认为：西方那些国家的历史实际上都是统治者与被统治的人民之间的冲突的历史，而这是与日本精神不相符合的。回国后，这些政治家在制定宪法的过程中就写道：“天皇是神圣不可侵犯的，天皇对国务大臣的一切行为均不负任何责任。”天皇只是日本国民团结统一的最高象征而不是行使实际对国家管理权力的国家元首。天皇不行使行政权已有近七百年的历史了，因此，让天皇继续充当后台主角也是理所当然的事情了。明治政治家唯一要做的工作就是在全体日本国民心中树立起天皇至高无上的绝对崇高地位。在封建时代的日本，“尽忠”主要指的是忠诚与世俗首领和将军。这一漫长的历史使明治政治重新定义“尽忠”的涵义。在过去的几个世纪里，将军既是最高大元帅又是最高执政者，其属下虽然也对他“尽忠”，但试图推翻其统治以至杀害其生命的阴谋仍是屡见不鲜。对将军的忠诚常常会与对封建君主的忠诚相冲突，而且对老百姓来说，对封建君主的忠诚往往要比对将军的忠诚显得更有紧迫性。毕竟，老百姓明天都要和自己的君主打交道。相形之下，对将军的忠诚就难免要淡得多。在动乱时期，武士们也经常会逼迫将军退位，然后拥护自己的封建主即位。一百年来，明治维新的先驱们打着“忠于天皇、推翻幕府”的口号进行了激烈的斗争。而天皇则常年深居九宫，因而每个人都可以按自己的意愿来塑造天皇的形象。明治维新运动就是这种拥王派的胜利，也就是从那时起，即1868年，“尽忠”的对象才从将军转到具有象征性意义的“天皇”身上。天皇继续隐居幕后，他仍是将权力下放给自己的“臣下”，自己也不亲自管理政府或军队，也不亲自决定内政外交政策，仍然是由一批经过认真挑选的顾问来帮他执掌政务。真正的具有根本性变动的是在精神领域，“尽忠”的对象已经转移到了日本统一与永恒的象征、神圣首领精神首领天皇身上。

当然，“尽忠”的对象之所以能轻而易举地转移到天皇身上，最重要的在于在日本民间广泛流传着这样一个神话，即皇室都是天照大神的后裔，对此人们深信不疑。但这个传说中涉及的一些神学观点并没有西方人所想象的那么重要。实际上，即使是那些完全否定这种神学观点的知识分子也从未对必须忠于天皇这一事实提出过任何疑问。而至于那些认为天皇就是神仙下凡的一般老百姓，他们对这种传说中神学观点的理解也与西方人想象的不同。“神”（カそ），也就是英文的“god”，在日语中最基本的涵义是“首领”的意思，即等级制的顶峰。与西方人不同，日本人认为在人与神之前并没有特别巨大的鸿沟，他们认为人在死后都将变成神。在封建时代，“尽忠”就是要对等级制中的首领表示忠诚，尽管这些人可能跟神没有任何联系。而后来“尽忠”的对象之所以能够很自然地转移到“天皇”的身上，一个非常重要的因素就是在日本的整个历史上，只有一个皇室，万世一系。尽管西方人一再指责日本皇位的继承规则与英国、德国的都不一样，说它只不过是一个骗局罢了，但这种指责是毫无用处的。日本的规则就是日本的规则，并且根据这一规则，日本的皇室血脉也“万世长存”了下来。与中国不同，日本在历史上没有经过三十六个王朝的改朝换代。它虽然经历了一些变迁，但日本的社会组织并没有瓦解，其基本轮廓还是一样的。在明治维新前的一百年间，反德川统治的势力也是利用这种“万世一系”的理论，而不是天皇的神裔理论来发动群众的。他们说，既然“尽忠”的对象是等级制中的最高者，那么在现存的等级制下就只能献给天皇。他们把天皇抬到了整个国家牧师的高度，但这种角色并不一定就意味着要带上什么神学色彩。天皇的这种地位要比简单的神裔理论重要得多。

近代的日本作了种种努力，使这种“尽忠”的对象慢慢转向具体的人并且在这里特指天皇本人。明治维新后的第一个天皇就是这种努力最直接的后果，在他长期的统治中，自然而然地成了日本国的国体象征。他很少在公众场合露面，仅有的几次都伴有隆重的庆典仪式。当群众向天皇行跪拜礼的时候，顿时是鸦雀无声，没有一个人敢于抬头正视天皇。二楼以上的所有窗户都全部紧闭，因为没有任何一个人可以从高处来俯窥天皇。他接见当地官员也纯粹是一些程序性的仪式。因为面见天皇只是少数“阁下”们的特权，当地执政官员平日是根本没有面见天皇的资格的。天皇一般不对有争议的政治问题发布诏书。他所发的诏书的内容一般都是有关道德、节俭方面的，或者是某件事情解决后再次确认一下以便安抚民心。当天皇即将驾崩时，整个日本几乎就成了一座大寺院，所有的老百姓都跪拜在地为他虔诚地祈祷。

通过这种方式，天皇成了超越国内一切政治纠纷的象征。就像美国人对星条旗的忠诚热爱超越一切政党政治的纠纷一样，在日本天皇的地位也是“神圣不可侵犯”的。美国人有严格的升、降旗仪式，这种仪式对任何一个普通老百姓来说都是超乎想象的。然而，日本却充分利用人们对天皇这个最高象征的崇拜来调动人们的积极性。人民可以敬爱天皇，天皇也可作出反应。老百姓听说天皇“关心国民”时会感动得热泪盈眶。“为了使陛下放心”，他们可以献出自己的生命。日本的文化就是注重人与人之间的交往，在这里天皇作为忠诚的象征，其意义远远超过国旗。教师在受训时如果不想犯重大的错误的话，他必须深刻提醒自己人的最高义务就是对天皇效忠报恩，而不是爱国。

“忠”在臣民与天皇的关系问题上构建了一种双重体系。一方面，臣民直接向天皇效忠，用自己的实际行动来使“陛下安心”；另一方面，天皇的各种敕令，又是经过天皇、大臣最后层层传到臣民们耳中的。“天皇御旨对人们忠诚的感召力和强制力是任何一个现代国家都无法比拟的”。罗里（H.Lory）曾描述这么一个故事，在一次平时军事演习中，带队军官下令：没有命令任何人都不能喝水壶里的水。日本的军队训练非常强调能在极困难条件下行军的能力，军队连续行军五、六十英里都没有休息一下。在那天的训练中，有二十多个人由于口渴和疲劳而中暑，五人死亡。最后将这些士兵的水壶打开一看，那里面的水一滴也未尝过。他们说：“在那种情况下，军官的命令就是天皇的命令。”

在民政管理中的大部分，包括从丧葬到税收，都是国民“尽忠”的范围。税吏、警察、地方征兵官员都是臣民尽忠的中介者。在日本人看来，遵守法律就是对“皇恩”最好的回报。这一点与美国的风俗习惯形成强烈的对照。在美国人看来，任何新的法律——从有关停车的尾灯标志到个人所得税，都是对个人自由的干涉，都会在全国激起民愤。联邦法律更由于它对各洲的立法权的干涉而受到双重怀疑，因为人们都认为它是华盛顿官僚集团强加于国民的。因而人们为了维护、保全自己的自尊心，都会竭力反对这些法律。日本人觉得美国人的这种做法简直就是无法无天，而美国人则认为日本人都是一帮缺乏民主观念的顺民。因而更切实际的说法是两国国民对彼此自尊心的认识有不同的理解。在美国，自尊心是与自己要干的事联系在一起的；在日本，自尊心则是与报恩联系在一起的。这两种风俗都各有各自的难处：美国的难处在于，即使颁布一个对全国人民都有利的法规，也很难被民众广泛接受。而日本人的难处在于，人的一生都将处在一种报恩的阴影之下，这对任何一个民族来说都将是一件令人沮丧的事情。也许，在某些场合，每个日本人都有自己既不触犯法律，又能回避苛求的办法。与美国人不同，日本人甚至还能容忍一些暴力行为和私人的复仇的行动。然而，尽管有好多人都可以举出这些例子，“尽忠”在日本还是占有支配性的统治地位的。

1945年8月14日当日本宣布投降时，“忠”在全世界显示了它令人难以置信的威力。许多了解日本、对日本深有体会的西方人士都认为日本是不可能投降的。他们说，幻想亚洲和太平洋诸岛上的日军会和平地放下武器那简直是太过于天真。日军的许多武装部队还从未在局部性的战役中失败过，他们至今仍对自己发动的这场战争的正义性确信无疑。在日本本土，到处都是誓死抵抗的顽固者。占领军先头部队的力量如果不是足够大的话，只要一进日本大炮的射程范围之内，时刻都有被残杀的危险。“在整个战争中，日本人什么时候都没怕过，他们是一个好战的民族。”然而，美国的分析家却没有考虑到“忠”的作用。只要天皇发了话，战争就结束了。在天皇还未到广播电台发表讲话之前，顽强的反对者们还围住了皇宫，试图阻止天皇通过广播向众人宣布停战诏书。但一旦宣布了，所有的日本人就得无条件的全部接受。不论是满洲里、爪哇等地的前线司令官，还是本土上的顽强抵抗者们都立即停止了战争，准备结束战争。美军的军队在机场着陆后，受到了当地人们礼貌的欢迎。外国记者中有人这样写道：“早晨着陆时自己还是手不离枪，中午时我就把枪收起来了，傍晚时我就悠哉游哉地在街上闲逛采购日用品了。”“日本人现在是按天皇的旨意用和平的办法来使‘陛下安心’，而在一个星期前，他们使‘陛下安心’的方法还是：誓死也要奋勇作战，即使是以竹竿为枪也要击退蛮夷呢！”

如果西方人能够理解支配人类行为的情绪是会经常变化的，那么他们也就不会觉得日本人的这种态度是不可思议的了。有些人说如果这样的话，日本民族除了自取灭亡将别无他路；而另一些人则说只有日本的自由主义者推翻现任政府，掌握政权，日本民族才能得救。这两种分析，从全力以赴、全民支持打赢战争的角度来看，还是有些道理的。但是，如果以西方人的思维习惯来理解日本，那么他们就大错特错了。甚至在平安无事地占领日本几个月之后，有些西方人士还在预言，已经没有机会了。因为在日本并没有发生西方式的革命，或者说因为“日本人还不懂得自己已经被打败了”。这些都只是建立在西方的善恶标准之上的西方人的处世哲学。但是应该记住的一点是日本不是西方。它没有采用西方各国都会用的最后一招：革命。它也没有用消极的态度来破坏占领军的占领行动。日本有日本自己的方法：在战斗力还未彻底被摧毁以前，人们就把自己无条件投降看作是为了“尽忠”而必须付出的巨额代价。在他们看来，这种巨大的代价是有价值的，因为最终他们还是获得了自己最珍视的东西。今天，日本人仍会趾高气扬地说：这是天皇的命令，即使这是一条要求我们投降的命令。但即使是投降，对天皇“尽忠”仍是在任何时候都必须遵守的最高法律。

“情义最难接受”

在世界上各种价值观中，日本人的“情义”是最奇特的——它是像利息一样不断增长的欠债，是不愿意却又不得不做的事，是人们背负的沉重心理负担，是深刻笼罩心头的阴影。

日语中有句古言：“情义最难接受”。就如同一个人必须报答别人的恩情一样，人们也必须回报别人的“情义”。但是，“情义”所要求的义务和“恩情”所要求的义务是不一样的。在英文中很难找到一个与“情义”对等的词。并且迄今为止，尽管人类学家发现世界每种文化的道德价值观都是很奇特的，但日本文化中的“情义”显然是最奇特的一个。它是日本所特有的。尽管在具体的概念上有些不同，但“忠”与“孝”是日本和中国所共有的道德规范，这种普遍的道德观构建了东方各国家庭观的同质性和在价值观上天然的亲和力。而“情义”则既与中国儒教无关，也与东方的佛教无关。它是日本本土的东西，如果不了解日本人的“情义”是怎么一回事，我们是很难搞清楚日本人的行为方式的。日本人在谈及自己行为的动机、对名誉的看法以及个人在本国所处的进退两难的境地时，都会经常说到“情义”。

对西方人来讲，“情义”就是一大堆复杂义务的集合：从报答恩人的恩情直到为先人复仇的义务。难怪日本人懒得向西方人解释“情义”的含义，就连他们自己的辞海书也很难对这个词有个确切的定义。有一本日语辞典是这样解释的（根据我的翻译）是：“‘情义’就是正道；人做事应该遵循的规则；为了避免世人评论而做自己不太愿意做的事。”这当然无法使西方人领会这个词的要领，但“不愿意”这个词语却至少指明了“情义”与“义务”的差别。不论“义务”对个人提出的要求是如何的苛刻，但至少是个人对他的骨肉近亲、对国家的象征者所应负有的一种责任，是一种生活方式，是他爱国情感的体现。这种责任和义务之所以如此牢固，是因为他们是日本人与生俱来的。不论人们在履行这种“义务”时有多么的“不愿意”，但“义务”的定义中绝不会有“不愿意”做的意思。人们在报答“情义”时似乎内心充满了不快。当“情义”债主的日子是最不好过的。

“情义”可以划成两种截然不同的种类。一种我暂且把它称为“对社会的情义”，字面的意思就是“报答情义”，也就是说报答自己同胞的恩情；另一类我把它称为“对名誉的情义”，也就是说每个人都有维护自己的名誉不受任何外界玷污的责任。这点多少是模仿了德国人对“名誉”的做法。就如同“义务”是人们生而具之的责任一样，“对社会的情义”也大致描述了这种人与人之间的契约性关系。“情义”概指人们对自己的亲戚家属应负的一切义务，而“义务”则只包括自己应对直系家属负有的义务。岳父、公公称作“情义”上的父亲，岳母、婆婆称作“情义”上的母亲。姐夫（妹夫）、嫂子（弟媳）也被称作“情义”上的兄弟、姐妹。不论是对自己配偶的兄弟姐妹，还是对自己兄弟姐妹的配偶，这种称呼都是恰当的。当然，在日本，婚姻也是一个家庭与另一个家庭之间的契约。由于“情义”的关系，这两个家庭终身都会保持这种契约关系，并履行契约性义务。在履行这种契约性义务时，最沉重的恐怕是报答父母双亲的情义，因为是他们安排这桩婚姻。尤其是年轻的儿媳妇感到婆婆的“情义”尤其沉重，因为恰如日本人所说的那样，结婚后儿媳妇就要在一个陌生的家庭里开始她新的生活了。丈夫对岳父岳母的义务可能要不同一些，但也不是一件轻松的事情。

因为当岳父岳母有困难时，女婿必须借钱给他们，同时还要履行其他一些契约性的义务。正如一位日本人所说：“儿子成人后孝敬自己亲生母亲，这不能称为情义，因为这是出于对自己母亲的爱。”凡是发自内心的行动都不能说是“情义”。然而，人们在履行那种由婚姻关系而产生的“情义”责任时却从没含糊过。不论代价多大，人们都是认真履行，以免遭到世人谴责说：“这人是个无情无义的东西。”

如果丈夫是上门到女方家的，也就是人们平日说的“倒插门”，日本人对这种由婚姻产生的“情义关系”的看法就又不一样了。当一个家里只有女儿时，家长们就会为其中的一个女儿择婿入赘以延续“家门香火”。女婿要把自己原来的姓在原户籍中消掉，然后改从岳父的姓氏。结婚后他就到妻子的家里生活，在“情义”上要服从岳父岳母的指示，死后也要葬入岳父家的墓地。这些做法都和一般妇女出嫁给别家是一样的。之所以要为女儿择婿入赘也许不单单只是因为自家没有男孩，更多情况下它也是双方利益的相互需要，即所谓“政治联姻”。有时女方家虽然很穷，但“门第”很高，男方就带过来一笔钱，然后作为回报，男方就可以提高自己在等级制体系中的地位。有时女方家庭富裕，有能力培养女婿上学。于是女婿为了上学，就接受女方入赘的条件。还有时是女婿可能是女方父亲未来生意上的合作者，为了保险，就将女婿赘入女方家庭了。不管是哪种情况，入赘养子所承受的“情义”代价都是很沉重的。因为在日本，把自己的名字列入别家的户口簿是一件相当严重的事情。在封建时代的日本，赘入女方的女婿为了证明自己是新家庭中的一员，在战争中必须为岳父竭力而战，即使是杀死自己的亲生父亲也在所不惜。在当代日本的“政治联姻”中，女方会竭其所能地用各种手段造成一种“情义”上的约束力，使女婿和岳父的事业以及这个家族的命运都联系了起来。尤其是在明治时代，这种事情有时是对双方都有利的。但是日本社会普遍上是对入赘的女婿没有什么好感的。日本的老古言常说：“有米三旦，决不入赘。”日本人之所以这么说主要还是由于“情义”的缘故。他们绝不会像美国人那样说：“这不是堂堂男子汉大丈夫干的事！”毕竟，人们在履行“情义”的责任时总是带着几分“不愿意”的，觉得“情义”让人很为难，因而“情义”是人们在日常交往中背负的沉重的心理负担。

不仅婚姻使人承担了“情义”的责任，甚至对伯父、伯母、外甥、侄女个人也应该承担“情义”的责任。中国和日本在家庭关系方面的一个重大差异就是，日本并不把对上面提及的这些近亲的责任也列入孝道的范畴。在中国，上面提到的这些亲属，甚至比这还远的亲属也分享共同的资源。而在日本，这类亲属只是“情义”关系，跟他们只是“契约上”的关系。日本人指出，在日本普遍的现象是当有人向这些近亲寻求帮助时，这些近亲们救助他们绝非是出于什么个人恩情，而主要是为了报答他们的共同祖先的恩情。虽然抚养小孩是父母们应尽的义务，但如果帮助抚养远房亲戚的小孩，并且不得不帮时，人们就会觉得说自己是被“情义”给套住了。

与婚姻产生的“情义”关系相比，大多数日本人更重视传统的“情义”关系，比如武士对他的君主及其同伴的关系。这种关系体现的是一个高尚的人对其上级及同伴的忠诚。很多传统的文学作品中都歌颂这种“情义”的义务，将之视为武士的美德。在德川氏还未完全统一日本之前，人们认为这种德行甚至是比“忠”更加崇高的美德，在那时是只对将军们才这样要求的。在十二世纪，源氏将军曾要求自己的一位大名交出藏在他处的一名藩主，那个大名在回信中这样写道：您如此这番责难我的“情义”使我感到非常愤慨，因此即使是冒着“不忠”的罪名，我也不会背叛情义。对于公务，我个人无能为力。但品行高尚的人都注重一个“义”字，即使是怠慢了将军的权威，我也要竭力保留“义”的真实性和完整性。最后，他拒绝对“所尊敬者背信弃义”。这封信至今仍被保留了下来。在日本有很多历史故事都是描写古代日本武士崇高的德行的，这些故事一直流传至今。现在，通过对这些故事的润色、改编，他们渐渐地变成了能乐剧、歌舞伎和神乐舞蹈。

其中最著名的是十二世纪一位名叫弁庆的豪杰的故事。他力大无敌，是一位没有主君，依靠自己力量谋生的武士。除了一身好武功外他实在没有其他资源可以利用。他曾寄宿在一家僧院，没想到所有的僧侣都对他诚惶诚恐。为了把自己装扮成一名封建武士的模样，他拦截所有过往的武士，收缴他们的刀剑，以筹备所需的行装。最后，他向一位貌似武艺平常的年轻领主挑战。没想到这回却遇上了劲敌，两人功夫不相上下。后来，他发现这位青年原来是源氏的后裔，正在积极谋划恢复他们家族的将军地位。这时，弁庆才发现原来这位青年就是大名鼎鼎的英雄源义经。出于“义”字，弁庆立即向源义经俯首称臣，并在战场上为源氏家族立下汗马功劳。但在最后一次敌众我寡的战斗中，他们被迫率领家臣撤退。这群人化装成为一帮为建立寺院而在日本全国化缘的僧侣。为了免生怀疑，弁庆扮装成领队，而源义经则身着僧服装作普通僧侣。沿途每遇敌方布置的关卡，弁庆就拿出早已编造好的一卷寺院募捐簿出来念诵以求蒙混过关。然而，在最后时刻，尽管源义经身着微服，却无法掩饰他透露出的贵族气质，敌方对此很是怀疑。他们立即把大部队叫了过来。这时，为了消除敌方的怀疑，弁庆立即用了一个小计。他当面借口一点小事打了义经一耳光。敌方一见情况，疑团全消了。因为，从常理的角度来讲，如果这位和尚真是义经的话，家臣是绝不敢动手打他的。这是绝对违背“情义”的。当时，正是弁庆的不敬行为才挽救了这一帮人的性命。一待他们到达安全地方，弁庆立即跪在义经脚下，请义经赐死。源义经也非常慷慨地赦免了他。

这些老故事中的“情义”发自内心的、没有遭到任何不满玷污的。那个时代对现代日本人来说简直就像白日做梦一样，离他们的生活已经越来越远了。这些故事告诉人们，在那个时代，“情义”没有丝毫“不愿意”的意思。如果“情义”与“忠”相冲突。人们可以堂堂正正地坚持“情义”。当时，“情义”是在封建制度的外衣下人们最珍视的一种人与人之间的最直接的联系。“有情有义”就意味着一个人要终身忠于君主而君主也要照顾好自己的下属。“报答情义”，就是要把生命献给对自己情深义重的君主。

当然，这只是一种幻想。在日本的封建历史上，有很多的例子都表明在战争中，敌方的大名可以用金钱来收买武士的忠诚。而且，更重要的是如果君主侮辱自己的家臣的话，家臣可以名正言顺地弃职而去，甚至与敌人勾结。这点我们在下一章中将提到。如同日本人津津乐道地谈到捐躯尽忠一样，在谈到报复和复仇时，日本人同样是兴致勃勃。两者都是一个“情义”问题。对君主尽忠是“情义”，而对侮辱自己名誉的人进行复仇同样也是“情义”。在日本，这是一块盾牌的两面。

不过，古代故事里那种关于忠诚的描述，对现代的日本人来说已经只是一个梦想罢了。现在人们所说的“报答情义”已经不再指的是对自己合法君主的无限忠诚，而是说要履行对各种各样的人的义务。今天人们在谈到“情义”时，往往隐含着不满的意思，是说个人迫于舆论压力而违背自己本意来履行一些义务。人们常说：“完全是出于情义才会有这门亲事”，“仅仅出于情义我才雇佣那个人的”，“出于情义我必须得见他”，如此等等。他们还常常说“受到情义的反复纠缠”。辞典把这句话译成“I am obliged to it”（我被迫这样做）。人们还说“他用情义来强迫我”，“他用情义来逼我”。上述的这些以及其他类似的习惯用语都是说，某些人凭借以往所施的恩情来迫使讲这类话的人来做他们不愿意做或不想做的事。在农村，在小商小贩的交易中，在大财阀的上层社会里，甚至在日本内阁，人们都“被情义所困”，“为情义所迫”。一个求婚者可以凭借两家关系的深浅来给自己未来的岳父施加压力；同理，还有的人也可以用同样的手段取得农民的土地。迫于“情义”的人也觉得自己必须答应。他说：“如果我不答应恩人的条件，世人就会说我无情无义。”这些都含有“不情愿”、“只是为了面子”的含义，恰如日语辞典解释的那样：for mere decency’s sake。

虽然不像摩西十诫规定的那样是一组具体的道德准则，但“情义”也是必须报答的，而且是有严格规定的。当一个人迫于“情义”时，往往会对正义视而不见。人们会常说：“为了情义，我不能坚持正义”。而且，“情义”的准则里没有说过要“对待自己的邻居就像对待自己一样”，它也不要求一个人要真心主动地对人宽容。它只是说：人必须要履行“情义”的义务，他如果不这样做，世人就会说他无情无义，他会在世人面前永远抬不起头来。这就是为什么人们都不得不遵守“情义”的原因了。实际上，在英语中“对社会的情义”常常被译为“服从公众的舆论”（conformity to public opinion）。在辞典中的翻译是“我也无能为力，因为这是对世界的‘情义’。我只能这么做，因为世界不接受其他的方法”。

如果把“情义领域”中的规矩与美国人关于偿还借款的规则进行一下比较的话，我想这样可能更有助于我们理解日本人的态度。美国人如果接到一封信或是接受了别人的小礼品或是别人适时的劝告，他们不会觉得应该立即对这些善意的行为进行回报，至少不会像他们必须要偿还银行借款或付清利息那样急迫。在金钱交易中，对没有偿还能力的美国人最严重的惩罚就是宣布他的破产，这是一项非常重的惩罚。然而，日本人却把不能报答情义的人视为破产，而日本人在每次与人的接触中都有可能涉及某种“情义”。这就意味着，美国人毫不介意，根本不会想到会涉及义务的那些细小言行，日本人都会一一慎重的对待；意味着要在这个复杂的环境中谨慎行事。

我们还可以把日本人对“社会的情义”的观念与美国人的借债还钱思想做一个比较，我们会发现这其中有很多相似点。“报答情义”就意味着在量上也是毫厘不差、等量对待的。这一点上与“报恩”是完全不同。“报恩”在量上是毫无止境的，无论如何也不可能完全报答得了“恩人的恩情”。“情义”则不是无止境的。在美国人看来，如何报答恩情主要是看当时别人在给予时的恩情有多重。但日本人对旧恩的态度几乎是滴水之恩当涌泉相报的架势。美国人对日本人的馈赠习惯也感到很奇怪。譬如，每个家庭每年都会有两次对六个月前收到的礼物准备一些礼品作为答礼；女佣人每年都给以前的东家寄些小礼物来感谢他的雇用之恩。但是，日本人最忌讳的就是在收回礼的时候别人的礼物比自己原来送的要贵重许多。他们认为这是很不地道的事情。说得难听一点好像自己是想“用小虾钓大鱼”似的。因而在报答“情义”时在量上是要有明确的划分的。

在日常的往来中，人们都尽可能地记录相互间的往来明细，不论是劳务往来还是物品往来。在农村，这些记录有些由村长保管的，有些由工作组的一个具体的人专门保管的，有些则由家庭或个人保管的。在送葬时人们习惯带“仪份钱”。除此之外，亲戚还要为送葬的幡送各种各样的色布。近邻们都来帮忙，女的下厨房，男的打棺材、挖墓穴。在须惠村，村长有一本账簿专门记录这些事情。对死者家庭来说，这则是一份珍贵的记录，因为它记录了左邻右舍都送了什么礼，帮了什么忙。这样，当其他的村民家里出了事的时候，这户人家也可以根据名册上的记载来还相应的礼。以上的都是些长期的相互礼尚往来的记录。此外，村中还有一些专门记录短期的礼尚往来的账目，如葬礼、庆宴等。丧主要用好的酒食款待那些帮忙制作棺材的人，而来帮忙的人也要自己带一些大米来答谢丧主的膳食。当然，村长也会对这些大米做上记录。举行庆宴时，客人们也要自带来一些米和酒，作为对这次聚会的部分补偿。无论是生还是死，或是插秧、盖房、联欢会，“情义”的交往情况都要仔细记录下来，以备日后的回报。

另外，日本的“情义”还有一点像西方的借债还钱理论。如果逾期还不能还钱的话，利息就会自然而然地增长。埃克斯坦（Eckstein）博士谈起了自己与一位日本制造商打交道的经过。这位商人出资让埃克斯坦博士去日本旅游，让他去收集野口英世的传记资料。埃克斯坦博士回到美国撰写传记，最后把手稿寄给了日本的那位商人。但他既没有收到回执，也没有收到任何来信。博士自然担心起来：是不是书中的什么地方触怒了这位日本人。他于是又发出了好几封信，但仍然没有回音。几年之后，这位制造商给博士打电话说他现在正在美国。不久，他就来拜访埃克斯坦博士了，还带了几十棵日本的樱花树作为礼物。这份礼品实在太可观了。这位商人盘算着：正是由于这么久都没有给他回信，所以必须得准备贵重点的礼物才行。于是这位日本人对埃克斯坦博士说："当然，我知道您也不想我那么早就回报您的情义，对吧！"

在回报"情义"时，它往往会因时间的延长而增加需要偿付的额度。例如，有一个人向一位小商贩求援，而这人恰好就是这个小商贩小学老师的侄子。这位学生由于在年轻时没能报答老师的恩情，因而这种"情义债"就随着时间的流逝逐渐增加。现在，面对这位老师的侄子，这位商人毫无选择，只有答应帮忙，以此来偿还对老师的恩情。否则的话，人们就会说他是"无情无义之辈"。

第五部分

洗刷罪名

日本武士必须忍耐饥饿，他们奉命即使饿到要死，也要装出刚刚吃完饭的样子，并用牙签剔牙……日本人把自杀当成最喜欢的“刺激性事件”。议论自杀可以得到其他话题所得不到的某种满足。

对日本人来讲，爱惜自己的名声、使它不受到任何玷污就是在履行对自己名声的“情义”。这种“情义”涵盖了许多美德。在西欧人看来这些美德中有些可能是互相矛盾的，但日本人却认为他们是完全统一的整体。因为这些美德不是必须要履行的义务，不是要对别人施恩情况的回报，因而不属于“恩的范畴”。人们在保全自身的名誉时，不需要考虑以往某个人是否对自己有恩。因而，人们要做的只是按符合自己身份的各种礼仪的要求办事、在困境中表现出充分的忍耐、在专业技能上努力维护自己的名声。履行对自己名声的“情义”还意味着消除别人的侮辱和诽谤，因为诽谤会玷污自己名誉的清廉，因而必须雪洗。在必要的时候也许还要对诽谤者进行报复，或者是自己自杀。除了这两种极端的方法外，其实人们还有很多路可以选。但人们最不能容忍的就是对这些诽谤淡然一笑、听之任之。

日本人并没有一个专门的词语来表达我所说的“对名誉的情

义”的意思。他们只把它描述为报恩范围以外的东西。而这一点正是与“报恩”最大的不同：对世界的“情义”是人们接受了社会的善意和恩惠，因而有回报的义务；而“对名誉的情义”最显著的一点是它也包括对他人的报复和复仇。西方人一直纳闷为什么上述的这两种“情义”一种表达的是感激，而另一种表达的却是报复呢？日本人对此则不以为然。他们说：为什么一种德行不能既包括对他人善意的反应，又包括对他人恶意或污蔑的反应呢？

在日本，人们在做事时就是这样一分为二的。一个正派的人在接受他人的恩惠时，他对这份恩情是记忆犹新的；而当他受到别人的侮辱时，那种耻辱也将是刻骨铭心的。不论怎样，最后都得有个了解。在对待这两种情义时，日本人不像美国人那样把他们区别成“侵犯性”和“非侵犯”的两种。在日本人看来，只有“情义范围”之外的行为才能被称作侵犯。只要是在“情义”范围之内洗刷污名，那就不能说这个人犯了侵犯之罪，他只不过是算清旧账罢了。日本人认为：只要一天没有对受到的侮辱、诽谤及失败进行报复或雪恨，“世界就一天不会太平”。一个正派的人必须帮助世界恢复到一种平衡的状态。这是人性中善的东西，而不是人性中的罪恶。日本人在理解“情义”时往往掺和了感激和忠诚的复杂因素，欧洲历史上，这种“对名誉的情义”一直都被视为是一种美德。在文艺复兴时期的意大利这种“情义”曾经盛极一时。在很多方面，它与古典时期西班牙的el valor Espol（西班牙文：勇敢）和德意志的die Ehre（名誉）颇有相通之处，有些方面甚至还有几分像一百多年前欧洲流行的决斗行为。无论在日本，还是在西欧的其他各国，只要主流文化重视雪洗污点的地方，人们道德价值观的核心就是更加注重那些超越一切物质意义的利益。一个人越是肯为了“名誉”牺牲自己的财产、家庭及个人生活，他就越会被人们认为是品德高尚的人。这种做法本身就是和“情义”的定义是符合的，另外它也是这些国家所提倡的“精神价值”的基础。单从物质角度讲，这种做法会给人们带来巨大的物质损失，可以说真是“得不偿失”。然而，也正是这一点才使人们“对名誉的情义”与日益充斥着美国人生活中的激烈竞争和公开对抗形成了鲜明的对比。在美国某些政治或经济交往中，名誉上的占有并不是最重要的，重要的是在物质上谁能获得真正的利益，人们甚至可能会因此而展开一场激烈的战争。至于肯塔基大山中的居民间为了名誉习俗而械斗的事件，那只不过是一场例外罢了。现在这种为了“对名誉的情义”而战斗的例子已经越来越少了。

不过，这种文化层面的“对名分的情义”以及伴之而生的敌视心理和伺机报复，绝不是亚洲道德观中所特有的。这不是什么所谓的东方特质。比如中国人就没有这种特点，暹罗人、印度人也没有。中国人把别人对自己的侮辱和诽谤都看做是“小人之举”，认为那些都是些道德水准低下的人才干的事。而日本人认为：珍视自身的名誉也是高尚品行理想的一部分。在中国的伦理观中，如果一个人因为受到了他人的侮辱就开始使用不正当的暴力来肆意报复，这将是大错特错的。人们会对这种如此神经质的行为感到可笑。同样，中国人也不会用任何善良、伟大的手段来证明这种诽谤是没有根据的。在暹罗，人们也不会对此种侮辱如此敏感。他们像中国人一样，当自己受到侮辱时，他们只是认为诽谤者的这种行为非常滑稽可笑，而不认为是自己的名誉受到了损害。他们总是自欺欺人地说：“暴露对方卑鄙无耻的最好办法就是容忍和退让。”

只有当人们把这种“对名分的情义”放到一个非进攻性大背景下去理解时，人们才可能真正理解这种“情义”的涵义。在当时特定的场合下，复仇只是这种“情义”所要求的手段之一。除此以外人们还需要保持冷静和克制。保持忍耐和自我克制是任何一个自重的日本人对自身的“名誉的情义”都必须承担的责任。妇女分娩时不能大呼小叫，男人面对痛苦和危险不能惊慌失措。当发洪水时，每个日本人唯一该做的事情就是赶快收拾几件必需品，然后朝高地逃跑，而不能乱喊乱跑，张皇失措。秋分前后当狂风暴雨袭卷日本本土，每个日本人也是以同样的态度来严格要求自己的。虽然并不是每个日本人最后都能完全做到这样，但它已成为了每个日本人的自尊心的一部分。日本人认为，美国人的自尊中不太要求自我克制。因而，日本人的这种自我克制中还具有了更加深层次的含义。在封建时代，对武士的要求就往往比对庶民要求高。虽然这种要求不是强制性的，但它却构成了一切阶级的生活准则。在这种要求下，武士必须要能忍受非人的肉体折磨，而庶民则要在战争中能够对持刀武士的侵犯表示顺从和容忍。

在日本，有很多著名的描写武士容忍力的故事。武士们必须能够战胜饥饿。当然，这事可能太小以至于都不值得在这里专门提出来讲了。当武士们都饿得要死的时候，他们也必须装出刚刚吃饱的样子，并且要用牙签剔牙。俗谚说：“雏燕长鸣就知道他们是在寻找食物了，而武士们口含牙签就表明他们已经饿了”。在这次战争中，这句话成了所有士兵的格言。他们不能向痛苦屈服。日本人在这件事上的态度就像那个少年兵回答拿破仑的态度：“受伤了？不，报告将军，我被打死了！”即使面临着生命危险，武士也不能显露出丝毫痛苦。面对痛苦，他们要毫不畏缩。据传说，1899年去世的胜伯爵也出身于武士家庭，从小家境贫寒。有一次他的睾丸被狗咬伤了，被送去医院做手术时，他的父亲用刀戳着他鼻梁骨说：“一声都不许哭，要是哭就再也不能是一个堂堂正正的武士了，以后死了也要遭人唾弃。”

“对名誉的情义”还要求人们按照与自己身份相符的方式来生活。如果一个人缺少这种“对名誉的情义”，那他也就丧失了自尊的权利。在德川时代，一个自重的人就是要按照社会详细的规定来办事，包括穿什么衣服、买什么东西、用什么用品等等。美国人对这种按世袭阶级地位而制定的法律感到特别不可思议。在美国，自尊始终是与提高自己的社会地位紧紧联系在一起的。反对一成不变的法律法规是美国这个社会赖以存在的基础。当得知在日本的德川时代某一等级的农民可以给他的孩子买某一种洋娃娃，而另一等级的农民则只能给他的小孩买另外一种娃娃时，美国人感到特别震惊，觉得这几乎就是无法想象的。然而，在美国，虽然办事的规则不一样，但结果往往也是一样的。我们理所当然地觉得：工厂主的孩子可以有一列电动火车，而佃农的孩子如果有一个用玉米棒做的娃娃就该心满意足了。我们承认收入的差异，并认为这是天经地义的事情。美国自尊自重的一个重要部分就是要不断提高自己的薪金收入。布娃娃的好坏只是由薪金收入的高低决定的，它并不是对我们道德价值观的亵渎。有钱的人理所当然地可以给孩子买高级布娃娃。而在日本，当一个人特有钱时人们就会怀疑他的行为动机，人只有做和自己身份相符的事情才是安全的。即使在今天，不论穷人还是富人，人们只有在遵守现有的等级制规定的基础上才有可能建立起自己的自尊。美国人对此是无法理解的。早在十九世纪三十年代，法国人托克维尔（Tocqueville）就在自己书的引著中指出了这点。虽然十九世纪的托克维尔对美国的平等制给予了高度的评价，但他仍然只对贵族生活情有独钟。他说：“虽然美国有很多它特有的美德，但他却缺乏真正的尊严。所谓真正的尊严就在于搞清自己的身份，不卑不亢。上至王子，下至农夫，皆应如此。”阶级差别本身并不是不体面的。从这个角度来讲，托克维尔是能够理解日本人的。

今天，人们在对各种文化进行了客观研究的时候，发现不同的人对“究竟什么是真正的尊严”有不同的看法，这就像人们如何来定义屈辱一样。有些美国人叫嚷道：“只有日本也推行这种美国式的平等原则，日本人才可能获得真正的自尊。”如果真如这些美国人所说的那样，他们确实希望日本是一个自尊的日本，那么首先他们就必须搞清楚什么是日本人的自尊的基础。和托克维尔一样，我们也认识到以前的那种贵族制度的“真正尊严”正从近代世界中消逝。我们相信，另外一种不同的更加优越的尊严正在慢慢形成并最终取而代之。今天的日本也将如此，它会依靠自己的力量重建它的自尊。而且，它也只能在它自己的基础上，而不是在别人的基础上重建自己的自尊。只有这样，它才能获得提升。

“对名分的情义”，除了要求每个人要搞清楚自己的身份外，它还要求履行其他的义务。借款人在借钱时可以把自己“对名分的情义”抵押给债主。上辈人在借款时一般都要向债主表示：“如果还不了债我愿在大庭广众面前出丑、受人耻笑。”实际上，即使没还清债他也不会真的受到公开羞辱，因为日本没有当众揭丑的惯例。但是，在新年来临之际，借款人必须还清所有债务。否则他只能自杀，以此来“洗刷污名”。至今，仍有一些人会选择在除夕之夜自杀，以此来挽回自己的名誉。

在所有专业性的工作中都涉及人们“对自身名誉的情义”。在特定情况下，当一个人成为众矢之的、备受他人责难时，日本人对“情义”的要求往往是出人意料之外的。比如，如果一个学校里失了大火，然后学校的主要负责人就会集体引咎自尽。其实他们对火灾毫无责任，只是因为火灾使挂在学校中的天皇御像受损。还有一些教师为抢救天皇御像，冲入火中被活活地烧死。他们的死，证明他们是多么珍视“名誉的情义”，证明了他们对天皇是多么的“忠诚”。还有一些著名的例子是说，有些人在一些非常庄严的场合，如宣读天皇诏书，或是教育敕语或军人敕谕时，因为一时口结而偶有读错，最后竟要以自杀来洗刷污名。在当今天皇的统治下，也有人曾因一时不慎而误把自己的小孩也起名为“裕仁”。由于这是当今天皇的御名，在日本必须避讳，因而最后他只能杀死自己的儿子并自杀，以此谢罪。

在日本，一个专业工作者对其专业名誉的“情义”要求是十分严格的。但这种严格却不一定是美国人所理解的那种要保持技术水平上的先进性。教师会说：“为了保全教师的名誉，我不能对我的学生说不知道。”意思是，即使老师不知道青蛙属于哪类动物，他也必须装作知道。即使一个英语老师他自己本身也只学了几年的基础英语，他也不能容忍别人来订正他的错误。对“教师名誉的情义”指的正是这种对自己所从事的职业的自我防御性。商人也是这样。对“商人名誉的情义”就是说他不能向任何人透露他公司的资金运转不良，也不能向外界宣布公司的某项计划已经失败。外交家出于“情义”的考虑也不能承认自己某项外交方针的失败。这种在专业工作上对“名誉情义”的尊重实际上是把一个人和他所从事的工作紧紧地联系了起来，任何对某人行为或能力的批评，就自然地变成对他本人的批评。

日本人这种对别人指责自己专业上失败和无能的反应，在美国也在日复一日地重复上演着。比如有些人一听到诽谤就会气得发狂。但是美国人却很少会像日本人那样对自己的职业高度防御。如果一位教师不知道青蛙是属于哪种种属的动物，他会觉得老实承认自己的无知要比硬装自己知道好得多，虽然在刚开始他也很可能想掩饰自己的无知。如果商人们对自己的设计方针不怎么满意，他会考虑再进行另外一种新的方针。他不会固执地认为，要保持自己自尊就必须坚持自己的一贯做法，而一旦承认自己错误，就必须辞职或退休。然而，在日本，这种自我防御却是一种根深蒂固的被大家普遍接受的礼节，不在太多的人面前承认自己的过错是一种智慧。

特别当一个人与他人竞争失败时，他对这件事就会特别敏感。比如，面试时录用了其他的应聘者，或者自己在激烈的竞争考试中被淘汰了，这时失败者就会对这种失败特别在意，觉得自己因此而“蒙受了羞辱”。虽然这种羞耻有时会演变成催人前进的动力，但更多情况下失败者会感到非常沮丧。他要么丧失自信、忧郁不振；要么勃然大怒，或者兼而有之。他觉得自己的努力受到了挫败，一切都是没用的。因而对美国人来说最重要的就是要认识到：竞争在日本并不会发挥像在美国那样积极的作用。在美国，人们都把竞争看做是一件好事，对它的作用也深信不疑。心理实验的结果也证明竞争可以督促人们更出色地完成工作。有压力才会有动力，自己一个人被动地去完成一件工作时，效果当然是没有在一种竞争的状态下好的。然而，在日本，这种心理测验的结果却正好相反。特别是当人们告别了少年期，这种结果就更加明显，因为儿时的日本人多半把竞争看作是一个游戏，对它并不怎么在意。而对青年和成年人来说，一有竞争他们就会有压力，工作效率就会自然而然地降低。人们单独工作时，由于很少犯错误，因而速度也就相对提高，这个工作的进展就快。而一旦有了竞争对手，人们就容易分散注意力，因而也就容易犯错误，工作效率也就自然地下降了。如果对日本人说最后衡量工作业绩的标准纵向地与他自己以前的成绩比，那么日本人一定会尽力发挥他的最佳状态；而如果对日本说最后衡量的标准是横向地与其他的竞争对手比，那么他们就会马上慌了阵脚，结果也就可想而知了。几位实验者对日本人这种竞争状态下的不良表现的原因作了认真的分析。他们最后的结论是：如果在做一件事时存在竞争，那么做事的人就会担心失败，因而精力不能集中，工作业绩自然也受到影响。在竞争状态下，人们往往对对手异常敏感，觉得自己正处于一种被侵犯的状态，因而将很大一部分精力放在如何处理与竞争对手的关系上，因而不能专心地工作。

在接受测验的学生中，大多数人因担心失败可能带来的蒙羞而承担了巨大的心理压力。正如教师、商人们重视自己“名分的情义”一样，学生们对他们“名誉的情义”也看得很重。在学生组竞赛中输的一队会尽快采取一系列的措施来摆脱这种耻辱感。赛艇运动员会一下子扑在船上号嚎大哭；输了的垒球队员也会聚在一起失声痛哭。在美国，我们会说这帮家伙实在是太小家子气了。美国人比较绅士的礼节是承认更强的一方会取得胜利，然后向胜利者伸手致意。虽然人们都不愿意自己在比赛中输掉，但人们更看不起那种因失败而情绪冲动、大哭大闹的人。

因而，日本人常常会想一些巧妙办法来避免直接的竞争。日本的小学中几乎不存在什么竞争，这是美国人根本无法想象的。教师的天职只是帮助每一个小孩在自己原来的基础上有所提高，而不能拿一个学生和另外一个学生做比较。日本小学里没有留级制或重读制，一年入学的儿童都在一起学习全部课程，一起毕业。小学生成绩表上记载的是他们平时在学校的表现，而不是他们的学业成绩。在小学升中学时，会对每个小孩进行一场入学考试，这时竞争就是不可避免的了，竞争的激烈程度也是可想而知的。因而每个老师在得知自己的学生中有没通过考试之初都曾有过企图自杀的念头。

在日本人的整个日常生活中到处都体现着这种尽量避免直接竞争思想的。日本文化中的“恩”不允许有太多的竞争的余地，而美国人生活的宗旨就是在竞争中追求卓越。日本的等级制度繁琐复杂，这样就把直接的竞争限制在最小的范围之内。另外，严格的家族制度也限制了竞争。因为从辈分上说，父亲与儿子就不能像美国那样成为真正的竞争对手。他们可能有某些利益上的冲突，但绝不能是相互竞争的关系。当日本人看到在美国家庭生活中，儿子与父亲经常会为谁使用汽车，或由谁来照顾母亲或妻子而发生争论时，他们感到特别的不可思议。

日本生活的另一个比较独特的特点就是在社会机制中安排了很多的中介人，这样即使有冲突关系的两者也不太可能发生直接的正面冲突。这种中间人的作用是非常重要的。当一个人由于自身力量的有限而可能在做某事上失败时，为了避免失败给自己带来的羞辱感，他就非常需要有个中间人。比如，在提亲、找工作、退职以及其他无数的日常事务中，中介人都起着为当事者双方沟通桥梁的作用。甚至在诸如结婚之类的重要事件中，双方也都是各自先找中介人做细致的沟通，然后再分别向对方传达另一方的意见。如果是双方直接的接触，在交流中难免会听到一些别人对自己名誉的责难，从而使自己的名誉受辱。为了避免这种情况的发生，当事者往往会借助中介人来推进事情的进展。而中介人也以他自己成熟的斡旋技巧博得社会的好感与尊敬。由于中介人的介入和斡旋，事情顺利进展并取得期望结果的概率也就随之增加。另外，中介人还以同样的手段来帮助求职者打探雇主的招工意图，或将雇员的辞职意图转告给雇主。

不仅在直接竞争的领域，在许多其他的领域中日本人为了避免给他人造成羞辱，引起所谓的“名誉的情义”问题，他们制定了各种礼节礼仪来缓和矛盾，以便把矛盾控制在最小的范围之内。日本人认为，主人在迎接客人时必须换上新衣并按一定的礼节来接待。因此，如果去拜访农民时发现他还穿着工作服，那拜访的那个人就必须先在外边稍待片刻。在没有换上适当衣服并安排好适当的礼节以前，那个农民是不能出来迎接客人的。甚至有时候，主人就在客人所等的同一间屋子里更衣打扮，在没有打扮齐整之前主人也不和客人搭腔，仿佛客人根本就不在现场一样。在农村，男青年都是挑夜深人静、姑娘们已经就寝的时候去向自己心爱的姑娘示爱。对男青年的求爱，姑娘们可以接受，也可以拒绝。但男青年去时都是用毛巾蒙上自己头的，这种装扮并不是为了怕姑娘们认出了他是谁，而只不过是鸵鸟式的小技巧，是为了在遭到拒绝后第二天不会感到羞耻。日后再见面时他也不必承认自己曾受到侮辱。另外，日本人还有一种礼节性的要求就是：对于任何计划，除非有足够成功的把握，否则尽可能不要涉足太深。比如在谈婚论嫁时，媒人重要的任务之一是要在双方没有确立婚期前，使尽他的一切手段让未来的新娘、新郎以一种特别偶然的方式会面相亲。因为如果在这个阶段就公开了想要撮合的意图，那么万一后来双方谈得不妥，就势必会损害一方或双方家庭的名誉。在相亲时年轻的男女都要分别由自己的父、母或双亲陪同，这时媒人就扮演主人（或女主人）的角色。最通常的做法就是安排男、女双方去参观每年一次的菊展或樱展，或者去比较著名的公园或游乐园等等，这样双方就可以装作是“偶然”“碰”到一起的。

通过以上的这种种方法，日本人避免了因失败而引起的耻辱。虽然人们强调在受到侮辱时受辱者有义务要洗刷污名，但在日常的实际生活中，这种洗刷污名的义务就是人们适当地做一些安排，使人们在相处的过程中不再感到那种受辱感。这点与太平洋诸岛上其他部族在洗刷污名时的做法是完全不同的，那里的人们往往把血洗耻辱作为首要的头等大事来看。

在新几内亚及美拉尼西亚等地从事园艺的原始部落中，人们普遍的观点是对受到的侮辱怒不可遏，必须找机会发泄出来。他们在举行盛大的部族宴会时，必定会说这是由于另一个村子的人说他们太穷了，穷得连十个客人也招待不起。还特别吝啬，把芋头和椰子都藏了起来；那个村子的首领们也都是些蠢货，蠢得连宴会都组织不起来等等。因而，为了显示他们村子的豪奢和大方，他们就大办特办了一场宴会，请来众多宾客，灯火通明，以此来洗刷自己的污名。在婚姻安排和经济往来上也是如此。在双方交战时，敌我双方在真正真枪实弹动武前，必定会首先对一大堆鸡毛蒜皮的事互相谩骂一番。不管是多么琐细的事情，他们也会当作必须争取的利益来看待。他们之所以会这样做是因为他们有相当的时间和精力来在乎别人对他们名誉的评价。另外，这些部落也多是些不怎么讲文明礼貌的团体。

与此相反，日本人却是崇尚礼仪的模范。而且，也正是由于这些礼仪的存在，使他们在洗刷污名时会有所顾忌。虽然日本人会把受到的侮辱转化为自己获取成功的动力，但日本人总是会用一切方法来限制这种侮辱他人事件的出现。只有在特定的场合或传统刺激的手段不能奏效的时候，人们才会想到侮辱对人的积极作用。正是由于这种侮辱的鞭策作用，日本才得以在远东取得统治地位，并在十年间成功地推行了它对英美战争的政策。然而，西方人在谈到日本人对侮辱的敏感度以及他们对复仇的热衷度时往往会说：那种在新几内亚部落中知耻而后起的例子，其实更适合于日本人。西欧人之所以在预测日本战败后的反应时不太切合实际，就是因为他们没有认识到，日本人在提到对名誉的“情义”时，其实往往还加有特殊的限制。

美国人在认识日本人时，不应因为他们崇尚礼仪就低估他们对诽谤的敏感性。美国人喜欢随便评论人，将之视同游戏。因而美国人很难理解，为什么日本人会对如此随意的批评这么认真。日本画家牧野芳雄在他的英文自传中曾生动地描述了一个日本人如何对他所受到的“嘲笑”作出反应的。写这部传记时牧野芳雄已在美国和欧洲居住了多年，但他却感到自己好像仍然生活在故乡——日本爱知县的农村。他出生于一个富足的地主家庭，排名老小，自幼就受到家中无比的宠爱。在他的童年即将结束时他的母亲去世，不久父亲也破产了。为了偿还欠债，他们变卖了全部家产，牧野芳雄家从此败落了下来。牧野很想学习英语，可他的父亲现在已经没有能力来帮助他实现理想了。于是牧野就到附近的教会学校当门房，一边看门一边学习英语。到十八岁的时候，他就决心要到美国去。虽然除了附近的几个乡镇以外，他还未出过远门。

“我于是去拜访了一个我自己觉得有点希望的传教士，向他表明了自己想去美国的想法，指望他能给自己一些帮助。可令我非常失望的是，这位传教士竟然喊道：‘什么？你想去美国？’然后他和他的夫人就一起在房间里大声地嘲笑我！霎时间，我觉得真是头重脚轻，天旋地转。我在那里默默地站了两三秒钟，然后连声‘再见’也没说，就返回自己的房间里去了。我自言自语道：‘一切全完了！’

“天一早我就离开了。现在我要说一说我之所以离开的原因。我总坚信，世界上最大的罪恶就是对人不诚恳，而嘲笑他人就是最大的不诚恳。

“人们常常对我发脾气，我对此从不愤怒。因为人并不是每天都会乐呵呵的，心情不好是人的本性。人们向我撒谎时，我一般也能原谅。因为人性是很脆弱的，在面对困难时不够坚强、不敢讲真话是可以理解的。对于那些无根无据的流言飞语，我也能够原谅。因为人们在听别人说闲话时很难辨明是非，难免会陷进去。

“甚至对杀人犯，我都可以酌情体谅。而对于嘲笑，我却无法原谅。因为人只有在自己待人不真诚时，才会嘲笑无辜者。

“在这里，我想讲讲自己对两个词语的认识。所谓杀人犯就是杀害他人肉体的人；而嘲笑者则是杀害他人心灵的人。

“心灵远比肉体宝贵，因而，嘲笑别人是最卑鄙的罪行。事实上，那对传教士夫妇对我的心灵造成了巨大的伤害。我心中痛苦万分，我的心在哭泣‘你为什么……’”

第二天早晨，他卷起全部东西，背着包袱就走了。

一个身无分文的乡村少年只想去美国当一名画家，没想到自己这种纯真的感情却遭到了传教士的嘲笑，他感到自己的名誉“被残害了”、“被玷污了”。因而，现在的他别无选择，只能离开这里并依靠自己的能力到美国去。只有这样，他才能洗除污名。他指责传教士时所使用的英文字眼是“insincerity”（不真诚、不诚恳）。美国人对此感到非常奇怪，因为在美国人看来，那位传教士的“惊讶之情”是十分符合“sincere”（诚实、正直）的标准的。显然，这里牧野先生是按日本人的含义来使用这个词语的。日本人认为那种蔑视别人，甚至都不屑和别人争吵的人是不诚实、不正直的。这种嘲笑是非常放肆的，是对人不诚恳的最好证明。

牧野曾说过“甚至对杀人犯，我也可以酌情体谅。但对嘲笑，我实在无可原谅”。既然“原谅”不是对嘲笑的正确态度，那么唯一可行的办法就是报仇。现在牧野来到了美国，那么也算是洗刷了污名。在日本文化中，如果遭到了别人的侮辱，那么“报仇”就变成了一件非常“崇高”的事情，在日本传统中享有很高的地位。那些通过写书向西方人传播日本文化的日本作家，常常使用生动的比喻来描写日本人对待报仇的态度。富有博爱思想的日本作家新渡户稻造在他1900年所著书中写道：“报仇可以满足人们某种正义感的东西，我们的生活就像数学中的方程式那样，只有报仇才能使方程式的两边保持平衡。否则，我们总感到心事未了。”冈仓由三郎在《日本的生活与思想》这本书中，把报仇与日本独特的行为习惯作了比较后写道：

“所谓日本人的心理特异性，很大一部分是由于日本人喜爱洁净、讨厌污秽东西的缘故。从小日本人受到的教育就是，如果他的家庭名誉或者国家荣誉受到了别人的侮蔑，那么对于这些污秽和伤痛，一个人只有通过彻底的消毒、清洗、治疗才能最后恢复清洁和健康。不论是公众生活还是私人生活中的一系列报仇事例，人们都把他们看作是一个洁净成癖的民族正在进行的一场晨浴。”

他接着说，“日本人过着清净无尘的生活，犹如盛开的樱花，美丽而安静。”换言之，“晨浴”就是洗净别人向你投来的污泥，只要你身上还有一点别人对你的侮辱，你就不再是贞洁的。那种只要一个人自己不感到受到了侮辱，就不能算受辱的观点在日本人的伦理观中是站不住脚的。同理，那种认为他人的所作所为都不能使自己后悔、使自己受辱的观点，也是不被日本人所接受的。

在日本有经常公开倡导这种“晨浴”式的报仇理想的传统。这其中不乏许多家喻户晓的事例和英雄故事，最脍炙人口的恐怕要数《四十七士》的故事了。这些故事都被编入教科书，导成了戏剧，拍成了电影，印成了通俗读物。现在它们已成为日本文化的一部分。

这些故事中有很多是描写人们如何来面对偶然的失败。例如，有一位大名让他的三个家臣一起来猜猜他的名刀是谁打造的。这三人便各自提了一个名字，等请的专家来后，专家说只有名古屋山三一人准确地说出了这把刀是出自“村正”之手的。另外两位家臣觉得自己受到了侮辱，便要伺机杀掉山三。其中一个人趁山三熟睡的时候用山三自己的刀把山三刺了，但山三并未被刺死。此后，那两个人还是不甘心，更是寻机复仇，最后终于把山三杀了，保全了他们自己的所谓的“对名誉的情义”。

还有一些故事是说，即使是自己的君主，在必要的时候也是要向他复仇的。按照日本的伦理观，“情义”就意味着家臣一定要对君主“尽忠”，同时，如果家臣感到受到了君主的侮辱，也必定会向君主复仇。德川将军家一位家臣的故事就是一个很好的例子。这个家臣听说，德川曾在背后说他是个“会被鱼骨头卡死的家伙”、“会是一个死相很难看的人”。这对一个武士来说实在是莫大的耻辱。于是，这位家臣发誓，至死也不能忘记这等羞辱。当时，德川刚刚定都东京，主要着手于平定各地叛乱、统一全国。于是，这位家臣暗中勾结敌对诸侯，内应外合，纵火烧毁了东京，顿时整个首都废墟一片。他认为这样就向德川报了仇，实现了“对自己名誉的情义”。很多西方人在讨论日本人的忠诚时，都觉得日本人的忠诚并不是实实在在的，有很多很虚的东西。这主要是因为西方人不了解对日本人而言，“情义”不仅是忠诚，在特定条件下它也可以是背叛。正如日本人所说的那样：“挨了打会成为叛徒”，受了侮辱也是一样。

日本历史故事中永恒的主题是报复：一种是向你犯错误而他却没有犯错的人进行报复；另一种是向侮辱自己的人进行报复，即使对方是自己的君主。这两个报复的主题在日本文学作品中很常见，情节也多种多样。但在日本当代的历史故事、小说及纪录片，我们就会很清楚地看到：尽管日本人在古代传统中非常崇尚报仇，今天日本人在现实生活的复仇行为并不比西欧的多，甚至比西欧的还要少。这并不意味人们对他们的名誉不再看重，而是意味人们对失败和侮辱的反应已日益由进攻性的演变成了自卫性的。人们对耻辱感仍然看得很重，但人们现在更多地是以自我麻痹来代替争打独斗。明治维新以前，由于日本缺少法律，直接攻击的复仇可能性还比较大。到了近代，法律、秩序以及经济上的相互依赖，使人们越来越难进行复仇行动。如果真的要复仇，那也只能是搬起石头砸自己的脚。人们可以玩弄一些伎俩向敌人进行报复而使对方毫无察觉。这点多少有些像古代故事中的做法。为了不让对方察觉，主人将粪藏在精美可口的食物中，而客人竟也真的毫未觉察。可是今天，就连这种隐秘的手段也很少能够被应用了。今天，人们只有两种抉择：一种是把这种侮辱当作鞭策，激励自己去干“不可能”的事；另一种就是继续对这种侮辱怀恨在心，从而使自己一事无成。

由于日本人对失败、诽谤或排斥等都很敏感，因而很容易恼恨自己，怪自己没用，而不是把责任推给别人。近几十年，日本小说的趋势就是反复描写有教养的日本人是如何在极端狂怒与悲伤抑郁之间辗转不安、彻夜难眠的。这些小说中的主人公都厌烦了一切：他们厌烦日常生活，厌烦家庭，厌烦城市，厌烦乡村。他们的厌倦感并不是由于他们未达到理想，并不是说与理想的宏伟目标比起来，自己的一切努力都显得虚无缥缈；同时，这种厌倦感也不是来自现实与理想的对立。因为一旦日本人有了崇高的使命感，他就不会产生厌倦感。不管这个目标多么遥远，厌倦情绪也会消失得无影无踪。其实，日本人特有的这种厌倦是一种过于感伤的疾病。他们由于害怕遭人拒绝便把这种恐惧感藏于内心深处，最后他自己都迷失了。日本小说中所描写的厌倦心理状态与我们熟悉的俄国小说不同。在俄国小说中，现实世界与理想世界的对立是小说主人公一切苦闷的根源。乔治·桑塞姆爵士（Sir George Sansom）曾经说过，日本人没有这种现实与理想的对立感。他这样说的目的并不是为了澄清自己对日本人厌烦根源的看法，而是为了说明日本人对人生的态度以及他们这种人生哲学是怎样形成的。的确，日本人的这些观点与西方人的观点是大相径庭的，同时也说明日本人的这种做法是与日本人动不动就抑郁是有很大关系的。与美国不同，日本和俄国都是喜欢在小说中描写厌倦的民族。而美国的小说不太涉及烦闷的题材。美国小说往往把书中人物的不幸归咎于性格缺陷，或社会的虐待，但他们很少单纯描写这种厌烦。描写一个人与环境不协调总有一个原因，作者总是让读者从道义上责备主人公的性格缺陷或社会秩序中存在的弊端。日本也有无产者小说，谴责城市中可悲的经济状况以及渔船上的恐怖事件。但是，正如一位作家说的，日本的小说所暴露的就是这样一种社会，在那个社会里，人们情绪爆发时就像有毒的气体在漂荡。不论小说的主人公还是作者都认为没有必要对周围的环境或主人公的经历进行分析，他们不想弄清阴云都是从何处而来的。人们觉得，忧愁说来就来，说去就去，因而人们也都很容易伤感。古代英雄惯于向敌人进行攻击，他们则把这种攻击转而向内。在他们看来，他们的忧郁是没有原因的。虽然人们有时也找些事件当作原因，但更多情况下这些事件只不过是一种象征罢了。

自杀是现代日本人采取的最极端的攻击自己的方式。他们觉得用比较得体的方法来自杀可以洗刷自己的污名并给世人留下一个好的印象。美国人觉得自杀只不过是人们因彻底绝望而试图自我毁灭的表现，因而他们对自杀是持否定态度的。日本人则不同，他们认为自杀是一种光荣的、有意义的行为，是应该值得人们尊重的。在特定情况下，自杀是保全人们“对名誉的情义”的最体面的方式。这就像那些没有考上大学的学生以及那些避免当俘虏的士兵们一样，为了保全自己的名誉，那些在年末还无法还债的人，那些因工作失职而引咎自杀的官员，那些因在现实中无法结合而同归于尽的恋人，以及那些反对政府迟迟不对中国宣战的日本志士等等，最后都只有以种种自虐甚至自杀的方式来解决问题。有些日本的权威人士说，这种自杀现象是日本最近出现的新事物。但很难判断这是否是事实的真相。一系列的统计数字表明分析人士们过分渲染了日本最近自杀率的上升。按自杀比率来说，其实上世纪的丹麦和纳粹前德国的自杀率要比日本任何时代都高。但是可以确定的一点是，日本人很偏爱自杀这个主题，这就如同美国人对犯罪的切身感受一样。与杀别人比起来，日本人更愿意导出一系列自杀的事件。用培根（Bacon）的话来说，日本人就是把自杀当成某种最中意的“刺激性事件”（flagrantcase）。在这种事件中他们可以得到某种无法释意的满足。

与封建时代历史故事中的自杀相比，近代日本社会中的自杀事件更富自虐性。历史故事中武士之所以选择自杀，很大程度上是想避免朝廷不光彩的刑罚。这就像西方士兵为了不受绞刑或者不至被敌军俘获后备受侮辱而宁愿被枪杀一样。日本武士选择切腹自尽的道理和普鲁士军官被允许秘密自杀是一样的。因为犯罪的普鲁士军官知道除了一死之外，没有任何其他的办法还能挽回他的名誉，这时他的上级就往往会在他卧室的桌上放上一瓶威士忌酒和一把手枪。日本的武士也是一样的。死是必然的，只不过在当今社会中人们可以选择死亡的方式罢了。过去日本保全名誉的方法是向他人报仇，残害他人，现在人们往往把暴力转向自己。在封建时代，自杀说明一个人非常勇敢、果断，而今天，人们选择自杀则意味着他们主动选择了自我毁灭。在日本过去的两代中，每当人们感到“世界的混乱与无秩序”，感到“方程式的两边”不相等，感到需要用“晨浴”以洗净污秽的时候，人们就越来越倾向于自杀，毁灭自己，而不是毁灭别人。

不论是在封建时代还是在近代，自杀都是人们为达到目的而最后使用的手段。但在近代，事态的发展有所变化。在日本有这样一个著名的故事，在德川时代，幕府一位德高望重的顾问担任将军监护人的职务，在一次推荐将军人选的事情中，他曾经在其他顾问官和将军代理人面前袒腹抽刀，威胁说如果不采纳他的意见，他就要以切腹来表明自己的忠心。最后这种威胁手段奏效了，他推荐的人顺利地继承了将军职位。这位将军监护人既达到了自己的目的，也不用再自杀了。用西方语言来说，这位监护人是在用“切腹”压倒一切反对声音的。而在现代，这种抗议性的自杀行为已不再是一种谈判手段了，它最多也只能算是为主义殉身。因为当时的多数情况是他所提主张未被采纳，或他自己反对的某些条约已经签字生效了（如伦敦海军裁军条约）。在这种情况下，为了表达自己的反对意见并影响舆论，他只有选择真的自杀了，而不是说摆摆架势吓唬吓唬人就能奏效的。

现在一种越来越明显的趋势就是人们在自己的“名誉”受到威胁时更倾向于把攻击的矛头指向自己，但这种倾向并不是意味着人们一定得采取自杀这种极端的手段。自我攻击有时也表现为沮丧、消沉以及那种在日本知识阶层中广泛流行的厌倦情绪。这种情绪之所以在这个阶层中广泛蔓延，是有它充分的社会学原因的。现在知识分子普遍过剩，他们在等级制中缺乏安全感。只有相当少数的人能够大展宏图。特别是在二十世纪三十年代，政府当局觉得知识分子们的思想很反动，使这个阶层更加受挫。日本的知识分子常常认为：西化给人们思想上带来了迷惑，才使人们更加的茫然和挫败，但事实上，这种说法并不贴切。典型的日本人在情绪上都会经历一种从强烈的献身感、贡献感到极度厌倦的过程，很多知识分子就亲身经历了这样一种心理摧残的过程。但在二十世纪三十年代中期，很多日本人也是用这种传统的办法来摆脱这种厌倦情绪的：他们高举国家利益的旗号，把攻击的矛头再次从自己内心转向了外部。他们大肆发动对外极权主义的侵略战争，并在斗争中重新“发现了自己”。他们走出了自己内心的黑暗世界，重新获得了一种新的力量的源泉。日本人坚信，虽然他们自己个人在处理人际关系时不能摆脱精神上的压抑，但日本这个民族在对外发动战争时却是无往而不胜的。

现在，战争的结果宣告了日本人上述的想法是错误的，因而日本人再次陷入了心理上的消沉之中。不论当时他们的动机如何，日本人仍然很难接受目前的现实。这种向外扩张的思想是根深蒂固的。一位东京的日本人说：“解放了也好，我们再不用担心炸弹了。但一下子没有仗打了，我们也好像没有了目标。每个人都恍恍惚惚，干起活来也打不起精神。我自己是这样，我老婆也是这样，所有的日本人都像病号一样，干什么事都慢腾腾、无精打采的。人们都纷纷抱怨政府无能，没有对战后的清理及救济工作进行妥善的解决。我个人认为这其中最主要的原因是因为那些官员的心情也和我们一样。”这种危险的麻木状态与解放后的法国是差不多的。这个问题在德国投降后最初的六至八个月里并不是什么大问题，而在日本这种情况则成了问题。美国人是可以充分理解日本人的这种心情的，但同时，日本人却又对战胜国如此友好，这是让美国人感到难以置信的。几乎战争一结束，情况就十分明朗：日本人以非常善意的态度接受了战败及其一切后果。他们以鞠躬致意，微笑招手，甚至欢呼来欢迎美国人。这些人的表情既不抑郁，也没有怨声载道。用天皇在宣读投降令时的话来说，日本人是已经接受了任何看似不可能的事情。那么，为什么这些人在接受现实后又不全力重建家园呢？在战胜国联合占领时期，日本人重建家园的机会还是很多的。占领军并没有对每个村庄都进行占领，行政事务的管理权仍掌握在日本人自己的手中。但当时的日本民族似乎对自己的事情漠然置之，全都在欢笑、致敬，都在欢迎占领军的到来。然而，正是这个民族，在明治初年完成了复兴的奇迹。二十世纪三十年代正是这样一个国家的军队在整个太平洋地区所向披靡，征服了一个又一个的岛屿。

但是这并不是说日本这个民族变了，它的确丝毫未变。日本人还是按他们的性子来办事的。他们可能有时特别努力，而有时却又极度懒散，消磨时光，日本人在这两种情绪中不断摇摆是很自然的。当前，日本人的主要精力是希望在战败后还能够保全荣誉，而且他们认为采取友好态度能够达到这一目的。因而，许多日本人认为依赖美国是达到此目的的最安全办法。既然要依赖美国，很努力、很积极反而会招人疑忌，还不如消磨时光。于是，在日本国内当时的消沉情绪蔓延成风。

但是，日本人绝不会沉浸于消沉。“自己从消沉中站起来”，“把别人从消沉中唤起来”，这既是与当前日本提高改善人民生活的目标相一致的，也是和战争期间广播的宣传辞令相吻合的。日本人以自己的方式与消极无为作着斗争。1946年春天，一面是日本报纸仍在大肆地宣扬“全世界的目光正在注视着我们”，而另一面却到处都是狂轰滥炸后废墟的瓦砾以及处于瘫痪状态的公共事业。这对日本的名誉该是何等玷污啊！日本人还对那些无家可归的难民大加责难，说他们意志消沉，居然选择夜宿车站，让美国人看他们的可怜相！日本人知道这些呼声都是为了保全日本人的名誉。而且每个日本人都希望能倾注自身最大的努力，将日本建成一个在国际社会中占有一席之地的重要的国家。那固然也是为了名誉，但方向却全然一新了。如果未来大国间能够保持和平，日本是能够走上这条自尊自重的道路的。

日本人持久不变的目标是保全名誉，这是获得他人尊敬的前提条件。至于采取何种手段来实现这一目标则要根据具体的情况而决定。情况变了，日本人就依据变了的环境来采取相应的新的方式。与西方人不同，在日本人看来改变并不涉及到一个人的品德问题。而美国人却热衷于“主义”，热衷于意识形态上的东西。即使失败了，我们的信念也不变。在欧洲，到处是战败的人仍在进行一系列的地下活动。而在日本，除了极少数的顽固分子外，根本没有什么抵抗组织或地下组织还在和美军的占领部队较量。从道德角度上讲，日本人觉得没有什么必要还要继续坚持旧的阵地。在占领后不到几个月的时间里，美国人即使是单身一人乘坐拥挤不堪的火车前往日本的穷乡僻壤，他也不必为自己的安全问题担心。到达目的地后，他还会受到当地官员的热情接待。至今在日本还未发生任何一件反对美国人的报复事件。当美军的吉普车穿过村子时，孩子们会站在道旁高喊“Hello”（你好）、“Good－bye”（再见）。婴儿自己不会招手，母亲就抱着他用他的小手向美国士兵挥舞致敬。

日本人则为他们的侵略活动寻找另外堂而皇之的理由：日本迫切需要得到世界的尊重。所有的大国都是靠军事实力赢得尊敬的，再加上日本资源缺乏、技术落后，为了能够和这些大国平起平坐，他们必须采用比希律王更加毒辣的手段。当他们为实现这个目标付出了巨大的努力，但最后的结果还是差强人意的时候，这只能说明武力侵略不是赢得名誉的最好方法。而一般来说，要保全“对名誉的情义”有两种方法：一种是武力侵略，另一种就是遵守现有的互敬关系。在战败之后，日本人便从第一种方法转到了第二种方法，而且他们在心理上没有任何压力，因为他们觉得这一切都是为了名誉。

在历史上，日本也有过类似的举动，这同样使西方人迷惑不解。1862年，日本国内实行封建的闭关锁国的政策。一位名叫理查森（Richardson）的英国人在萨摩惨遭杀害，于是英国派了远征军对萨摩进行惩罚。萨摩是日本的一个藩，也是排夷运动的策源地。萨摩武士的傲慢、好战在整个日本都是闻名的。英军来后立即炮轰了萨摩藩的重要港口鹿儿岛。由于日本在整个德川时代所有的武器都是仿造旧式的葡萄牙枪制造的，因而从装备上讲鹿儿岛的日军当然不是英国军舰的对手。然而，这次炮击的结果却是出人意料的。在战败后，萨摩藩并没有要誓死寻求报复，反而是希望能够与英国建立某种友谊。萨摩藩的日本人也亲身体会到了敌人的强大，并希望能够向敌人学习。随即，他们就与英国建立了通商关系，并于次年在萨摩建立了学校。据当时一位日本人回忆道："从此以后萨摩的日本人就开始认真学习西方科学的奥秘，……日英关系也因生麦事件而持续发展"。所谓生麦事件就是指英国为惩罚萨摩而炮轰鹿儿岛港的事件。

这并不是历史上唯一的一个事件。在日本，另外一个可以与萨摩藩相媲美，也同样彪勇好战的藩是长州藩。这两个藩都是培养"王政复古"势力的温床。1863年（阴历）5月11日，当时已经没有实权的天皇曾发布一道敕令，命令将军把日本国内所有蛮夷赶出日本国土。当时的幕府没有理睬这道命令，而长州藩则决定履行天皇的命令。在要塞，向每艘通过下关海峡的西方商船开炮。由于日本的火炮和炮药质量低劣，外国船只并未受太大损失。西方国家为了惩罚长州藩，迅速组建了一支联合舰队并击毁了长州藩的要塞，最后还向日本索取三百万美元的战争赔偿。出乎人们意料之外的是：这次炮击却带来了与萨摩藩同样奇妙的后果。诺曼在谈到萨摩事件和长州事件时曾这样写道："不管他们背后的动机多么复杂，这些曾经是排夷急先锋的藩却在很短的时间内发生了180度的大转弯。无论如何，这种决定证明了他们处事的现实和冷静的态度。对此，我们表示敬意。"

这种识实务的现实主义正是日本人"对名誉情义"光明的一面。像月亮一样，"情义"也有其光明的一面和黑暗的一面。它的黑暗面在于它使日本人对"美国限制移民法"和"伦敦海军裁军条约"极端仇视，认为这是国际社会对日本民族的极大侮辱，从而将日本卷入了这场不幸的战争之中。它的光明面则在于它使日本能够以善意平和的心态来看待1945年的投降及其后果。其实，所有的这些都是与日本人的性格不谋而合的。

近代日本的著作家及评论家在向西方读者介绍日本的"情义"时，往往是对"情义"的内容有所选择并进行加工，最后称之为"武士道"，或"武士之道"。有理由说，正是这种介绍才引起了人们的误解。武士道这个正式名称是近代才有的。它不像"迫于情义"、"完全出于情义"、"为情义而竭尽全力"等格言那样能够激起人们深厚的民族感情，也不像"情义"的具体内容那样复杂多样。它是评论家们灵感的杰作。而且，由于武士道与国家主义、军国主义千丝万缕的联系，而现在军国主义领导人都已名誉扫地，于是人们对武士道的内涵也产生了很多疑虑。当然，这不是说日本人今后就不再"懂情义"了。而是说，现在对西方人来说理解"情义"的真正内涵比以前显得更加重要了。把武士道和武士阶级等同起来也是造成误解的原因之一。"情义"是所有阶级都必须遵从的道德规范。在日本，与其他的义务一样，人的身份越高，他所承担的"情义"就越重。比如，日本人认为对武士"情义"的要求就要比对平民的"情义"要求高。外国观察者则认为，似乎"情义"对普通百姓要求最高，因为社会对他们的回报最少。在日本人看来，“回报”多少的关键在于自己在他那个圈子里是否受到尊敬。只要受到了充分的尊敬，那他得到的回报就是巨大的；否则的话，那些“不懂情义”、“无情无义”的人只能得到同伴的藐视和厌恶。

美国人对战败后日本人态度的这种大转变实在无法理解，因为对美国人来说这是根本不可能发生的。要理解全体日本人的这种行为要比理解俘虏营中日本俘虏态度的转变还要难。因为俘虏们知道，对于日本来说他们已经死了。既然是“死人”，那他们无论干什么我们都不会感到意外的。对那些了解日本的西方人士来说，他们中间几乎没有一个人会预测到，在日本战俘身上发生的事情也会在战后的日本公众身上出现。这些西方人士都认为：日本人“只知道胜利或失败”；并且在日本人眼里，失败就是耻辱，必须要以疯狂的暴力活动来进行报复。还有一些西方人士则认为，日本的民族特性注定了日本人不可能接受任何媾和的条款。其实，这些研究日本的学者们并没有真正理解“情义”的涵义。在众多的日本人为保持名誉而采取的各种方式中，只挑出了复仇和侵犯这两种最显著的传统方式。他们没有考虑到日本人还会习惯性地采取第三种方式。他们把日本人这种关于侵犯的伦理道德观与欧洲人的处世方式混淆了起来。欧洲的任何民族或个人，如果要进行战斗的话，首先必须保证战争目的永恒的正义性，而这种战斗的力量正是来源于胸中沉积已久的憎恨和义愤。

人情世故

日本人喜欢肉体享乐，但又不严肃对待。他们把属于妻子和属于性享受的范围截然分开，但同样都可以公之于世。

日本人的道德观中非常强调义务性的回报和自我约束的原则，这恐怕是缘于他们欲将个人私欲等等罪恶从内心深处连根拔除的缘故。这种理念与古典佛教的教义是不谋而合的。但令人感到惊异的是日本的道德准则中却对感官享乐给予了很大的宽容。虽然日本是世界上屈指可数的佛教国家之一，但在这一点上，日本的道德伦理显然与释迦及佛典是对立的。日本人并不谴责肉体上的自我放纵。他们不是清教徒。他们认为肉体上的享乐是件好事，是需要学习和培养的。他们追求享乐，尊重享乐。但是，享乐必须有分寸，不能占据人生的重要部分。

这样的道德准则使日本人的生活经常处于一种高度紧张的状态之中。印度人和日本人在容忍感官享乐这点上是存在很多共同语言的，而美国人却往往很难理解这点。美国人认为享乐是不需要学习，拒绝感官上的享乐实际上就是在和众人皆知的疑惑在做斗争，是违背人的天性的。但事实上，感官上的享乐就像责任义务一样，也是需要学习的。世界上的很多文化都没有教过人们如何去享乐，甚至连男女间最基本的生理需要也要受到限制，因而人们觉得自己活着更多的是要履行自我牺牲的义务，对自己家庭生活的质量也不是要求很高。在这些国家中，人们的家庭生活主要是建立在另外一些基础之上的。在日本，人们正处于一种进退两难的境地：一方面人们很鼓励肉体上的享乐，而另一方面人们又不允许个人沉溺于这种肉体上的放纵。日本人只是把肉体享乐当作一种纯的艺术来加以培养，当品尝完其中的滋味以后，人们必须全力献身到义务的履行之中。

洗热水澡是日本人最喜欢的肉体上的享乐之一。从最贫穷的农民、最卑贱的仆人，到富豪贵族，人们每天傍晚都会到滚烫的热水中去泡泡，这已成为了人们的生活习惯之一。在日本最常见的洗热水澡的方式是用一个木桶装满水，下面用炭火把水温加热到110华摄氏度或更高的温度，人们在入浴以前必须首先将自己的身体洗净，然后全身浸入热水中尽情享受温暖和舒适。他们在桶中抱膝而坐，让水一直漫过下颚。和美国人一样，日本人每天洗澡也是为了保持清洁。但有一点世界上其他国家无法与之媲美的是，日本人在洗澡的过程中添加了另一番纯艺术的情调。用日本人自己的话来说，真是年龄越大，情味越浓。

虽然日本人想尽了办法来降低洗澡的成本和劳力开支，但澡是必洗不可的。城镇的居民都到公共浴池去洗澡，那浴室大概有游泳池那么大，人们既在那里洗澡，又与澡伴们谈笑风生。农村的习俗则是妇女们轮流在一家院子里烧洗澡水，然后每家人再轮流洗澡。在日本即使洗澡时被人看见人们也满不在乎。几乎所有的家庭，即使是大户人家，洗澡也讲究个先后次序：首先是客人，依次是祖父、父亲、长子，最后是家里最下等的佣人。洗完澡后每人都是浑身红的像熟透了的虾一样，大家合聚一团，共享每日晚餐前的轻松和惬意。

日本人不仅把洗热水澡视为人生的一大享乐，而且他们还非常重视“对体格的锤炼”，洗冷水浴就是传统的方法之一。虽然传统的洗冷水浴的方法如“冬炼”、“冷水洗身锻炼”等至今在日本仍很盛行，但形式上已经与以前大不相同了。从前，洗冷水浴时人们必须在黎明前出发，然后在冰凉的山间瀑布之间开始洗浴活动。十九世纪九十年代的日本，冬天的房间里多是没有取暖设备的，在那寒冬冰凉的夜晚，即使往身上泼些凉水也是受不了的，更别提去洗冷水浴了。帕西瓦尔·洛厄尔（Percival Lowell）在他的书中对这种风靡一时的习俗作了详细的记述。那些不想去当僧侣或神官而同时又希望自己能包治百病或能预言未来的人们，往往会在就寝前进行“冷水洗身锻炼”。传说凌晨二时是“众神入浴”的时刻，因而这帮人会在这个时候再洗一次冷水浴。对他们来说，早晨起床、中午及日落时分都必须重复做一次冷水浴的锻炼。那些急于精通一门乐器或其他手艺的人中对这种洗冷水澡立志的功能更加迷信。还有的人为了锻炼身体，往往把身体裸露于严寒之中。对于那些练习书法的孩子们来说更是如此，哪怕手指会冻僵、长冻疮。现代的小学里也没有取暖设备，日本人认为这样可以磨炼孩子们的意志，将来他们才能够平和地对待人生的各种苦难。西方人可能都对日本的寒冷和人们流着鼻涕的鼻子记忆犹新吧，但在日本的规矩里是不允许对恶劣的自然环境有所改变的。

睡觉是日本人的另一大爱好，也是日本人最娴熟的技能之一。不论是任何姿势，也不论是在任何我们觉得根本不可能入睡的情况下，日本人都能完完全全地放松、舒舒服服地睡觉。这在很多研究日本的西方学者看来根本就是不可思议的。在美国人看来失眠和精神紧张似乎是一回事，因而按美国人的标准，日本人的精神是时刻处于高度紧张的状态之中。但令人不可思议的是日本人居然也能毫不费力地就熟睡过去。他们晚上睡觉很早，这在东方各国中是非常罕见的。日本村民们往往日落不久就早早上床，这样做并不是为了明天的到来而积蓄精力，日本人的脑子里没有这样的概念。一位研究日本的西方学者写道：“到了日本，你必须抛弃那种认为今晚的睡眠是为明天的工作做准备的想法；你必须把睡眠与解除疲劳、休息、保养等问题区别开来。”睡觉就如同一项必须完成的工作一样，是“自成一案的，与任何其他的事情无关”。美国人习惯性地认为睡眠的目的就是为了维持一个人的体力，大多数美国人早晨醒来的第一件事就是计算昨晚睡了几个小时。人们一般根据睡眠的长短来预测白天的精力和效率。日本人睡觉则不是为了这些。他们就是喜欢睡觉，只要条件允许，他们就会选择高高兴兴地去睡觉。

同时，日本人又能毫不吝啬地牺牲睡眠的时间。准备应考的学生往往会通宵达旦地复习功课，根本不会考虑充足的睡眠会让他在考试中发挥更好的成绩。军训时更是训练是第一位的，睡眠只能完全服务于训练任务。在日本陆军部队工作过两年（1934年至1935年）的杜德（Harald Doud）大尉在和手岛上尉的一次谈话中曾说，“在平日的拉练中，部队往往都是连续三天两夜的行军，只会有十分钟的小憩时间。人们除了能在这短暂的时间里打个小盹以外，丝毫不能睡眠。有时实在太困了，士兵们只有边走边打瞌睡。有次一个少尉走着睡着了，自己撞到了路边的木堆上，人们都哈哈地朝他大笑。”“最后好不容易回到兵营后还是不能去睡觉，士兵们还会被分配去站岗或巡逻。我问：‘为什么不让一部分人去休息呢？’上尉回答说：‘噢，不行，所有的士兵都知道怎么去睡觉，现在我们训练的目的就是要训练他们不睡觉。’”这段话非常简洁地说明了日本人在牺牲睡眠时间上的观点。

如同洗澡、睡觉一样，吃饭既是一种休闲式的娱乐，又是可以当作一项训练项目的。日本人的一大爱好就是在余暇时间里自己烹调多种菜肴然后来慢慢地品尝。每道菜的量只有一羹匙大小，色香味都很有讲究。但有时，人们对吃饭又是不太讲究的，甚至还给吃饭定下了很多标准。就像埃克斯坦（G·Eckstein）引用的一位日本农民的话那样，“快吃快拉是日本人最高德行之一”。“人们不认为吃饭是大事，……吃饭只是维持生命而已。因此，吃饭应当尽量快。对小孩，尤其是男孩，人们总是催他们快吃。这点与欧洲人不同，在欧洲人们总是叫小孩慢慢地吃”。在静心养性的佛教寺院中，僧侣在饭前都会感谢佛又给了他们一剂苦口良药，因为对他们正在修行的人来说，吃饭只是一种生理上的必需，其间已没有任何享乐的成分了。

在日本人看来，强行戒食是磨炼一个人意志的最好方法。像拥抱寒冷和放弃睡眠一样，绝食也是考验一个人意志的最好机会。武士们在绝食时都会“口含牙签”。如果能经受住绝食的考验，人们不仅体力上不会因卡路里、维生素的消耗而下降，反而精神上会因胜利的喜悦而兴致勃勃。美国人认为营养与体力是成正比的，而日本人却不这样认为。不然的话，日本东京的广播电台也不会对战时在防空洞内避难的人们宣传做体操可以缓解人们的饥饿感并恢复元气等等。

谈一次浪漫的恋爱是日本人追求的另一种“人情”。尽管这种对爱情的追求是与日本人对婚姻、家庭所负的义务截然相反的，但这种现象在日本却极为普遍。日本的小说中尽是对这类题材的深入探讨，这类书的主角和法国文学作品一样往往都是已婚者。和相爱的人同归于尽也是日本人最喜欢阅读和谈论的话题。十世纪的《源氏物语》就是这样一部比较杰出的描写婚外恋的小说，书中对爱情的描写与同时代世界上的其他著作比起来都会毫不逊色。作家们还比较喜欢描写封建时代的大名及武士们的恋爱故事。这是现代小说的主要题材。在这点上，日本是与中国文学存在着很大差异的。中国人很忌讳公开谈论浪漫的爱情和性的愉悦，主要是为了避免人和人之间的纠纷，因而中国的家庭也相对稳定和谐。

在对爱和性的追求这点上，美国人和日本人是有更多的共同语言的，中国人相对而言就要弱些。但美国人对日本人的理解仍然是很肤浅的。美国在性的享乐方面实际上还是有很多禁忌的，但这些禁忌在日本是根本不存在的。日本人在这个领域是不大讲伦理道德的，而美国人其实还是很有原则的。日本人认为，“性”和其他的“人情世故”一样，在低的粗俗的角度来讲就是为了获得某种满足。“人的本性”没有什么罪恶，因而对性的享受没有必要讲什么伦理道德。而英美人则认为日本人珍藏的画册中有很多内容是淫秽的。吉原（艺伎与妓女集中地）在英美人眼中也变成了最悲惨的地方。日本人从开始与西方人接触之初就对国外的这种评论非常敏感，因而逐渐制定了一些法律法规以使这种做法向西方标准靠拢。但是，法律法规是无法消除这种文化上的差异的。

受过高等教育的日本人都非常清楚，一些在英美人看来猥亵、不道德的事往往在日本人看来并非如此。但是日本人并没有完全了解这两种不同文化间的巨大差异，一些在日本人看来属于“人情世故”的事情在英美人看来简直就是人生中的禁地，是不能逾越一步的。也正是因为如此，英美人才很难理解日本人对待恋爱和性享乐态度。日本人总是把夫妻生活和性爱的享乐划分得清清楚楚，两边截然不同而且都是被公开承认的。在美国生活中，只有夫妻生活是可以公之于世，而另一个则只能避人耳目。日本人之所以能将两者划分得如此清楚，是因为他们知道夫妻生活是他个人必须尽到的义务，而性爱的享受则是不伤大雅的消遣娱乐。这样一来，个人在不同的场合就可以“各得己所”了，一个典型的模范父亲可能同时也是市井中的花柳小巷的常客。日本人不像我们美国人，他们的理想不是把恋爱与结婚看作一件事。美国人所认同的恋爱是以寻找生命中的另一半为前提的，“相爱”才是人们结婚的最好理由。结婚以后，如果丈夫与其他妇女发生肉体关系，那就是对自己妻子的侮辱，因为他把理应属于妻子所有的东西给了别人。日本人则不这样看。在选择配偶问题上，他们大多听从家长的意见，草草地结婚。夫妻在实际生活也要遵守一些烦琐的规矩。即使是很融洽的家庭，孩子们也很少看到父母间比较亲密的行为。正如日本杂志中的一位年轻人说的那样：“在我们国家里，结婚的真正目的就是生儿育女、传宗接代，除此以外，所谓的其他目的都是对事实的歪曲。”

但是，这决不意味着日本男人的生活从此就被局限在这样一种平淡无味的生活中了。在日本，男人如果有钱就可以去另找情妇。与中国最大的不同是，日本男人不能把自己迷恋的女人带到家里来。如果那样，他的生活就会异常杂乱，因为他把那两种本来应当完全分开的生活混为一谈了。当然，情妇们可能是那些精通音乐、舞蹈、按摩以及其他技艺的女子，也可能只是一般的妓女。不管是哪种，想找情妇的日本男人都必须与那个女子的雇主签订契约，以保证那个女人不遭遗弃并且能得到相应的报酬。往往日本男人都要为他的情妇另筑新居。只有在特殊情况下当那情妇有了小孩时，男人为了让这个小孩能名正言顺地与自己原来的孩子生活在一起，才可以例外地把女人接回家来。但进门后，这个女的不能作妾，而只能当佣人。她生的小孩称原配夫人为“母亲”，不承认与这个情妇的母子关系。以中国为典型代表的传统的东方式的一夫多妻制在日本显然是不适用的。日本人对家庭义务与外边的“人情世故”是分的一清二楚的。

往往只有上流阶级才有能力养情妇。多数日本男人只能时不时地与艺伎或妓女玩玩。当然，这种玩乐是完全公开的。日本的妻子还要为出去逍遥的丈夫梳洗打扮，妓院也可以给妻子送账单，妻子也理所当然地照单付款。当然，妻子可能对此感到不快，但也只能自己烦恼一下罢了。一般情况下，找艺伎的花费要比找妓女高得多，但即使这样，与艺伎玩乐一晚的费用只包括享受训练有素、衣着入时、举止得体的美女热情款待的服务费，并不包括与艺伎们过夜的费用。如果想与某一艺伎进一步接近，男的就必须先签订契约，规定这位艺伎是他的情妇，而他则是这位艺伎的保护人。还有一种情况就是这位男性非常魅力十足，敲开了艺伎的芳心从而自愿献身。当然，与艺伎共度夜晚也并不是什么下流无耻的事情。因为艺伎的舞蹈、风趣、歌谣、仪态都是既传统又富有挑逗性的，充满了上层妇人们所不具有的异类情调。这些都是“人情世故”的事情，是对“忠孝”礼仪的一种解脱。因而人们没有理由不去尽情享乐，但关键的一点是必须将这两个领域划分清楚。

妓女都住在政府划定的烟花巷。有的人在与艺伎玩乐过后，如果余兴未尽，还可以再去找妓院。由于妓院费用少，没钱的人都宁愿放弃艺伎，而到妓院去寻欢作乐。妓院的门口都挂着妓女的照片，嫖客们通常毫不避讳地在众人面前对每张照片品头论足，再做挑选。和艺伎比起来，妓女们身份卑微，地位低下。她们大都是因家境穷困而被迫卖给妓院，不像艺伎那样受过专门的艺术训练。在日本未遭到西方人的非议以及旧习惯未被废除之前，妓女往往要亲自坐在大庭广众之下，面无表情的任人挑选。只是到了近代，才改以照片的形式。

日本的男人在挑定一位妓女后就与妓院签订契约，此后这个男人就是这个妓女唯一的客人，而这个妓女也就理所当然地成了这个男人的情妇。这种妇女是受合同保护的。然而，有的时候也有一些男人在不签订合约的情况下将女招待或女店员擅自变为自己的“情妇”，往往这样的女性是最没有法律保障的。因为从分工的角度来说，女招待或女店员是属于跟别人谈恋爱然后与男对象结合的那种，可是现在她们的做法使他们不能被纳入“家庭义务”的考虑范围之内了。当日本人读到美国关于年轻妇女被情人抛弃，“婴儿绕膝”，悲痛欲绝的故事或诗歌时，他们会把这些私生子的母亲与日本的“自愿情妇”联系起来。

同性恋是日本传统“人情世故”的另一个组成部分。在日本古代，同性恋是武士、僧侣等上层人物公认的一种娱乐方式。明治时期，为了赢得西洋人的赞许，日本政府宣布同性恋也属于应被废除的旧习陋习之列，违反者必须受到法律的制裁。然而，至今这种习惯却仍被认为是“人情世故”之一，人们的道德标准也对这种现象比较包容，只要是限制在一定的范围之内，不妨碍家庭关系就行了。日本人觉得虽然有的日本男人自愿当职业男妓，但不必过于担心日本会出现大量的如西方人所说的那种男、女同性恋数量膨胀的情况。当得知在美国居然有人强迫成年男子扮演同性恋的角色时，日本社会一片哗然。在日本，男人只可能选择未成年的少年作为同性恋的对象。因为强迫成人扮演同性恋的角色是非常有损人格的。在日本社会中也有他们自己的界线（什么事可以做而不伤害自尊），只不过这种界线与美国人的界限不同罢了。

自淫在日本也不被认为是什么道德问题。在世界上恐怕再找不到其他民族能像日本那么多的自淫工具了。在这方面，鉴于西方的舆论压力，日本人尽量避免在公开场合大肆宣扬，但骨子里头，日本人从来没有认为这些工具是什么坏东西。西方人强烈反对手淫，大部分的欧洲国家在这方面的态度比美国甚至还要强烈，很多美国人都在未成年之前就对这点印象很深了。大人总是悄悄地告诉小男孩，手淫会得神经病，头发会秃掉等等。母亲们更是从孩提时代就对小孩的行为，非常警觉，如果发现这种事，就会非常严厉地施以体罚，甚至把双手缚住，或者家长会非常严厉地说上帝会惩罚他的。日本的幼儿和少年则没有这种体验，因而也不可能指望他们长大后能和美国人在这件事上的态度一样。日本人从来不觉得自淫是一件罪恶的事情，相反，他们认为那是一种享乐。日本人认为只要在文明的生活中把它放在一种无足轻重的位置，一切还是处于可控之中的。

酗酒是日本"人情世故"的另一种表现。当听到美国人豪言壮志地说要禁酒时，日本人觉得这简直就是西方国家的奇思怪想。同样，对于美国地方上举行投票要求颁布禁酒法令的运动，日本人也是这样看待的。在日本人看来，饮酒是一种乐趣，只要正常的人都不会拒绝。而且它只是一种小的消遣，因此正常的人也绝不会为它所困。按照日本人的看法，就如不必担心人们会成为同性恋者一样，人们也不必担心人人都会成为醉鬼。事实上酗酒问题也确实没有成为日本的社会问题。喝酒是一种愉快的消遣，因此，家庭，以至社会都并不厌恶醉酒的人。喝醉酒的人不会胡来，也不会打自己的孩子。通常的表现就是纵情歌舞，不拘任何礼节。在城市的酒宴上，人们则喜欢相互坐在对方的膝盖上。

传统的日本人还严格区别饮酒和吃饭。在农村的宴会上，如果谁开始吃饭，就意味着他不再喝酒了。他已涉足于另一个"圈子"了，对饮酒和吃饭这两个"圈子"日本人是区别得很清楚的。在自己家中的时候，人们有时也在饭后饮酒，但绝不会一边饮酒一边吃饭，而是先享受一种，再享受另一种。

上述的这些日本人关于"人情世故"的观点产生了一系列重

要的后果。它从根本上否定了西方人那种身体和精神两种力量在人的一生中一定要一决雌雄的思想。在日本人的哲学中，肉体本身不是罪恶，尽可能地享受肉体上的快感并不是犯罪，精神与肉体不是宇宙中对立的两大势力。按照这条逻辑走下去人们就会得出这样一个结论，即世界并不是非黑即白的。正如乔治·桑塞姆爵士写的那样："在整个历史进程中，日本人似乎都缺乏这种认识恶的能力，或者说在某种程度上不愿意抓住这些恶的问题。"事实上，日本人始终拒绝把恶的东西也看作是人生的一部分。他们相信人有两种灵魂，但却不是善的冲动与恶的冲动之间的较量，而是"温和的"灵魂和"粗暴的"灵魂之间的斗争。每个人、每个民族的生涯中都既有"温和"的时候，也有必须"粗暴"的时候。并没有注定哪个灵魂就一定要进地狱，而哪个则定要上天堂。这两个灵魂都是必需的，并且在不同场合下都可能是善的。

甚至日本的神也显现出这样善恶的两面性。在日本最著名的神是素盏鸣尊，他是天照大神（女神）之弟，是"迅猛的男神"。西方神话中都把他视为魔鬼，因为他对自己的姐姐行为极其粗暴。天照大神怀疑素盏鸣尊到自己住房来的动机不良，想把他赶到屋外。于是，他放肆地胡闹，在天照大神的大饭厅里乱拉大便，而当时大神与侍者正在饭厅里举行尝新仪式。他甚至还犯下了毁坏稻田的田埂这样的滔天大罪。但最糟的，也是西方人最不可理解的是，他居然在他姐姐的卧室的上端挖个窟窿，把剥了皮的斑驹的生殖器从这里投了进去。由于素盏鸣尊罪不可赦，受到了诸神的审判，被处以重刑，赶出了天国，放逐到"黑暗之国"。可是，他仍然是日本众神中一位比较招人喜爱的神，人们还是对他比较尊敬。虽然在世界神话中这样的神并不少见，但在高级的伦理性宗教中，这种神则是被排除在外的。因为只有把超自然的东西划成善恶两个对立的集团，明辨是非，才能更符合宇宙斗争的哲学。

日本人始终不正面承认美德也应包括同恶的势力作斗争。正如日本的哲学家和宗教家们几百年来一直阐述的那样，这种道德规范对日本是不适用的，并且他们还很引以为豪地声称这就是日本人道德的优越性所在。他们说，中国的道德规范就是将“仁”、“公正”、“博爱”上升到一种绝对的高度，按照这个标准，凡是人都会发现自己的缺点和不足。十八世纪伟大神道家本居宣长曾说，“当然，这种道德规范对中国人来说是好的，因为中国人的劣根性需要这种人为的约束手段。”近代的佛教家及民族主义者们也就这个同样的话题著书立说，提出了自己的见解。人们认为，日本人天生性善，值得信赖，因而没有必要再与自己性恶的一半进行斗争。人们只需要擦净心灵的窗口，在合适的场合做合适的事就好了。如果不小心心灵染上了污点，日本人也会尽快地将污秽清除，这样人性中善的光辉定会再放光芒。日本的佛教哲学比其他任何国家的佛教都更加主张凡人皆可成佛，道德律不在佛经之中，而在于打开自己的悟性和清净无尘的心灵之扉。那么，何必自我怀疑心灵中的发现呢？恶不是人生而具有的。基督教圣经《诗篇》中说：“我是在罪孽里生的，在我母亲怀胎的时候就有了罪。”日本人则没有这种想法，他们的思想中也没有关于人的堕落的说教。“人情世故”都是上天赐予的，不论是哲学家还是农民都不应该对它进行谴责。

当美国人听到这些后不免会想，这势必将导致一种完全自我放纵的哲学。但是如前所述，日本人把履行义务规定为人生的最高任务。他们完全承认，报恩就是意味着牺牲个人欲望和享乐。他们认为，把追求幸福当作人生重大目标的思想是令人吃惊的、不道德的。当能够沉溺其中时，幸福只是一种消遣，如果郑重对待，以幸福与否作为判断国家和家庭的标准，那是不可思议的。人们履行“忠”、“孝”及“情义”的义务，要常常经受苦难，这是他们早已想到的。这样虽然会给以后的生活带来很多障碍，但日本人早已有了充分的准备。他们放弃了一些自己觉得并不是什么邪恶的享乐，当然，这需要有坚强的意志，而这种意志正是日本人最值得称颂的美德。

与日本人这种见解相一致，日本小说和戏剧中也很少见到“大团圆”的结局。美国的观众一般都渴望看到一种圆满的结局：他们希望剧中人以后能永远幸福，他们想知道剧中人的美德会受到回报。如果美国人不得不为剧中人流泪，必定是因为主角的性格有缺点，或者是他成了不良社会秩序的牺牲品。但是，观众更喜爱的是主角万事如意，一切圆满。日本的观众则含泪抽泣地看着命运如何使男主角走向悲剧的结局和美丽的女主角遭到杀害。只有这种情节才是欣赏的高潮。人们去戏院就是为了欣赏这种情节。甚至日本的现代电影，也是以男女主角的苦难为主题。两个人互相爱慕却又不得不放弃所爱的人；或者他们幸福地结婚了，但其中一方却不得不自杀以履行义务；或者是，妻子献出一切以挽救丈夫的职业生涯，勉励丈夫磨砺才艺以成为优秀演员，而在丈夫成名前夕，妻子却隐身市井，让丈夫自由享受新的生活；丈夫成名之日，妻子却贫病交迫，无怨而死去，如此等等。总之，日本的电影往往不会要求有一个欢乐的结局，而只要能唤起观众对男女主角自我牺牲精神的惋惜和同情就可以了。剧中主角的苦难并不是由上帝裁判的，不是什么因果报应，而只是为了向人们表明：剧中的主人公为履行义务忍受了一切代价，任何不幸、遗弃、疾病、死亡，都未能使他们偏离正常的轨道。

日本的现代战争电影也体现了这种传统。凡是看过这些电影的美国人都会说，这是他们看到的最好的反战宣传。这是典型的美国式反应。因为通篇电影都只讲牺牲与苦难，看不到阅兵式、军乐队、舰队演习和巨炮等鼓舞人心的场面。不论是描写日俄战争还是描写中国“七七事变”，都是一个格调：在泥泞中的行军，凄惨沉闷的苦战和胜负未卜的熬煎等等。银幕上看不到胜利的镜头，甚至看不到高喊“万岁”的冲锋，而是深陷泥泞、夜宿中国小镇，或是描写一家三代，历经三次战争后幸存者的代表，他们成了残废、瘸子、盲人。或者描写士兵死后，家中人集聚在一起悲悼丈夫、父亲，失去了生计维持者，仍然鼓起勇气活下去。英美骑兵那种动人场景在日本电影中是看不到的。伤残军人的恢复健康也很少被写成剧本。甚至也不涉及战争的目的。对日本观众来说，只要银幕上的人物时时处处都在尽一切努力报恩，这就足够了。所以，这些电影都是日本军国主义者的宣传工具……至少拍电影的人知道，日本观众们在看了这些电影后不会希望和平、反对战争的。

第六部分

道德的困境

日本人把人生看作一出戏，从一个极端行为转向另一个极端行为不会感到任何心理痛苦。1945年8月以前，“忠”要求每个人与敌人厮杀到底；一旦宣布投降，却立刻表示与占领者合作。

日本人的人生观是通过对忠诚（chu）、孝顺（ko）、情义（giri）、仁义（jin）和人情等规定体现出来的。他们认为，“人的全部义务”就像在地图上划分行政区域一样应该分成若干部分。用他们的话来说，人生就是由“忠的世界”、“孝的世界”、“情义的世界”、“仁义的世界”、“人情的世界”以及许多其他世界所组成的，每个世界都有其独特而又详细的准则。一个人评判其同伴时，不应该以他是否有一个完整的人格，而是以他“懂不懂孝”或“懂不懂情义”作为标准。他们不像美国人那样用“不正派”来评价某人，而是明确地指出这个人在哪个领域中做得不够好；他们不用“自私”、“冷漠”一类的词，而是明确指出他在哪个特定领域里违反了规则。他们不诉诸绝对命令或金箴，其得到认可的行动总是与该行动所出现的世界相联系。一个人“为了孝”而做事时是一种方式，而只是“为了情义”或者“在神的世界”行事时，在西方人看来就完全是另外一种方式。甚至每个世界的规则也会随着其内部情况的变化而可能要求采取适当的截然不同的行动。在没有受到主君侮辱以前，家臣要对主君尽最大的忠诚以示“情义”；受到主君侮辱之后，背叛就是可以接受的了。在1945年8月以前，“忠”一直要求日本国民对敌人作战到最后一兵一卒。一经天皇广播宣布投降，“忠”的含义就发生了改变，日本人对外来者表现出了合作的态度。

西方人对此感到十分困惑。根据我们的经验，人是“随其本性”而行事的。我们按照忠诚还是背信弃义、合作还是顽固来区分好人与坏人。我们把人加以分类，是期望他们的行动能始终如一。不管他们慷慨大方，还是小气吝啬；乐于助人，还是生性多疑；是保守主义者还是自由主义者，二者必居其一。我们希望每个人都信仰某种特定的政治思想，并且坚决反对与其相左的意识形态。根据我们在欧洲战场的经验，那里有合作者，也有抵抗者。但是，我们怀疑合作者会在胜利后改变其立场，结果这种怀疑是正确的。在美国国内政治纷争中，我们也承认有亲新政派与反新政派。而且我们断定，在出现了新情况时，这两派仍然会随其本性而行事。如果某一个人改变立场，比如由非教徒变成天主教徒，或者由“激进派”变成保守主义者等等，这种转变应当称为“转向”。我们应建立起与此相适应的新人格。

虽然西方人这种关于行为完整性的信念并不总能得到验证，但这种信念绝对不是幻觉。在大多数文化中，不论原始的、还是先进的，人们都把自己描绘成为某一特定类型的人在行事。如果他们垂青于权力，就会以别人服从其意志的程度作为衡量其成败的标志；如果他希望受人喜爱，那他就是在社交场合受过挫折。他们会把自己想象成严厉而正直的人，或者具有“艺术家气质”，或者是优秀的居家男人。他们的性格一般都具有某种“完全形态”（Gestalt），并能使人类的生存井然有序。

日本人从一种行为转向另一种行为在精神上不会感到痛苦，这种能力是西方人所难以理解的。我们从来没有体验过如此极端的可能性。但在我们看来，矛盾已深深植根于他们的人生观之中，正如同一性植根于我们的人生观之中一样。对于西方人来说非常重要的是，他们应该认识到，日本人所划分的生活的“世界”是不包括“邪恶的世界”的。这并不是说日本人不承认有坏行为，而是他们不把人生看成是善的力量与恶的力量相互斗争的舞台。他们把人生看作是一场戏。在这场戏中，一个“世界”与另一个“世界”，一种过程与另一种过程，相互之间要求保持平衡。至于每个世界和每个过程，其本质都是好的。如果每个人都能遵循其真正的本能而行事，那么每个人都是好人。如上所述，他们甚至把中国的道德规范看作是中国人需要那种道德的证明，从而来证明中国人的劣根性。他们说，日本人完全不需要那种包含一切的伦理戒律。用已引用过的乔治·桑索姆爵士（Sir George Sansom）的话来说，他们“不愿意抓住恶的问题”。按照他们的观点，即使从低于宇宙的高度，也足以说明坏行为。尽管每个人的心灵本来都闪耀着道德的光辉，就像一把崭新的剑，但如果不经常磨砺就会生锈。这种“自身的锈”，如他们所说的，像刀上的锈一样，都不是什么好东西。因此，人必须像磨刀那样注意磨炼其本性。即使生了锈，心灵仍在“锈”的下边闪亮。只需稍加打磨，就能重新光芒万丈。

由于日本人的这种人生观，西方人很难理解日本的民间传说、小说和戏剧。除非像我们常做的那样，将其加以改写以符合我们对性格一致及善恶相争的要求。但是，日本人却不这样看这些情节。他们的评论则是围绕主人公陷入“情义与人情”、“忠与孝”、“情义与义务”的矛盾之中。主人公的失败是沉溺于人情而忽视了“情义”的义务，或者是因为忠孝不能两全。他迫于“情义”而不能匡扶正义；迫于情义而牺牲家庭。这些矛盾是仍然具有约束力的两种义务之间的矛盾。两者都是“善”的。两者之间的选择犹如欠了一屁股债的债务人还债时面对选择一样，他必须选择先偿还某些债务而暂时忽略其他债务。但事实上，他还清一笔债务，并不能使其免除其他的债务。

我们对故事主人公的这种看法，与西方人的看法是根本对立的。我们之所以认为故事中的主人公是好人，正因为他选择了善的方面，并且与恶的一方进行斗争。如同我们所说的“有道德者必胜”，必须有一个圆满结局，正是善者应有善报。日本人则欣赏那种让人不能容忍的人物——他欠社会太多太多恩情却无法报答，为了维护自己的名分只好以死谢之。在其他许多文化中，这类故事是教人们接受残酷命运的；在日本则成为启迪首创精神和坚定决心的题材。主人公在竭尽全力完成其肩负的某种义务时忽略了其他的义务，但最后还是要和他们所轻视的“世界”进行清算。

《四十七士物语》（Tale of the Forty－Seven Ronin）是日本真正的民族史诗。它虽然在世界文学中的地位不高，而在日本人心目中的地位却无人能敌。每个日本儿童不仅知道这个故事的梗概，而且熟悉其细节。它不断传播、翻印并被拍成现代电影而广泛流传。四十七士的墓地长久以来成为圣地，成千上万的人前往凭吊致祭。凭吊者留下的拜帖使墓地周围成为一片白色的海洋。

《四十七士物语》的主题是以对主君的“情义”为核心的。在日本人心目中，它描写的是“情义”与“忠”之间、“情义”与“正义”之间（当然是“情义”在这类冲突中取胜），以及“单纯情义”与“无限情义”之间的冲突。这个历史故事发生在封建制度鼎盛时期的1703年。按照现代日本人的想法，那时的男子都是大丈夫，对“情义”绝容不得半点含糊。四十七位勇士为“情义”而牺牲一切，包括名誉、父亲、妻子、姐妹、正义（righteousness），最后自杀尽“忠”。

按照当时的规定，各地大名要定期觐见幕府将军。幕府将军（Shogunate）任命了两位大名主持仪式，浅野侯（Lord Asano）是其中之一。由于这两位司仪官都是地方上的大名，不熟悉仪式，所以不得不向在幕府中枢任职的大名吉良侯（Lord Kira）请教。吉良侯是一位身份很高的幕臣。如果当时浅野侯家最有才智的家臣大石（Oishi）在他身边的话，大石是会帮助他主君周密安排的。但不巧的是，大石回家乡去了。浅野侯在世故方面十分幼稚，所以没有向吉良侯赠送厚礼。而另一位大名则在其通晓世故的家臣的指导下，在向吉良请教时不惜重金。于是，吉良侯就故意误导浅野侯，让他穿上与仪式完全相悖的服装。举行仪式时，浅野侯按照吉良侯的指示穿戴上了错误的服装。当发现自己受到侮辱时，他就拔刀砍伤了吉良侯的额头。后来他被其他的家臣拉开了。从“对名誉的情义”来说，他因受辱而向吉良侯报复是一种德行；但在幕府将军殿上拔刀动武则属不“忠”。浅野侯正当地履行了“对名分的情义”，但却必须按照规定“剖腹”自杀，否则就不能说是“忠”。他回到官邸换好衣服，做好了剖腹的准备，只等那最聪明和最忠诚的家臣大石回来。两人对视了许久互道珍重。早已按照仪式要求坐好的浅野侯，于是就用刀剖腹，亲手结束了自己的生命。在浅野侯死后，没有一位亲戚愿意继承这位已故大名的家业，因为他不忠于幕府而受到谴责。浅野侯的封地后来被没收，他的家臣也成了无主的浪人。

从“情义”的义务角度来讲，浅野侯的家臣有义务随其主君一起剖腹。主君剖腹是为了“名分的情义”。如果他们也从“情义”出发剖腹，自然是对吉良侯对浅野侯所施侮辱的一种谴责。但是，大石心中暗想：剖腹尚不足以表现他的情义，他应当完成主君未竟之志。主君是因为被其他家臣拉开而未能实施报复的。他们应当杀死吉良侯为主君复仇，但这样做则是对幕府不忠。按一般惯例，策划复仇的人必须事先上报计划，确定行动日期，在规定期限以前不能完成复仇者就必须放弃复仇。这项制度曾使若干幸运儿能够调和“忠”与“情义”的矛盾。吉良侯是幕府的近臣，浪人们复仇的行动绝不可能得到幕府的批准。大石明白，这条道路对他和他的同伙们是行不通的。于是，他把那些曾经是浅野侯家臣的浪人召集在一起，却只字不提刺杀吉良侯的计划。这些浪人总共有三百多人（根据1940年日本学校所讲授的内容），他们一致同意剖腹自杀。但大石明白，这些人并不是都有“无限情义”（在日语里指“讲情义及真诚”的人），因而对吉良侯进行报复这种大事不能信赖所有的人。为了区别哪些人只讲“单纯情义”，哪些人具有“情义和真诚”，他通过询问大家应该怎样分配主君的财产来考验这些浪人。在日本人看来，这是一种考验。如果那些人真的不同意剖腹自杀，他们的家属就将获得利益。浪人们对财产分配标准产生了激烈的争执。家老在家臣中俸禄最高，他领导的一派主张按原来的俸禄高低分配；大石领导的一派则主张平均分配。大石很快就弄清楚浪人中哪些人只有“单纯情义”。大石随即赞成家老的分配方案，并且同意那些获胜的家臣离开大家。于是，家老带领那派人离开了，他们因而获得“败类武士”、“无情无义的人”、“无赖”等恶名。大石终于弄清楚了，只有四十七个人情义坚定，足以共谋复仇大业。这四十七个人与大石建立盟约，保证不论信义、爱情或“义务”，都不能妨碍他们的誓言。“情义”必须成为他们的最高行为准则。于是，四十七士歃血为盟。

他们做的第一项工作就是麻痹吉良侯，使其丧失警惕性。他们四散离去，装作没有半点追求名利的样子。大石经常沉溺于花街柳巷，打架斗殴。由于过着放荡的生活，他借机与妻子离婚。这是打算采取违法行动的日本人惯用的合理步骤，这能保证其妻儿在最后行动时不致受到牵连。大石的妻子悲痛欲绝地与他分了手，但他的儿子却参加了浪人的行列。

江户（今东京）城里的人都在猜测他们要复仇。尊敬浪人的人们都深信他们必将策划刺杀吉良侯。可是，四十七士矢口否认有此类企图。他们佯装成“不懂情义”的人。他们的岳父们对他们的可耻行为十分愤慨，就把他们赶出家门，解除了婚约；他们的朋友也嘲笑他们。一天，大石的一个密友碰到喝得酩酊大醉的大石在和女人尽欢。甚至对这位密友，大石也否认他对主君的“情义”。他说：“复仇？简直是愚蠢透顶，人生就应该及时行乐，哪里还有比饮酒作乐更好的事。”那位朋友不相信，就把大石的刀从刀鞘抽出来看。他以为刀刃一定会闪闪发光，那样就足以证明大石讲的是假话。可是，大石的刀已经生锈了。于是朋友不得不相信大石说的是真心话，他在大街上公开向这个醉汉吐唾沫并用脚踢他。

有个浪人为了筹集参加复仇的资金，竟把自己的妻子卖去当妓女。他妻子的兄长也是浪人之一，得知复仇的秘密已被妹妹知道，竟准备用自己的刀亲手杀死妹妹以证明自己的忠诚，好让大石同意他参加复仇行动。有一位浪人杀死了自己的岳父。还有一个浪人把自己的妹妹送进吉良侯家当女仆兼小妾，以便从内部得到消息来确定何时动手。在完成复仇之后，她不得不自杀。因为，尽管她是伪装侍候吉良，她也必须以死来证明自己的清白。

12月14日大雪纷飞夜，吉良侯大摆酒宴，卫士们也都喝得酩酊大醉。浪人们攻占了防守坚固的岗楼，制服了警卫，径直冲进了吉良侯的卧室。吉良侯并不在卧室里，但被褥还有余温。浪人们由此知道他就藏在某个角落里。终于，他们发现有一个人蜷伏在放木炭的小屋里。一个浪人隔着小屋的墙壁将长矛刺了进去，然而拔出来时矛尖上却没有血迹。长矛确实刺中了吉良侯，但在长矛拔出时，吉良侯用衣袖擦去了血迹。他的这种小把戏无济于事，浪士们把他揪了出来。他说自己并不是吉良侯，只是吉良侯的家老。这时，四十七士中的一个人想起浅野侯曾在幕府将军的殿堂上砍伤吉良侯的额头，额头上肯定会留有伤疤。根据这个伤疤，浪士们认定他就是吉良侯并要他当场剖腹自杀。他拒绝了剖腹，这恰好证明他是个懦夫。于是，浪人们用他们的浅野侯剖腹时使用的刀砍下了吉良侯的首级，按照祭祀仪式的要求把它洗净，完成了他们的任务。他们带着两度染血的刀和吉良侯的首级，列队走向浅野侯的墓地。

整个江户（今东京）都被浪人们的行为所感染，人们充满了喜悦和激情。曾经怀疑过浪人们的家属们争先恐后地前来和浪人们拥抱，向他们致以崇高的敬意；大藩的诸侯们则在沿途热情款待他们。他们来到浅野侯的墓地，不仅把首级和刀供在墓前，而且还宣读了一份奉告亡君的祷文。该祷文保存至今，其大意如下：

“四十七士在主君灵前拜祭……。在主君复仇大业未完成以前，我们实在没有脸面替主君扫墓。我们苦苦等待良机，度日如年……现将吉良侯首级献上。这把刀是主君去世以前所珍爱的，曾嘱咐我们妥善保管。希望主君能用此刀再次砍断仇敌头颅以雪恨。谨祷”。

他们报答了“情义”，但他们还需要尽“忠”。因为他们违犯了未预先呈报就进行复仇的法令，只有一死才能两全。不过他们并没有背叛“忠”，因为他们都必须执行所有以“忠”的名义要求的事情。幕府将军命令四十七士剖腹自杀。日本小学五年级的国语课本是这样写的：

"他们为主君报仇，情义坚定，应为后世所敬仰……于是，幕府经过再三考虑，命令他们剖腹自杀，这其实是两全其美的事情。"

这也就是说，浪人们亲手结束自己的生命，对"情义"和"义务"都作了最高的偿还。

这首日本史诗由于版本不同，文字运用和细小情节上可能略有差异。在现代电影版中，故事开始时的贿赂情节被改为色情镜头。吉良侯由于对浅野侯的妻子心怀不轨，追求其未果。他才故意教浅野侯错误的东西，使之受辱。虽然在片中，贿赂的情节被删除掉了，而有关"情义"的一切义务则描绘得更为夸张。"为了情义，他们抛妻弃子，甚至弑父。"

"义务"和"情义"发生冲突也是其他许多故事和电影主题的基础。最为优秀的一部历史电影取材于德川幕府第三代将军时期。这位将军继位时年纪尚轻，没有半点经验。当时，对继位将军人选的讨论导致了幕臣们的分裂，一些人想拥立一位与他年纪相仿的近亲。其中有一位大名，因为意见未被采纳一直牢记失败之"辱"。虽然将军成长后很有政治才干，这位大名却一直在等待时机谋杀他。一日，将军及其亲信通知他，他们准备巡视几个藩国。这位大名企图抓住接待将军一行这个机会报仇雪恨，实现"对名誉的情义"。事先，他就把自己的官邸变成了堡垒，堵塞一切出口并层层包围。他甚至还计划好了制造墙倒屋塌，把将军一行砸死。当然，他的阴谋都是在暗中进行的。对将军一行的接待是十分丰盛的，还命一位家臣舞剑为将军助兴——这位家臣得到指示在舞剑的最高潮时刺死将军。按照"情义"，这位武士不能违抗主君的命令；但是，"忠"的原则又禁止他刺杀将军。银幕之上，武士的舞剑姿势充分展示出了他内心的矛盾心情：他必须行刺，他又不能行刺；他就要行刺，但又不想行刺。他尽管有"情义"，但"忠"的威力更加强大。他的舞姿渐渐地乱了，将军一行顿时产生了疑心。他们突然离开自己的座位，铤而走险的大名于是下令毁坏房屋。将军刚刚躲过舞剑者的剑，却又面临墙倒屋塌的危险。在此千钧一发之际，舞剑家臣走上前去，引领将军一行通过地道来到安全空旷之地。“忠”战胜了“情义”。将军的代表向舞剑者表示万分谢意并再三邀请他与他们一道荣归江户（东京）。那位武士回头看了眼即将倒塌的房屋说，“不，我要留在这儿。这是我的义务，我的情义。”他离开了将军一行，转身跳进废墟中死去。“通过死，他兼顾了忠和情义，使二者合二为一”。

古代的传说并没有把义务与“人情”的冲突作为中心，到了近代这一冲突则成为一个主要的题材。近代小说讲述的是主人公为了“义务”和“情义”不得不抛弃爱情和人情，这种题材不仅没有渐渐减弱，反而得到了大肆的渲染。就像日本的战争影片容易使西方人感到绝妙的反战宣传一样，这些小说也常常使我们认为它似乎是在追求一种自由——一种按照自己的心灵生活的自由。这些小说就是追求这种自由的冲动的明证。但是在议论小说情节或者电影剧情时，日本人的看法往往与我们相左。我们之所以同情主人公是因为他正在爱情中或者怀有某种个人雄心。而日本人却批评这种主人公是弱者，因为他放任感情而不能履行“义务”或“情义”。西方人很可能认为，反对陈规陋习并且克服障碍去争取自己的幸福是强者的标志。但是日本人则认为所谓的强者，应该是能够抛弃个人幸福而履行义务的人。他们认为，性格的力量不是表现为反抗，而且表现为服从。因此，西方人看过日本小说和电影以后的体会与日本人的理解截然不同。

在评价自己或周围认识的人的生活时，日本人都使用同样的标准。他们认为，在与义务的准则发生冲突时，关注个人欲望的人就是弱者。对于任何事情，他们都是这样判断的。不过，其中与西方伦理最直接对立的当属丈夫对妻子的态度。在“孝的世界”中，他的妻子位于边缘的地位，其父母才是中心。因此他的义务很清楚：道德品质优秀的人必须遵从“孝”道，如果母亲要他与妻子离婚，他就得接受母亲的决定；即使他深爱着自己的妻子或者妻子已经给他生了孩子，那也只能让他的道德品质更加“坚强”。日本人有句谚语：“孝道可以让你把妻子视同路人”。在这种情况下，对待妻子充其量不过是属于“仁的世界”。最坏的情况则是，妻子成了不能对你提出任何要求的人。即使婚姻生活很幸福，妻子也不能被置于义务的中心。因此，一个人不能把他同妻子的关系提高到同双亲或同祖国的感情相同的地位。二十世纪三十年代有一件很有名的丑闻：一位著名的自由主义者曾经在公众面前说，他回到日本后非常高兴，与妻子重逢就是其中的一个理由，为此他备受指摘。其实，他应该说他高兴是因为见到了父母，见到了富士山，以及能为国家的使命而献身。而他的妻子则是不属于这个层次的。

进入现代以来，日本人自己对如此强调道德准则不同层次和不同范围的区别也是不满意的。日本的教育有很大一部分是致力于把“忠”变成至高无上的信条。正如日本政治家通过把天皇置于顶级，消除将军及封建诸侯，以简化等级制一样。在道德领域内，他们努力通过把低层次的德行全部置于“忠”的范畴之下来简化义务体系。通过这种办法，他们希望不仅把全国统一于“天皇崇拜”之下，而且还能减轻日本道德分散状态。他们力图教育人们，实现了“忠”的人也就完成了其他一切义务。他们力图使忠不再是地图上的一个圈，而是道德拱桥上的楔石。

这种计划的最权威声明就是明治天皇于1882年颁布的《军人敕昭》。这份敕昭连同《教育敕昭》都是日本真正的圣谕。日本没有一个宗教拥有圣典：神道教没有经典；日本的佛教各派有的以不著于文字的东西为教义，有的则以反复念诵“南无阿弥陀佛”、“南无妙法莲华经”之类来代替圣典。而明治天皇的敕昭才是真正的圣典。宣读之时，应该保持庄严肃穆。听的人要毕恭毕敬，鸦雀无声。其虔诚程度犹如犹太教对待摩西十诫和旧约五经。每当捧读时从龛中恭恭敬敬请出，在听众散去前再恭恭敬敬送入龛中。负责宣读的人如果念错了一句，就得自杀谢罪。军人敕昭主要是颁赐给现役军人的。军人要逐字逐句背诵，并且每天早晨都要默念十分钟。重要的民族节日、新兵入伍、期满复员及其他类似的场合，都要在军人面前隆重宣读敕昭。中学和深造班的男生也都要学习《军人敕昭》。

《军人敕昭》是一份长达数页的文件，它条理分明，结构清晰，而且文字严谨。但对西方人来说仍然是让人费解的，因为内容看起来似乎是互相矛盾的。善与德被标榜为真正的目标，并且以西方人也能理解的方式加以说明。敕昭告诫民众不要重蹈古代那些死得并不光彩的英雄豪杰的覆辙，因为他们“罔知公道之理，徒守私情之义（Losing sight of the true path of public duty，they kept faith in private relations）”。这是日本官方的正式译文，虽然不是逐字逐句的翻译，却也很好地表达了原意。《敕昭》接下来讲：“这种古代的事例，你们应当引以为戒。”

如果不了解日本人各种义务的“势力范围”，我们是很难得出这里所说的“引以为戒”是何意义。整个敕昭表明，官方在尽量淡化“情义”而提高“忠”的地位。在敕昭的全文中，日本人通常含义上的“情义”一词一次也没有出现过。它不提“情义”，而强调有一个“高级法则（大节）”，这就是“忠”。此外还有一个“低级法则（小节）”，就是“空守私人关系”。敕昭极力证明，“高级法则（大节）”完全可以使一切道德成真。它说“所谓义，就是‘义务’的履行”。尽“忠”的军人必然有“真正的勇气”。所谓“真正的勇气”就是“日常待人必以温和为先，旨在赢得他人爱戴和尊敬。”敕昭还指出，只要遵从这些教导，就不必求助于“情义”。比起“情义”来，“义务”就应该是“小节”，人们必须经过慎重考虑才能承认它。

“如果你既想信守诺言（在私人关系上）又想尽‘情义’……从一开始就应该慎重考虑你是否能够完成它。如果让自己受制于不明智的义务，就会使自己进退维谷。如果你确信不能既守诺言而又坚持义（敕昭把‘义’规定为‘义务的履行’），那么就应立即放弃（私人的）诺言。自远古以来，无数英雄豪杰因为被那些诺言所害，导致身败名裂，遗恨万年，这些失败的英雄豪杰都是因为信守诺言而不能辨明是非真相，或者白白知道了公理，但依然坚持所谓的诺言从而使自己受累。”

在这段关于“忠”高于“情义”的谆谆教导的文字中，全文虽然未提到前文所说到的“情义”一词，但是日本人都知道有这样一个谚语——“我不能因为情义而行义”。敕昭则重复成这样的说法：“如果你确信不能既守诺言（私人义务），而又坚持义……”。敕昭以天皇的权威说：在这种情况下，你就应当抛弃“情义”，要记住情义是小节。如果他遵循敕昭的教导，维护“高级法则（大节）”，就仍然是高尚之人。

在日本，这份颂扬“忠”的圣典是一份最基本的文件。但是，仍然很难说敕昭对“情义”的委婉贬损改变了大众对“情义”的普遍看法。日本人常常引用敕昭的其他部分来解释自己或他人的行为。如“义就是义务的履行”，“心诚则万事都可成功”。尽管这些引用都很得当，但却似乎缺少一些关于告诫人们信守私人诺言的条文。时至今日，“情义”仍是一种很有权威的道德。在日本，如果说“此人不懂情义”仍是最严厉的谴责之一。

日本的伦理体系不是通过引进一个“高级法则（大节）”的概念就能轻而易举地简化的。正如他们常常自夸的一样，日本人手中没有现成的可以普遍适用的道德作为一切善行的试金石。在大部分文化中，一个人是以其道德水准，如善意、勤俭以及事业上成就的多少作为评判其自尊的标准的。他们树立某些人生目的作为追求的目标，如幸福、控制他人的力量、自由和社会活动能力等。日本人则遵守着更为特殊的准则。不论是在封建时代还是在《军人敕昭》中，即使他们谈及“高级法则（大节）”时，也只是意味着等级制度上层者的义务要控制下层者的义务。他们仍然是特殊的。对于西方人而言，所谓“高级法则（大节）”，是对忠诚的忠诚，而不是对某一特定个人或特定事业的忠诚，日本人则恰恰与此相反。

近代以来，日本人在试图建立某种能够统治一切领域的道德标准时常常选择“诚”。在论及日本的伦理时，大限伯爵说“诚（makoto）是各种规则中最重要的规则，一切道德说教的基础都包含在‘诚’字之中。在我国古代语汇中，除了‘诚’这个词以外，没有其他表达伦理概念的词汇”。在本世纪初，日本的近代小说家曾赞美西方个人主义新思潮，现在也开始对西方程式感到不满，而极力去赞美诚（诚心）是唯一的真正的“信条”。

在道德方面强调“诚”得到了《军人敕昭》的支持。敕昭以一段历史性的话语作为前言，相当于美国同类文件首先以列举华盛顿、杰斐逊等“建国之父”的名字为序。在日本，这段话通过阐述“恩”和“忠”来达到一个高峰。

“我把你们当作国家的栋梁，你们把我作为一国的国君。我们能否保护我们的国家并且报答祖宗的养育之恩，这一切重担都依赖于你们安守本职工作了。”

后面又接着阐述了五条诫律。（一）最高的德行就是履行“忠”的义务。一个军人如果不是极“忠”，不论其才能如何，也只能作傀儡。一支缺少“忠”的军队，一旦遇到紧急情况就变成了乌合之众。所以不能被他们的观点引入歧途，更不可干预政治，务必保持“忠”，时刻牢记“义”重于山，死却轻于鸿毛。（二）第二项训诫是通过观察外表和行为来遵守礼仪。例如“下级应把上级军官的命令当作天皇的命令，上级军官也必须善待部下。”（三）第三是勇气。真正的勇气与“一时冲动意气用事”相反，应该是“面对弱敌不轻视，面对强敌也不惧怕”。“所有习武的人，与人交往的时候应该首先温和对人，以赢得他人的尊敬和爱戴”。（四）第四是告诫人们“不要空守所谓诺言”。（五）第五是劝人勤俭。“凡是不把简朴作为理想的人，一定会很文弱，而且因为崇尚骄奢最终会导致卑鄙自私，堕落到极点。即使有勇气与节制，也难免遭世人的唾弃……我（天皇）对此十分厌恶，所以再三告诫你们。”

敕昭的最后一段把以上五条称作“天地之间的正道，人的伦理”，是“我军人的精神”。而且，这五条训诫之核心“精神”就是“诚”。“如果心不诚，那么好言好语好行为都是所谓表面文章，一点用处也没有；只要心诚才能万事成功。”这五条训诫就是这样“易守易行”。典型的日本特色就是：敕昭在列举一切德行和义务之后，归结于“诚”。中国人习惯于把一切道德归之于仁爱之心。日本人则不同，他们先确立义务准则并且不断倾注全部心灵和精力，最后才要求人们全心全意履行义务。

在禅宗——一个佛教主要教派的教义中，“诚”也具有同等的意义。铃木大作论禅的专著中有一段禅宗师徒的问答：

僧问：“我发现狮子袭击敌人的时候，不论是兔还是象，它都全力以赴，请问这是为什么？”

师答：“‘那是至诚的力量’。至诚也就是不欺骗，也就是‘献出一切’。在禅语里就是‘全部发生作用’，即一样东西也不留，是毫不矫揉造作的办法，也没有一点的浪费。这样生活的人可称为金毛狮，他是刚勇、至诚、至纯的象征，是神的人。”

日语关于“诚”的特殊含义前文已提到。“诚”（Makoto）与英语“sincerity”的含意其实并不相同，与sincerity相比，其内涵既更广泛，又更狭窄。西方人刚接触时，常觉得它的内涵比西方语言中的用法要少得多。当日本人说某人没有诚意，其实只是指那个人与他意见不一致。这种看法有一定的正确性。日本人说某人“诚实”时，其实并不一定是指根据他本人的爱憎、判断或怀疑而采取行动。美国人在表示赞美时常说“He was sincerely glad to see me（他心里很高兴见到我）”或“He was sincerely pleased（他发自内心地高兴）”，在日本人看来，这种说法简直就是大相径庭。他们有一系列完整的谚语式的表达来嘲笑这种“坦诚”（sincerity）的语言。他们嘲笑道：“看那只青蛙，一张开嘴就把肚子里的东西全都亮出来了”，“就像是石榴一张开嘴，我们就知道它心里有些什么”。“暴露感情”是一件耻辱的事情，因为这样会“暴露”自己。与“坦诚（sincerity）”一词有关的一系列含义，在美国是非常重要的，而在日本则完全是微不足道的。当一位日本少年批评美国传教士“不坦诚（insincerity）”时，他绝没有想过那位美国人是否对这个一无所有的穷小子到美国去的计划感到惊讶。近十年来，日本政治家经常批评英美两国没有诚意，他们一点也没有考虑到西方各国是否确实按照其真实感受在行事。

他们并不指责美英两国是虚伪的，因为，虚伪是最轻微的指责。同样，在《军人敕昭》中提到的：“这实在是各项训诫的精神”，这句话的意思也就是说，“大德”在于一切其他德行的实践都是发自肺腑的。实际上，不论他自己的信念与别人的信念如何不同，它并不是要求人们必须做到真实。

尽管如此，“诚”在日本还是有其自身的积极含义的。由于日本人非常重视“诚”这一概念的伦理作用，西方人必须紧紧抓住日本人使用这个词时的真正意思。日本人关于“诚”的基本含义在《四十七士物语》中有充分的解释。在那个故事里，“诚”是附加于“情义”之上的。“真诚与情义”与“单纯的情义”有明显区别，前者是“后世永远学习的情义”。在当今日本人的语言中，其意义仍然有“是诚使它坚持存在下去”的意思。根据字意来看，上句中的“它”是指日本道德中的任何一条戒律或者是“日本精神”所要求的任何一种态度。

在战争期间，日本人在安置所中对“诚”这个词的使用与《四十七士物语》的用法完全一致。它清楚地表明“诚”的逻辑可以延伸多远，而其含义又如何地与美国的定义相反。亲日的“第一代移民（Issei）”（生在日本而移居美国者）对亲美的“第二代移民（Nisei）”（生在美国的第二代日本移民）的批评主要就是“第二代移民”缺乏“诚”。“第一代移民”说这话的意思是，“第二代移民”没有那种保持“日本精神”的心理素质。“第一代移民”的这种指责绝不是在说他们孩子的亲美态度是虚伪的。恰恰相反的是，在“第二代移民”志愿加入美国军队，主动为其第二个祖国作战时，“第一代移民”反而指责“第二代移民”“不够真诚”。

日本人使用的“诚”这个词的基本含义，是指狂热地沿着日本道德诫律和“日本精神”所指示的人生道路前进。在特定条件下，不管“诚”这个词有多少种特殊含义，它总是可以理解为对公认的“日本精神”的某个方面的称颂以及对日本道德标准的赞美。一旦我们接受了“诚”这个词不具有美国人的那种含义，那么它在日本所有的文献中都是最值得注意的。而且它还是用处颇广的一个词，因为它大体上准确无误地等同于日本人强调的各种好的德行。“诚”这个词经常用来赞扬不追逐个人私利的人，这反映了日本人的伦理观中对谋利益者万分厌恶的一面。如果不是等级制的自然结果，利就被断定是剥削的所得。从中渔利的中介人会成为人们所嫌恶的放高利贷者，这种人常被指责为“不诚”。“诚”也经常被用来颂扬那些不感情用事的人，这正反映了日本人的自律观。一个称得上“诚”的日本人决不会冒伤害一个无意寻衅滋事者的风险的，这反映了日本人的信条——不仅要对自己的行为本身负责，而且还要对行为所产生的后果负责。最后，只有“诚”者才能领导众人，有效地运用各种手段，远离内心的争斗。这三点含义，以及其他更多的含义十分简明地表达了日本人伦理的同质性。这三种以及其他的一些含义都反映出，在日本，只有按照诫律行事才能收到实效，并不与他人产生冲突。

虽然日本人的“诚”具有如此多的意义，尽管敕昭及大限伯爵对其都推崇有加，但是“诚”却不能简化日本人的伦理道德。它既不构成日本伦理道德的“基础”，也没有赋予它“灵魂”。它好比幂函数，加在任意数字后面都可以扩大该数字的大小。如A的二次幂（A^2）可以是9的二次幂，也可是159或b或x的二次幂。“诚”的作用亦如此，它可以把道德诫律当中的任何一条提升得更高。它似乎不是单独的道德，而是其信徒对教义的狂热的追求。

无论日本人如何努力地改进，日本的道德体系仍然处于分散状态。道德的原则仍然是在这个和那个之间相互保持平衡，但各种行动本身都是善的。他们所建立的伦理体系就如同桥牌游戏，优秀的选手遵守规则并在规则范围内获胜。良好的推理训练使他与低劣选手区别开来，他能够利用足够的知识根据竞赛规程判断其他选手的出牌意味着什么，从而打出自己的牌。用我们的话来说，他按霍伊尔（Hoyle）规则比赛，每出一张牌都必须考虑到无数细节。如果比赛规则和记分办法事先就已经规定好了，那么一切可能出现的偶然性也应该包括其中。美国人说的内心善良反而无关紧要了。

在任一种语言中，人们用来表达失去或者获得自尊的词句都非常有助于了解他们的人生观。在日本，讲到“尊重自己”时往往是指他本人是一个谨慎的人，而不像英语的用法中那样是指诚意遵循为人处世的准则，不献媚于别人，不撒谎，不作伪证等。日本人说“自重”，字面意思是“自我珍重”，其反意是“一个轻浮而又有分量的自我”。当一个人说“你应该尊重自己”，其实是指“你应该认真考虑事态中的一切因素，决不可招致别人批评，或者减少成功的机会”。“尊重自己”的行为往往与在美国所意味的意思截然不同。如一个雇员说“我必须自重”，其含意并不是指他必须坚持自己的权利，而是绝不要对雇主讲任何可以使自己陷入麻烦的话。作为政治用语使用时，“你应该自重”也具有同样的意思，其意思是“身担重担的人”。如果轻率地谈论“危险的思想”，那样他就是不“自重”了。而在美国，“自重”却没有类似的意思。美国人做不到即使思想危险，也要按照自己的内心和良心来思考。

父母经常挂在嘴边用来警告其青少年子女的话，“你应该自重”，指的是要懂得察言观色，不要辜负别人对自己的期望。女孩子被告知坐着时不能乱动，双腿位置要摆好；男孩子则要训练自己，学会察言观色，“因为现在可以决定你的未来”。当父母对孩子说："你的行动不是一个自重的人应该做的"，这是责备孩子行为不妥当，并不是责备他因缺乏勇气而不能坚持己见。

还不起债的农民对债主说，"我本应该自重的"。他这句话的意思并不是责备自己懒惰，或责备自己对债主卑躬屈膝，而是说他对应急之需本来应该考虑得更加仔细周到的。社会地位高的人说："我的自尊要求我这样"，这并不意味他必须遵照正直和廉洁等原则办事，而是说明他在处理事情时必须充分考虑自己家庭的地位以及自己的身份和社会地位。

公司总裁谈到他的公司时说："我们必须自重"，意思是说必须加倍慎重和小心。策划复仇的人说："自重地复仇"。这句话的意思并不是指"把炭火堆在敌人的头上"或者他打算遵守的任一道德原则，而是在说"我一定要彻底复仇"。例如周密地计划，把一切因素都考虑到其中。在日语中最强烈的语气是"双重自重"，意思是考虑周全，绝不轻易下结论。它还意味着，必须计算好各种方法和手段，用恰到好处的努力完成目的。

所有上述"自重"的意思都符合日本人的人生观，按照"霍伊尔（Hoyle）"规则，人们应该小心谨慎地行事。对自重定义的方式绝不允许以良好目的为理由来为其失败辩解。每一举手投足都会有其后果，人们行事时不能不权衡后果。做人慷慨是好事，但你必须预见到接受你恩惠的人是否会感到"背了恩情债"。对此，你必须万分谨慎。批评人是可以的，但必须准备好承担他因此而对你产生的厌恶。当那位年轻画家指责美国传教士对他的嘲笑时，尽管传教士的目的是善意的，那也没有用。传教士没有估计到在日本人看来，他那一步行动的后果就是修养不够。

把谨慎与自重完全等同，需要能悉心观察别人行为中的一切蛛丝马迹，并且能强烈感觉到别人是在评论自己。他们说道："一个人培养自重是因为有社会”，“如果没有社会就不用培养自重了”。这些极端的说法都是出自外部的自省，完全未考虑到正确行为的内省要求。就像许多国家的俗语一样，他们过分夸张了。因为日本人有时也像清教徒一样，对自己深重的罪孽反应也很强烈。但是上述这些极端的说法仍然指明了日本人所说的重点在哪里。比起罪来，他们更重视耻。

在人类学对不同文化的研究中，这些文化间的重要区别就在于是以耻为主还是以罪为主。根据定义，提倡建立道德的绝对标准并且依靠其发展人的良心的社会可以定义为“罪感文化”。不过这种社会里的人，例如美国人，在犯了些许过错之后，也会因内疚而有羞耻感。有时因衣着不得体，或者因为言辞有误，都会感到万分懊悔。在以耻为主要强制力的文化中，人们会对那些在我们看来应该是犯罪的行为感到懊悔。这种懊悔可能非常强烈，但却不能像罪恶感那样可以通过忏悔、赎罪而得到解脱。犯了罪的人可以通过忏悔而减轻内心沉重的负担。忏悔这种手段已运用于世俗世界的心理治疗，许多宗教团体也用它。但是二者在其他方面鲜有共同之处。我们知道，忏悔可以解脱。但在以耻为主要强制力的世界，即使当众认错，甚至向神父忏悔，犯错误的人也不会感到解脱。相反，他会感到只要恶行没有公之于世就不必懊丧，因为忏悔只能是自寻烦恼。因此，在耻感文化中没有忏悔的说法，甚至对上帝的忏悔也没有。他们有祈福仪式，却没有赎罪仪式。

真正的耻感文化借助于外部的强制力来行善，这和真正的罪感文化借助于罪恶感在内心的反映是完全不同的。羞耻是对别人批评的反应。一个人感到羞耻，是因为他被当众嘲笑或遭到拒绝，或者他自己感觉被嘲弄了。无论哪一种，羞耻感都是一种有效的强制力量。但这要求有外人在场，至少要当事人感觉到有外人在场。罪恶感则不是这样的，在有的民族，荣誉就是按照自己心目中的理想自我而生活。在这种情况下，即使恶行未被人发觉自己也会受到罪恶感折磨，尽管这种罪恶感可以通过忏悔来得到解脱。

早期移居美国的清教徒们曾试图把一切道德置于罪恶感的基础之上，并且所有的精神病学者都知道现代美国人内心有什么苦恼。但在美国，羞耻感正在逐渐成为沉重的负担，而罪恶感则大不如以前那么容易被感觉到了。美国人把这种现象解读为道德的松懈。这种解释虽然也蕴涵着许多真理，但是我们并不指望羞耻感能担起道德的重任。我们不能把伴随耻辱而出现的强烈的个人懊恼纳入我们的基本道德体系。

而日本人却是把羞耻感纳入道德体系的。不遵守明确规定的各种善行标准，不能平衡各种义务或者不能预见偶然性的出现都是耻辱。他们认为耻是道德的根本。对耻辱敏感的人就能够实践善行的一切标准。“知耻之人（A man who knows shame）”就译成“有德之人（Virtuous man）”，有时也译成“重名之人（Man of honour）”。与“纯洁良心”、“笃信上帝”、“避免罪恶”等在西方伦理中的地位一样，耻感在日本伦理道德中也具有同样的权威地位。以此逻辑推论，人死之后就不会受到惩罚。除了读过印度经典的僧侣外，日本人对那种今生修行，来世有好报的因果轮回报应观念是很陌生的；除少数皈依基督者外，他们也不承认来世报应及天堂地狱惩罚之说。

正如其他一切看重耻辱的部落或民族一样，羞耻感在日本人生活中的重要性也是深深体会得到的。任何日本人都对社会对自己行动的评价十分关注。他只需要推测出别人做的判断，并针对别人的判断调整自己的行动。当每个人都遵守同一规则并相互支持时，日本人就会感到轻松而愉快。当他们感到这是履行日本的“使命”

时，他们就会非常狂热地参加。当他们试图把自己的道德输出到那些并不通行日本善行标准的国度时，他们最易受到伤害。他们“善良”的“大东亚共荣圈”计划失败了，中国人和菲律宾人所采取的态度令许多日本人感到愤慨。

那些为了求学或经商到美国的日本人并不是受国家主义情绪所驱使的。但是，当他们试图在这个道德规范不那么严格的社会生活时，就常常感到他们过去所接受的那种细致的教育是个“失败”。他们感到日本的美德不能很好地输出。他们想说明的并不是所谓的改变对任何人来说都是很困难的，他们想说的远比这多得多。比起他们所熟知的中国人、暹罗人来说，日本人适应美国式生活要困难得多。日本人的特殊问题在于，在他们看来他们是靠这样一个安全感长大的——只要一切都按规矩行事，就会得到别人承认其微妙的意义。他们看到外国人对这类礼节毫不在乎时，就茫然若失。他们千方百计寻找西方人生活中与日本人类似的细节，一旦找不到，有些人就感到非常愤慨，有些人则感到震惊。

在其自传《我的狭岛祖国》中，三岛女士（Mishima）成功地描写了她在道德规范不甚严格的文化中的体验，无人能出其右。她是如此渴望到美国留学，她说服了她保守的家人们“不愿受恩”的观点，接受一个美国奖学金最终进入了卫斯理学院学习。她说，老师和同学都对她特别友善，但这却使她感到更困难。“日本人的共同特点是以品行无缺陷而自豪，我这种自豪却受到了严重的伤害。我很生气我自己不知道在这里该怎样恰当行事，而周围的环境却似乎在嘲笑我以前的经验。除了这种模糊而又根深蒂固的恼恨以外，我心中再也没有其他激情。”她感到自己“似乎是一个从其他行星上掉下来的人，原有的感觉和情感在这个世界都用不上。日本式的教养要求任何动作都要文静优雅，每一句言辞都要礼貌规范，在当前的环境中我十分敏感，以至于在社交活动中茫然不知所措。”两三年的时间才使她解除了紧张状态，并且开始接受别人的好意。她认为，美国人生活在一种她所谓的“优美的亲密感”之中。而“在我三岁时，亲密感就被当作不礼貌而抹杀掉了”。

三岛女士把她在美国结识的日本女孩子和中国女孩子做了比较，她认为美国生活对两国姑娘的影响完全不同。中国姑娘具有的“那种沉稳风度和社交能力是大多数日本姑娘所不具备的。在我看来，这些上流社会中的中国姑娘是世界上最文雅的人，她们人人都具有近乎尊贵的仪表，仿佛她们就是这个社会的真正主人。即使在高度机械化与高速度发展的文明中，她们恬静和沉稳的性格与日本姑娘的怯懦、拘束形成鲜明的对比，这显示出一些社会背景的根本差异。”

和其他许多日本人一样，三岛女士感到好像网球名将参加槌球游戏，再优秀的技艺也无法表现，因为她的专业技能无法得到发挥。她感到过去所学到的东西是不能够带到新环境中来的。她过去所接受的那些行为准则是无用的，美国人用不着它们。

一旦日本人接受了美国那种不甚烦琐的行为规则，哪怕只接受了一点点，那就很难想象他们能够再过日本那种循规蹈矩的生活了。有时，他们把过去的生活说成是“失乐园”；有时又说成是“桎梏”；有时则说成是“监牢”；有时又说成是有小松树的盆栽。只要这棵小松树的根培植在花盆里，这就是一件为花园增添风雅的艺术品；一旦移植到野地上它就不可能再称其为盆栽了。他们感到再也不能成为日本花园的点缀了，再不能适应往日的要求了。他们以最尖锐的形式经历了日本的道德困境。

自我修养

日本人的自我修养可以忽视健康，不理会肉体是否能够承受……“就像死了一样活着”是日本人在日常生活中互相鼓励的常用语。同样一个词——“没良心人”在美国指坏人，在日本则指好人、有修养的人。

在外国观察者看来，一种文化的自我修养似乎总是没有任何相关意义。修养技巧本身是很明白的，但为什么还要如此不辞辛苦呢？为什么自己把自己吊在钩子上？为什么运气于丹田？为什么从来都一毛不拔？为什么只注重一项功课的修炼，而对那些外人认为确实重要、应当修炼的东西，比如某些冲动却毫不克制呢？当那些来自从不教授修养方法的国家的观察者，来到极度信仰修养方法的国度里，是最容易产生误解的。

在美国，自我修养的技巧和传统相对来说都不甚发达。美国人认为，一个人一旦在生活中找到了自己可能实现的目标，在必要时就会修炼自己以求实现这个目标。是否进行锻炼取决于他的雄心、良心或魏伯伦所说的“职业本能”（an instinct of workmanship）。为了成为一名足球运动员，他可以接受严格的纪律管理；为了成为一个音乐家或者取得事业上的成就，他可以放弃一切娱乐活动。由于良心的作用，他可以摒弃一切邪恶和轻浮的行径。但是在美国，自我修养不像做代数题一样，可以毫不考虑其对特定事物的影响，而仅作为一种单纯的技术来学习。如果在美国也有这种修行的话，那一定是欧洲某些教派的领袖（Cult－leaders）或传授印度修炼方法的印度教牧师（swamis）所传授的。甚至基督教的圣特丽萨（Saint Theresa）或圣约翰（Saint John）所传授及实践的默想和祈祷式的宗教修行，在美国也很难存在。

日本人却认为，无论是参加中学考试的少年，还是参加剑道比赛的人，或者过着贵族般生活的人，在学习应付考试所必需的特定内容之外，都要进行自我修养。不管你考试成绩多么优秀，剑术多么高明，也不管你的礼貌多么周到，你都必须放下书本、刀剑或社交形象，接受特殊的训练。当然，并不是所有的日本人都接受秘密的训练，即使那些不参与修炼的日本人也都承认自我修养这个词和实践过程，在生活中有一定地位。各个阶层的日本人都运用那套普遍流行的自我克制的概念来判断自己和他人。

自我修养的概念大致可分为两类，一类是能够培养能力的，另一类则是可以学到更多东西的。这更多的东西，我称之为“圆满”。这两者在日本有很大的区别，其目的在于实现不同的心理结果，有不同的根据，并能通过不同的标志加以识别。第一类——培养能力的自我修养，在本书中已经有了很多的例子。如那位陆军军官在谈到演习的时候说，他的士兵平日演习可以长达六十小时，中间只有十分钟的小憩，“他们已经知道怎么睡觉，现在需要训练怎样保持清醒”。这种要求在我们看来未免过于极端，但其目的仅在于培养一种相应的行为能力。他讲的是日本精神控制术中公认的事实，也就是认为意志应当控制那几乎可以经受一切训练的肉体，而且肉体本身并没有一种可以自我良好发展的规则让人们可以不计代价。日本人的“人情”理论都是建立在这种观念基础之上的：当成为生命中十分严重的事情的时候，不论对健康如何重要，也不论健康是否允许，更不论肉体本身是否容许和能经受得住，肉体的要求必须服从于人生大事。一个人应当以勇于牺牲一切为代价，修炼自我，弘扬日本精神。

但是，日本人如此表述自己的观点过于武断。因为在美国日常用语中，“不惜任何自我修养的代价（at the price of whateverself－discipline）”的意思往往是“不惜任何自我牺牲（at the price of whatever self－sacrifice）”，而且有“不惜压抑个人”之意。美国人的理论是，男女自幼开始都需要经过训练而社会化，不论是外部强加的，还是内部形成意识的训练，也不论是主动接受的，还是由权威强加的。这都是一种压抑。被训练者对其愿望受到削减极其不满。他必须做出牺牲，并且反抗情绪不可避免地会被唤醒。父母在家庭中抚育每一代人的哲学——这种观点并不仅仅是许多美国精神学专家的见解。因此，精神学家的分析对我们自己的社会来说确实有许多真理。孩子们到时候都“要去睡觉”，他从双亲的态度上就可以知道，睡觉也是一种自我压抑。在无数的家庭里，孩子们每个晚上都要吵闹一番，以此来表示自己的不满。他已是一个经过训练的美国人，虽然知道人“必须”睡觉，却仍然要坚持反抗。他的母亲还规定他“必须”吃的东西，可能是燕麦粥、菠菜、面包或橘子汁等，但美国孩子却学会反对那些“必须”的东西。他总结出，凡是“对身体好”的食品就一定是味道不好的。在日本，美国的这种惯例是绝对没有的，而在欧洲某些国家，例如在希腊也是看不到的。在美国，长大成人就意味着摆脱了食物上的压抑。作为成人，他就可以吃美味的食物，而不用再吃对身体“有益”的东西了。

与西方人关于自我牺牲的整个概念相比，这些有关睡眠和食物的观念，都是琐屑小事。西方人的标准信条是：父母要为孩子做出很大牺牲，妻子要为丈夫牺牲其事业，丈夫牺牲自己的自由换取一家生计。对美国人来说，一个社会可以不需要自我牺牲简直是不可思议，但实际上这种社会存在着。在这种社会里，人们都认为，父母亲会自然地疼爱孩子，妇女们喜欢婚姻生活胜于其他，肩负一家生计的人是在从事他所喜爱的工作，比如当猎人或花工。为什么提到自我牺牲呢？社会强调了如下解释，并且允许人们遵照这种解释而生活，自我牺牲的概念根本不可能被承认。

在其他文化中，凡是为别人做出“牺牲”的事，都被美国人认为是相互交换。它们或者被看作是以后会得到回报的投资；或者是对以前受之于人的回报。在这类国度里，甚至父子关系也是这样处理的。父亲对儿子幼年时的照顾，儿子应在父亲的晚年或死后给予回报。每一件事务上也都是一种民间契约，它往往要求双方对等，一方承担庇护的义务，另一方则承担服务的义务。只要对彼此都有利，哪一方也不认为自己承担的义务是一种“牺牲”。

在日本，为他人服务者背后的强制力当然也是相互的，也要求在等级关系上彼此承担相辅相成的义务。自我牺牲的道德地位在日本与在美国截然不同。日本人总是反对基督教传教士关于自我牺牲的说教。他们极力主张，有道德的人不应当把为别人服务看作是对自己的压抑。有位日本人对我说：“当我们做你们称之为自我牺牲的事情时，我们觉得是自愿的，或者认为给予是对的。不管实际上我们为别人做了多大牺牲，我们绝不会为自己感到遗憾，我们也不认为，这样是为了提高我们的精神境界，或者认为应当为此得到回报。”像日本人那样以细致的相互义务作为核心来组织社会生活，当然不会发现这里面还有什么“自我牺牲”。他们极力推动自己去履行极端的义务，而传统的关于相互义务的强制力，则阻碍他们所持有的在个人主义竞争的国家中是极易出现的“自我怜悯”和“自以为是”的感情。

美国人要想理解自我修养的习惯在日本的状况，就必须对美国的“自我训练（Self－discipline）”概念施行外科手术。我们得把我们文化中“自我牺牲”（Self－sacrifice）和“压抑”（frustration）的概念周围所纠缠的赘生物割掉。在日本，一个人要成为出色的运动员就要进行自我修养，就像打桥牌一样，他完全不会意识到这也是“牺牲”。当然训练是艰苦的，但这是事物本性所导致的。新生婴儿虽然十分“幸福”，却没有能力“体验人生”。只有经过精神训练（“自我修养”）才能有生活得充实的能力，并且有能力去“体验人生”。这种说法通常被译作“只有这样才能享受人生（Only so can he enjoy life）”。修养能修炼丹田之气（自制力之所在），从而使人生更加广阔。

在日本，培养“能力”的自我修养的理由，在于它能改善其掌控生活的能力。他们说，人们在修养初期可能感到难以忍受，但这种感觉很快就会消失，最终他会享受到其中的乐趣，否则就会放弃修养。这一切正如学徒要在事业上充分地发挥作用，少年要学习“柔道”，新媳妇要很快适应婆婆的要求。所以在训练的最初阶段，那些不适应新要求的人想逃避这种修养，也是可以理解的。他们的父亲就会教导到：“你希望是什么？要体会人生，接受一些训练是必要的；如果放弃修养，你今后一定不会快乐。如果这些后果发生了，我是不会袒护你不受社会非议的。”用他们经常用的说法，修养就是磨掉“身上的锈”。如他们所希望的那样，它会使人变成一把锋利的剑。

日本人如此强调自我修养对自己有利，并不意味着他们的道德诫律时常要求的极端行为不是真正的严重压抑，也不意味着这种压抑会导致攻击性的冲动。美国人在游戏和体育活动中是能理解这种区别的。桥牌冠军绝不会抱怨为了打好牌而必须做出的自我牺牲，绝不会把为了成为专家而花费的时间看成是一种“压抑”。尽管如此，医生们说当一个人在下大赌注或者争夺冠军时，注意力需要高度集中，这一切与胃溃疡及身体过度紧张不是没有关联的。日本人也会发生同样的事情。不过，由于相互义务观念的强制力以及人们坚信自我修养于己有利，使得日本人容易接受许多美国人难以容忍的行为。他们远比美国人更加注意其所能胜任的行为，而不像美国人那样为自己找借口。他们也不像我们那样经常把对生活的不满归咎于他人，他们更不会因为达到美国人的所谓平均幸福（average happiness）而沉湎于自怜自惜当中。他们已被训练得比美国人更加注意自己“身上的锈”。

“圆满”是超越了培养“能力”自我修养的更高境界。日本作家的有关著作并不能使西方人很容易理解日本人关于能力修养的技巧，而研究这个问题的西方专家又往往对它不太重视。有时候，他们称之为“怪癖”。一位法国学者在著作中认为，他们完全是“无视常识”，最讲究修养的教派——禅宗是“集严肃和荒谬之大成者”。日本人企图通过这种技巧所要达到的目标却不是不可理解，探讨这个问题有助于我们更好地阐明日本人的精神控制术。

在日语中，有一系列词汇命名自我修养达到“圆满”者的精神境界。这些词汇有的适用于演员，有的适用于宗教信徒，有的适用于剑客，有的适用于演说家，有的适用于画家和茶道宗师。一般来说，它们的大体含义都是相同的。我仅举其中的“无我”一词为例，这是在上流阶层中很流行的一个禅宗用语。不管它是世俗的经验，还是宗教的经验，它所表达的“圆满”境界的体验是指在意志与行动之间“缝隙全无，丝发亦难”。犹如电流从阳极直接导入阴极。没有达到“圆满”境界的人，在意志与行动之间则仿佛有一块绝缘屏。日本人把这个称作“观我”、“阻我”。经过特别训练消除了这种障碍之后，“圆满”者就完全意识不到“我正在做什么”。就像电流在电路中自由流动一样，这也一点不需用力。这种境界就是“一点（One－pointed）”。该行为所产生的图像与行为者内心所描写的形象完全一致。

即使最普通的日本人也要努力达到这种“圆满”境界。英国研究佛教的权威查尔斯·艾利奥特爵士（Sir Charles Eliot）在谈到一位女学生时说：“她来到东京一个著名传教士处，说希望成为基督徒。传教士问她为什么，她回答说想乘飞机。于是传教士就让她说说坐飞机与入基督教有什么联系，她说，坐飞机要有一颗非常镇定、遇事不慌乱的心，而这只有经过宗教训练才能获得。她认为基督教可能是最好的宗教，因此前来求教。”日本人不仅能把基督教和飞机相联系起来，而且他们还能把“镇定、遇事不慌乱”与应考、演讲和政治生涯都联系起来。在他们看来，培养“一点”能力对从事任何事业都具有毋庸置疑的好处。

许多文明都发展这种训练技巧，但日本人训练的目标与技巧具有完全独特的性质。更加有趣的是，日本的很多修养术都来自印度，在印度它们都被称为瑜伽。日本的自我催眠、全神贯注、及控制感觉的技巧至今仍能显示出与印度修行方法的相近之处。二者都同样重视“空灵（排除杂念）”、“体静（身体静止）”，以及成千上万遍地反复诵念同一句话和全神贯注于某一选定的标志。甚至印度的术语在日本也通用。除了这些表面上的共同点之外，日本的修养术与印度的修养术几乎没有相同之处。

瑜伽派在印度是一个极端禁欲苦行的教派，它认为这是一种从轮回中获得解脱的方法。除了这种解脱（“涅”）外，人别无其他解救之道，而获得解救的障碍则是人的欲望。人的欲望只有通过忍受饥饿、自取其辱、自我折磨才能消除。人可以通过这些手段脱俗入圣，位列仙班，从而达到人神合一的境界。瑜伽是一种摒弃世俗世界，逃脱无边苦海从而得以解脱的修养方法，同时又是一种控制精神力量的方法。越是极端苦行，就越能尽快实现目标。

这种哲学在日本属于异类。尽管日本是一个佛教大国，但轮回和“涅”的思想从来没有成为日本人民佛教信仰的一部分。虽然这种教义被少数僧侣所接受，但从未对民间思想习俗产生过影响。在日本，没有把鸟兽鱼虫看作是人的灵魂的转世而不准杀生的现象，葬礼和诞辰庆典也没有受到过轮回思想的影响。轮回不是日本的思想模式，“涅”思想也不是。一般民众对它一无所知，僧侣们也对它进行加工改造甚至使之绝迹。有僧侣学者断言，顿“悟”之人即已达到“涅”，即在此时此地，人在松树和野鸟中都能“涅”。日本人从来都不会对死后的世界有任何空想和兴趣。他们的神话都是讲关于神的故事，而从不讲死人的故事。他们甚至拒绝佛教关于人死后因果报应的思想。不管什么人，甚至身份最低的农民，死后都能成佛，日本人供在佛龛中的家属灵位就称作“佛”。没有第二个佛教国家使用这种语言。当一个民族对一般死者用如此大胆的尊称，它当然是不会追求“涅”之类的困难目标的。如果一个人怎样都能成佛，那就不用使肉体终生受苦去努力达到绝对静止的目标了。

正如该教义在日本是异类一样，肉体与精神也是不相容的。瑜伽是一种消除欲望的方法，而欲望寄于肉体之中。然而日本却没有这种教义，“人情”并非魔鬼，而且感官享受乐趣也是生活智慧的一部分，唯一的条件就是感官必须为人生的重大义务做出牺牲。在日本人对待瑜伽的方法方面，这一信条已经在逻辑上扩展到了极端：不仅一切自虐性苦行被排除了，而且这个教派在日本也不是禁欲主义的。他们的“悟者”虽然被称为“隐士”并过着隐遁的生活，但一般仍与妻子同住并过着安逸的生活。娶妻生子与超凡入圣没有一丝半点的矛盾。在佛教的最通俗的教派中，僧侣完全可以娶妻生子。日本从未发现接受灵肉不相容的说教是件容易的事情。顿“悟”者是得自于自我冥想和质朴的生活，而不在于衣衫褴褛、禁绝声色犬马之娱。日本的圣人们整天吟诗作对、品茶对饮、观花赏月。现在的禅宗甚至要求其信徒尽量避免衣不足、食不足和眠不足这“三不足”。

瑜伽哲学的最终信条在日本也属于另类：因为这是种认为可以把修行者引入一种忘我的天人合一境界的神秘主义修行。无论是原始部族的民众、伊斯兰教的阿訇、印度的瑜伽修行者还是中世纪的基督徒，虽然其信仰各异，但是推行神秘主义的修行者都异口同声地说，他们已经达到了“天人合一”，都体验到“人世所没有的”快乐。日本虽然也有神秘主义修行法，却没有神秘主义。这并不是说他们不会入定，其实他们也能的。但他们不把它称作“超凡入神”，而是把这种境界看作修炼“一点”技能的方法。他国的神秘主义者说，入定时五官会停止活动。禅宗的信众们却不这样认为，他们认为入定会使“六官”达到极其灵敏状态。通过训练位于心中的第六官，可以使其支配平常的五官，不过，味觉、触觉、视觉、嗅觉和听觉都要接受特殊的训练才能入定。禅宗修行者的一项练习是要听足音来准确地跟踪其足迹；或者在三味境界中仍能辨别诱人的美味。嗅、视、听、触、尝都是“辅助的第六器官”，人要在这种境界中学会使“各器官都非常灵敏”。

对于任何重视超感经验的教派，这都是非同寻常的现象。即使在入定时，参禅者也不想游荡于自身以外而像尼采（Nietzsche）所描述的古代希腊人那样，“保持原状，保留名分”。在许多日本佛法大师的言论中，有很多对这种见解的生动描写。而这其中讲得最精彩的是在十三世纪创立曹洞宗（Soto cult of Zen）的高僧道元，至今该宗仍是禅宗中最强大和最有势力的教派。谈到自己顿悟（satori）时，他说：“我只知道眼睛是在鼻子之上的……（禅的体验）并不神秘。犹如时间自然流逝，太阳东升西落。”禅学著作也不认为“入定”体验能够给人以力量而不是能培养自我修养能力。一位日本佛教徒写道：“瑜伽认为通过冥想可以获得超自然的能力，但是禅宗不采纳这种荒谬的说法”。

瑜伽派以印度教派为基础的各种观点，就这样被日本完全抹杀了。日本人极端喜爱对事物限定，这自然让人联想到古希腊人。他们把瑜伽的修行方法理解为追求自我完善的一种自我修养方法；还理解为为使人与其行为之间毫无空隙可言，从而达到“圆满”境界的一种手段。这是一种很有效果的自我依靠的训练方式。它的回报就在此时此地，因为它能够使人们最有效地应付任何局面，只要付出恰到好处的努力它就能使其控制胆大妄为的心，所以无论外来的身体上的危险还是内心的激情，都不会让他慌乱。

这种训练对僧侣和武士都有相同益处，准确地说，正是日本武士把禅宗当作了自己的信仰。在任何其他地方，你都很难发现他们会像日本人这样，用神秘主义的修行法来训练武士如何格斗，而不是用它来追求神秘的体验。在日本，从禅宗开始发生影响时起就一直这样。十二世纪日本禅宗的开山鼻祖荣西（Ei－sai）就写了巨著《扬禅保国论》（The Protection of the State by the Propagation of Zen），而且禅宗还培养了武士、政治家、剑客和学生以实现其非常世俗的目标。正如查尔斯·艾利奥特爵士（Sir Charles Eliot）所说，在中国，没有任何迹象会使人想到，他日禅宗传到日本会成为军事训练的手段。“禅宗和茶道、能乐一样，完全成为日本文化的一部分。人们也许想象得到，这种神秘的教义主张从内心进行直接体验，而不是从经典中寻求真理的观念，在十二、十三世纪社会动荡的年代，在逃避尘世的僧院中流行起来，但绝不会想到武士阶级会把它作为生活准则，而实际情况恰恰如此。”

日本许多教派，包括佛教和道教（Shintoist）都特别强调冥想、自我催眠和入定这类神秘修行方法。其中有些教派把这种训练的成果看成是上帝恩宠的体现，其哲学基础建立在“他助（tariki）”，即靠他人的帮助，亦即仁慈的上帝。有些教派，以禅宗为最，则强调“自助（jiriki）”。他们教导人们，潜力只存在于自身，只有靠自己的努力才能增强潜力。日本武士们发现这种教义符合他们的性格，无论作为僧侣，或作为政治家还是作为施教者——他们都在从事这样的工作——即通过禅宗修行来加强一种素朴的个人主义。禅宗的教义十分明确：“修禅所追求的目的，就是在自己身上可以发现光明，根本容不得半点的阻搁。要铲除路上一切妖孽，……遇佛杀佛，逢酋灭酋，遇圣屠圣，只有照此去做才能得救”。

探索真理的人，不论是佛祖教导、祖宗经典还是神学，都不能接受任何间接的经验。“十二篇佛因缘经不过是一堆废纸而已。”研究它虽不能说毫无益处，却不能使顿悟的灵光一闪。有一本禅语对话的书中记载，一个新人求禅僧讲《莲花经》（Lotus of the

Good Law）。禅僧讲得头头是道，弟子却失望地说："这是为什么？我还以为禅僧您蔑视一切经典理论和逻辑体系呢！"禅僧回答说："禅并不是一无所知，禅只是相信真知在一切经典之外。你并不是来求知的，你只不过是来求解佛经的罢了。"

为了教给弟子如何"求知"，禅师们所传授的是传统的训练方法。训练既有肉体上的，也有精神上的，但不论是哪一种，训练者最后都必须在内心意识中取得一定效果。剑客的参禅就是一个很好的例子。当然，他必须经常练习只属于"能力"范围的基本刺剑动作，但他还必须学会"无我（muga）"。最初，他被命令站在地板上，全神贯注于脚下支撑自己身体的那几平方英寸地板。这块窄小的地板逐渐升高，直到剑客学会了立在四英尺高的柱子上，就像置身庭院之中一样，那时他就得到"真知"了。他的心不再会因为有晕倒的感觉和摔跤的危险而背叛自己了。

日本的这种站柱术只不过把人们熟知的西欧中世纪圣西蒙（Saint Simeon）派的立柱苦行术加以改造，使之成为一种有目的的自我修养方法。它已经不再是苦行了。无论是修禅还是农村中的许多风俗习惯，各种身体训练都经过这种改造。潜入冰水和站在山泉瀑布下这类苦行修炼在世界上许多地方都存在。有的是为了锻炼身体，有的为了祈求上苍的怜悯，有的则是为了入定。日本人最喜欢的苦行是在天亮之前站或坐在冰凉刺骨的瀑布之中，或者在冬夜用冰水洗澡三次，但其目的是锻炼自我意识，直到觉不出痛苦。求道者的目的是训练自己能够冥想而不受外界干扰。当他意识不到水的冰冷，在寒冷的清晨身体也不颤抖时，他就"圆满"了。除此以外，没有任何回报。

精神训练也必须同样恰如其分。你可以请教老师，但老师也不会对你进行西方意义上的"指导"，因为你从自身以外学到的不可能是有用的东西。老师可以和弟子讨论，却不会温和地引导弟子进入新的知识境界。老师越是粗暴，对弟子的帮助就越大。当老师突然打掉弟子刚送到嘴边的茶杯，或者把弟子摔倒，或者用铜如意敲打弟子的指关节，在这种冲击下，弟子就会像触电般地顿悟，因为这打掉了他的自满。在僧侣们的书中，这类故事比比皆是。

“公案”是师父们为使弟子努力开悟而最爱用的一种方法，字面的意思就是“问题”，据说有1700多个。禅僧轶事中说，有人为解决一件公案竟费时七年之久并不足为奇。“公案”的目的并不是要得到合理的解决。比如“设想一只巴掌怎么能拍响”，或者“思考自己没有出生时母亲分娩时的情景”，以及“背着尸体迎面向我走来的是谁？”，“向我走来的人是谁？”、“万法归于一宗，那一宗又归于什么地方呢？”在十二三世纪以前，此类禅语曾在中国使用过。在引进禅宗的同时，日本也引进了这种参禅方法。但在中国，公案没有生存下来，而在日本却成了达到“圆满”的最重要的训练手段。禅的手册中非常重视公案。“公案中包含着人生的困境”。他们说，思考公案的人就像“被赶入绝境的老鼠”，“吞烧红的铁球”的人或“想叮铁块的蚊子”。他加倍地努力，横在他的心灵与公案之间的“观我”屏障终于被除去，犹如一道闪电，“公案”与心融为一体，他就顿“悟”了。

读了这些描写神经紧绷的努力后，如果再在这些书中寻找他们费尽精力所得到的真理，你会感到失望。例如，南岳（Nangaku）花了八年时间思索“往我来者何人也？”最后，他明白了。他的结论是：“即使此地有物，也随即失去（Even when one affirms that there is something here, one omits the whole）”。但是，禅语的启示也有一定的模式，可从以下数句问答中窥见一斑。

徒问："我怎样才能避免生死轮回？"

师曰："谁使你受到束缚？（即谁把你绑在轮回上？）"

他们说，他们学的东西，借用中国一句谚语，就是"骑驴找驴"。他们要学的重要的"不是渔网和陷阱，而是那些用工具来捕捉的鱼和兽"。借用西方的术语来说就是，他们学的皆与困境无关，这是一个二难推理，其目的在于使人顿悟：只要打开天目，现有方法即可解决问题。一切皆有可能，无需借助外力，只需自食其力即可。

公案的意义不在于这些真理追求者所发现的真理，而在于日本人如何考虑探索真理，因为这些真理与全世界神秘主义者的真理是一样的。

公案被称作"敲门砖（bricks with which to knock upon the door）"。"门"就装在未顿悟的人性的周围墙上，这种人性不但担心现存手段是否够用，而且总是幻想有许多人盯着自己并准备进行褒贬。这堵墙就是日本人有切身体会的"耻感（haji）"。一旦把门敲开，人就进入自由的天地，人就把砖弃之一旁，再也不用去解答什么公案了。功课已经修完了，日本人的道德困境也解脱了。他们拼命钻牛角尖，"为修行"而变成了"咬铁块的蚊子"。直到最后，才恍然大悟，在"义务"与"情义"，"情义"与"人情"以及"正义"与"情义"之间都不存在死角。他们发现了一条出路并且获得了自由。他们首次充分"体验"人生，他们达到了"无我（muga）"的境界。他们的"修炼"成功地实现了"圆满"的目标。

禅宗的权威铃木（Suzuki）把"无我"解释为"无为意识的

入迷境界”（ecstasy with no sense of I am doing it），“不用力”。“观我”被根除了；人的“失我”，就是指自己不再是自身行为的观察者。铃木说，“随着意识的觉醒，意志就一分为二：行事者和观察者。两者之间的冲突不可避免，因为，行事者（真我）要求摆脱（观我者）束缚”。而当“悟”时，弟子发现，既无“观我者”，也无“作为不知或不可知之量的灵体（no soul entity as an unknown or unknowable quantity）”，只有目标及实现目标的行为。研究人类行为的学生如果变换一下表述方式，就能更具体地指出日本文化的特性。就像一个小孩子一样，一个人受到严格的训练去观察自己的行为，注意别人对自己的评论并据以判断自己的行为。他的观我者极易受伤害。一旦进入灵魂的入迷境界，他就根除了这个易受伤害的自我。他已经意识不到“他正在作（he is doing it）”。这时，他就觉得，和习剑者可以站在四英尺高的柱子上而面无惧色一样，自己的心性已修炼好了。

画家、诗人、演说家和武士都是通过这种类似的训练来达到“无我”境界的。他们学到的并不是“无限（infinitude）”，而是不受干扰的对有限的美明晰的感觉；或者学会调整手段与目标，用恰到好处的努力，刚好达到目的。

即使完全没经过训练的人也可能有一种“无我”的体验。在欣赏能乐和歌舞伎时，一个人陶醉于剧情之中，也可以说是失去了“观我”。他手上满是汗水，他感觉这就是“无我的汗”。轰炸机飞行员在接近目标投弹以前也会渗出“无我之汗”。“他意识不到自己在做”，他的意识中没有了观我。当高射炮手全神贯注瞄准时，他消失在周围的世界里，同样会渗出“无我的汗”并找不到“观我”。凡是身处此种状态的人以及其他一些类似的例子，都达到了最高境界。

以上概念有力地证明了，日本人把自我监督和自我监视变成了沉重的负担。他们说，一旦这种牵制消失，就感到自由并且很有效率。美国人把他们的“观我”与内心的理性原则当作是一回事，并以临危不惧，“镇定自若”而自豪。日本人却要靠进入灵魂入迷境界，摆脱自我监视的束缚，才有去除千斤重担之感。我们看到的是，日本文化向心灵深处灌输谨小慎微的思想，而日本人则极力辩解：当心理负担消失时，人的意识会有更加有效的境界。

日本人对这种信条的最极端的方式（至少在西方人看来）就是他们高度赞赏“就像死人一样活着”的人。如果照字面翻译成西方语言，就应该是“活死尸”，在西方任何语言中，这句话都是一种厌恶的表达。我们讲这句话，通常是指一个人的自我已经死去，在人世只空留一具躯体。日本人讲“就像死了一样而活着”则是说这个人已达到了“圆满”的境界。他们常把这句话用于日常鼓励。在鼓励为中学毕业考试而苦恼的少年时，他们会说：“就当你已经死了，这样就很容易通过考试了。”在鼓励进行重要商业交易的人也是如此，他的朋友会说：“就当已经死了。”当一个人陷入严重的心理危机，看不到前方的路时，也常以“权且当已死”的决心去生活。战败后被选为参议院议员的基督教领袖贺川丰彦（Kagawa）在其自传小说中说：“像被恶鬼缠身的人一样，每天他都躲在房间里哭泣。他那火山爆发般的抽泣已接近歇斯底里。他的挣扎持续了一个半月，最终生命取得了胜利。……他要像已死之人一样……他就当已经死了一样投入战斗之中……他决心要当一个基督徒”。战争期间，日本士兵说：“我决心就当已经死了，以谢天皇之恩。”这句话蕴涵了一系列的行动，如在出征前为自己举行葬礼，发誓把自己的身体“变成硫黄岛上的一捧土”，决心“与缅甸的鲜花一起凋零”等。

以“无我”为根基的哲学也体现了“就当已死地活着”。人在这种状态中就消除了一切自我监视，一切恐惧和警惕。他已经成为死人一样了，也就是说不需再为恰当的行为而考虑了。死者自由了，他们不用再报“恩”了。因此，“我就当已死地活着”，这句话意味着最终摆脱了一切冲突，意味着“我的精力和注意力可以不受任何束缚勇往直前地去实现目标。我的‘观我’及其一切恐惧的负担已经不再阻隔在我和我的目标之间了。过去在我奋力追求时，一直困扰我的紧张和消沉也随之消失。现在，对我来说万事皆有可能了”。

按照西方人的说法，日本人在“无我”和“就当吾身已死”的状态中已经排除了意识。他们所谓的“观我”、“扰我”是判断一个人行为的标准。这就生动地指明了西方人与东方人之间的心理差异。我们讲到一个没有良心的美国人，是指他在作恶时不再有罪恶感。而日本人在使用同一词时，却是指这个人不再紧张和受到困扰。同一个词，在美国指坏人；在日本则指好人，有教养的人，能最大限度地发挥其潜能的人，是指能够完成最困难而又需要无私奉献的人。美国人行善的强大制约力是罪恶感，如果一个人的良心泯灭，那他就不再能有罪恶感从而变成了反社会的人。日本人对这个问题的分析则不同。按照他们的哲学，人的心灵本来都是善的，如果内心冲动能直接表现为行动，他自然而然就会实践德行，并且非常容易。于是，他想努力修炼“圆满”，消灭对“羞耻感”的自我监视。只有达到这种境界，才能消除“第六感”的障碍，才能从自我意识和矛盾冲突中彻底解脱出来。

如果你脱离了日本人在其文化中的个人生活经验来考察这种自

我训练的哲学，这就会成为胡言乱语。我们已经看到了日本人那种归之于“观我”的“羞耻感”是日本人身上沉重的负担。如果不讲日本人的育儿方式，就很难讲清楚他们的精神控制术的真正哲学意义。在任何文化中，其道德规范总是要代代相传的，不仅通过语言，而且通过长者对其子女的态度来传递。外人如果不研究一国的育儿方式，就很难理解该国生活中的重大问题。目前为止，我们一直都是从成人方面描述日本民族对人生的观点的，因此研究日本人的育儿方式将使我们对这些观点有进一步的了解。

第七部分

子女教育

由于日本儿童教育的不连贯，他们长大面对社会时会感到严重焦虑，导致日本男人行为的矛盾性……日本人自愿放弃了基本的自由，为他们的生活方式付出了极高的代价。而这些自由对美国人来讲，犹如呼吸空气一样必不可少。

日本人教育子女的方式并不向那些细心的西方人想象的那样。美国父母在教育自己的子女时远不及日本人那样谨慎和严格，而且，美国人也从不会让孩子觉得父母的每个愿望都是世界上最高的命令。他们在养小孩时严格地按着规定的授乳时间和睡眠时间表，在时间未到之前，不管婴儿怎样哭闹也无济于事。如果婴儿吮吸自己的手指或抓自己身上的某个部位，母亲们就会敲敲婴儿的小手来加以制止。而且，母亲也常常不在孩子身边。母亲外出时，婴儿必须得留在家里。在婴儿还不愿吃其他食物时，美国的家长也要让他断奶，如果小孩还习惯用奶瓶，那就不给他奶瓶，让他自己吃。有些对身体有益的食物，不论孩子喜欢与否，都必须吃。否则，就要受到惩罚。因而，美国人就会很自然地设想是不是日本的小孩从小就受到更加严格的管制呢？因为只有这样，他们长大后才能学着克制自己的欲望，并在为人处世时也要中规中矩、小心谨慎。

然而，日本人的做法并非如此。日本的人生曲线与美国的人生曲线正好相反。日本的人生曲线就像一个浅杯一样的U字，非常严格，随着孩子日益成长，父母对孩子的管制会逐渐放宽，当他找到工作能自食其力，并且有了自己的家庭后，他就几乎什么事情都可以自己来决定了。在美国，人生的鼎盛期应该是充满自由和主动性的时期。后来随着时间的推移，当人的能力和精力都日益减退以至成为他人的负担时，这时就又会受到约束了。美国人从未想过要用日本人的那种模式来安排人生，因为对美国人来说这简直就是与现实背道而驰的，是非常不可理喻的。

不论是美国的还是日本的人生安排，他们间的共同点就是要在事实上确保每个人都能够在自己的人生鼎盛期尽可能多地融入该国的文化。在美国，为了达到这个目的，我们社会给每个年轻人提供了更多的机会在人生鼎盛期自由选择；而在日本，人们则通过最大限度地约束个人的方式来达到使公民更好地融入主流文化的目的。尽管人的青壮年时期是体力最充沛、权力欲望最强的时期，但对日本人来说这并不意味着从此你就能主宰自己的生活。日本人深信，只有对个人的约束才能起到修身养性的效果，而过度自由散漫是干不成大事的。但这并不意味着日本人的一生都是在各种管制之中度过的。往往日本人是在人生的鼎盛时期会受到最大的约束，而在幼年和老年时期则是“自由的领地”。

那些对小孩很溺爱的民族都非常希望能有自己的孩子。日本人就是这样。当然，与美国的父母一样，他们要孩子首先是觉得宠着小孩是一种快乐。但日本人要孩子却不仅仅只是为了获得某种情感上的满足，更主要的是因为如果因为没有小孩而断了家里的香火的话，自己就会成为人生的失败者。每个日本男人至少都得要一个儿子，以便自己死后有人能在厅堂供上自己的灵牌，每天都上香祭拜；使家族的香火能够绵延；能有人来维护家族的名誉和财产。

由于传统的社会原因，父亲需要儿子，就跟幼儿需要父亲一样。儿子将来也是要做父亲的，但这并不是说从此就撇下父亲不管，而是为了让父亲能更加放心。在一段时间内，父亲仍然是家里“当家的”，等到儿子长大后家里重要的事就是儿子说了算了。如果儿子长大后父亲还把持“当家权”的话，世人就会说是父亲没有摆正自己的角色。正是日本人这种根深蒂固的使命感才使成年的儿子都不再依靠父亲，因为和西方国家人们的思想一样，依靠父母是可耻的、不体面的。在日本，这种羞耻感的出现可能比美国人还早。

日本女人也非常想生个儿子，这不仅仅只是为了获得情感上的满足，同时也是因为妇女只有当了母亲后才有地位。未能给整个家族留下一男半女的妻子在家庭中的地位是不稳定的。即使没被休掉，也别指望哪天能当上婆婆，对儿子的婚姻指手画脚，或是对儿媳颐指气使。为了家族的香火，她的丈夫可能会收养一个儿子。但按照日本人的观念，不能为丈夫生孩子的妻子仍然是个失败者。日本的妇女都希望能多生小孩。在二十世纪三十年代前半期，日本的人口平均出生率是千分之三十一点七，远远高于东欧那些人口出生率较高的国家，而美国在二十世纪四十年代的出生率是千分之十七点六。日本女人怀小孩的年龄一般都很早，多数是在十九岁就生孩子。

在日本，分娩与性交一样是非常私人的事情。在分娩时，妇女在产房不能大声尖叫因为这样会让外人知道。母亲要提前给婴儿准备新被褥和小床，因为，新生婴儿睡上新床才会吉利。家庭条件差的人家如果买不起新床，也要把被单和棉絮整理干净，看上去像“新”的一样。小孩的被褥一般都非常轻，而且也不像大人的那样硬。所以，人们都说小孩只有在自己的娃娃床上才会睡得更香，但潜意识里人们让婴儿与大人分床而睡恐怕还是一种心理上的作用，认为一个新的生命应该睡在“新”的床上。婴儿的睡床一般都和母亲的床靠得很近，但婴儿并不和母亲同床睡，只有在小孩长大一点懂得自己要求后他才可以与母亲同床睡。日本人说，一般到小孩满周岁后，他就知道自己伸出双手要大人抱了，这时母亲才会搂着婴儿慢慢入睡。

在日本，婴儿出生后的头三天是不许吃奶的，因为他们觉得那不是真正的奶汁。三天后，婴儿就可以随时含着奶头了，有时可能是真的在吃奶，有时可能只是因为喜欢这样。日本女人也喜欢给孩子喂奶，她们将哺奶视为女人最大的生理快乐之一。同时，通过这种方式婴儿也最容易感受到母亲的这种乐趣。乳汁不仅能供给小孩营养，同时它还能传递喜悦和快乐。婴儿出生后的头一个月，不是放在小床上睡觉，就是由母亲抱着。只有在满月了以后，才能抱着婴儿去参拜当地神社。拜过神社后小孩的灵魂才与身体合一了，这时才能带着他在外边自由出走。一个月后，母亲就会用一根双重的带子把婴儿背在自己的背上，她们通常是用带子系住孩子的腋下和臀部，然后再绕过双肩，在胸前打个结前来固定。天冷时，母亲就用自己的外罩把孩子全部裹上。家里年龄大点的小孩，不管是哥哥还是姐姐，都要负责看管婴儿，甚至玩垒球或踢石子时也要背着婴儿一起玩。尤其是农民家庭和贫困家庭，多数是靠小孩来看小孩。这样，“由于日本的婴儿从小就生活在孩子圈中，因而他们还很小的时候就显得非常聪明、有趣，似乎也能享受那些大孩子玩的游戏的乐趣一样”。日本人在绑婴儿的时候都是让他们四肢伸开的，这种方式与太平洋诸岛及其他地方流行用披肩裹婴儿的方式非常相似。人们习惯把孩子看成被动的，认为用这种方法包裹婴儿，长大后他们就能够随时随地、不拘姿势地睡觉。日本人就是这样。但是，日本人在用布带裹婴儿的时候并不是像用披肩或包袱裹婴儿那样，完全将婴儿至于被动状态的。婴儿“会像小猫一样趴在你的背上，……为了安全起见背上的绷绑也是足够紧的，但婴儿……他们自己可以靠自己的努力来寻找自己觉得最舒服的姿势；很快，他就能找到一种自己觉得舒服的姿势，而不只是被动地绑在别人肩上”。

母亲工作的时候就把婴儿放在他自己的宝宝床上，当要上街外出时就把婴儿背在自己的肩上。母亲会边走边跟婴儿讲话，自己哼着小曲，教他和别人礼貌性地打招呼。如果她自己向别人还礼时，她也会晃着婴儿的小头和小手向别人致意。总之，养小孩是要费很多心思的。每天下午，母亲都要带着婴儿一起洗热水澡，然后抱着他在膝上逗他玩。

三四个月大的婴儿都要用尿布，而且布质非常粗厚。因而日本人常抱怨说他们的罗圈腿是尿布造成的。再大一点，母亲就会教小孩自己撒尿。觉得小孩要上厕所的时候，母亲就把小孩抱出门去，嘴里吹着口哨，等着孩子撒尿。而小孩听到这口哨声就知道该撒尿了。人们都觉得，不论是在日本还是在中国，婴儿都很早就会学会了如何撒尿。如果婴儿尿床了，有时母亲就会打小孩的屁股，但更多情况下是首先对小孩严厉训斥一番，然后再更加频繁地带他到户外教他撒尿。当婴儿拉不出大便的时候就要给他洗肠，或给他服泻药。母亲们说这样是为了让婴儿舒服些。学会大小便后婴儿就可以不用带那种不舒服的尿布了。这种尿布之所以不舒服，不仅仅是因为它粗厚，更主要的是因为每次尿湿后日本人没有及时给小孩换尿布的习惯。而婴儿还太小，当然不懂得自己学会撒尿与摘除不舒服的尿布之间的关系。他们只知道这是每天不能逃避的任务。而且母亲在让小孩撒尿的时候都会尽量让婴儿的身体离得远点，把他抱得紧点。这种从小就必须服从的习惯使日本人长大后更易于接受日本文化中的繁文缛节。

日本的婴儿通常都是先讲话，后走路。人们是不鼓励爬的。传统的习惯是，婴儿不满周岁不能叫他站立或走路。以前所有的母亲都不准自己的小孩在未满周岁的时候走路。近十几年来，由于一份官方名叫《母亲杂志》的刊物大力宣传母亲应鼓励婴儿早走路，再加上这份杂志价位低、普及面广，这种思想才逐渐被普及。母亲们一般会在刚刚学走路的小孩的胳膊下系根带子，或者用手扶着婴儿以防他摔跤。但是，相对而言，婴儿还是想早点学会说话的。当人们在逗婴儿讲话的时候，他所用的每一个单词其实都在逐渐起着教育的目的了。人们并不是要让婴儿从平日的讲话中模仿谈话，而是教他们单词、语法和敬语，这是小孩和大人们都易于接受的方式。

日本的小孩在学会走路后，往往就会干出各种恶作剧。例如他们会用手指捅破窗户纸，或者会自己掉到地板中间的火炉里去等等。为了防止这种情况的发生，大人就夸大室内的危险。在日本，人们认为踩门槛是非常“危险”的，是日本人的禁忌。因为日本的房子没有地下室，主要是靠梁和柱把房子支起来的。小孩踩了门槛，家里人就会很认真地认为整个房屋都会坍塌变形。不仅如此，孩子们不能在两张榻榻米的连接处嬉戏玩耍。榻榻米的尺寸是固定的，房间会按它实际的面积大小分为“三铺席房间”或“十二铺席房间”。孩子们经常听到这种故事：古代的武士会从铺底下抽出刀剑把坐卧在铺席连接处的人刺死。只有厚厚的、柔软的榻榻米才是最安全的，有间缝的铺席则是危险的。正是由于这样一种情感，母亲才会在让自己的小孩不要干某事的时候说“危险”或“不行”。另一个人们在让小孩不要干某事时常用的词语是“脏”。日本人的家庭是以整洁而出名的，因而他们在教育子女的时候也要求他们要注意整洁。

日本小孩在下一个孩子出生以前都一直是不断奶的。近来政府在《母亲杂志》上提倡婴儿最好在八个月以上断奶，少数中等阶级的女性已经在按这种做法办了，而大多数的日本人仍然是保留着过去的传统做法。日本女性打心眼里认为给孩子喂奶是母亲最大的快乐，即使是那些新出现的、缩短孩子哺乳期的母亲们也认为这样做是为孩子的幸福而必须做出的牺牲。她们接受新的理论，认为“长期喂奶对孩子身体不好”，并说那些不给孩子断奶的母亲是自我放纵，没有自制力。她们批评道：“那些母亲们说没法让孩子断奶，其实根本就不是那么回事”；“那是因为她下不了决心”；“她就是想让孩子一直吃她的奶”；“她就是为了自己愉悦”。正是这样一大批不愿断奶的母亲的存在，八个月断奶的做法当然不可能普及。不能普及的另一个重要原因是：目前在日本还没有一种专门给刚断奶幼儿特制的代替食品。断奶的孩子应该吃些粥状的食品，而在日本大部分都是从吃母奶一下子就转到吃成人普通食品。日本人很少喝牛奶，也没有为婴儿特制的蔬菜。在这种情况下，人们当然有理由怀疑政府所说的“长时间哺乳对孩子身体不好”的理论是否正确。

在婴儿能够听懂大人说话以后他就可以断奶了。这时，吃饭的时候母亲就抱着婴儿与全家人一起进餐，边吃边喂给婴儿一点食物。断奶后婴儿的食量开始增加。由于小孩从一出生就没断过奶，因而现在有些孩子还是比较恋奶、不爱吃东西。这时母亲就时不时地给他们一些点心吃，让他不要恋奶。有时母亲们甚至在奶头上涂上胡椒面。但所有的母亲都会嘲弄幼儿说，如果要吃奶，那就永远都只是个小娃娃。她们说：“看你表弟，他才是个大人哩！他的年纪和你一样小，却不要吃奶。”“瞧！那小孩在笑话你呢。你已经当哥哥了还要吃奶。”两岁、三岁甚至四岁大还恋奶的小孩们，如果听到比自己年纪大一点的孩子走过来了的话，就会马上放开妈妈的奶头，装作若无其事的样子。

不仅在断奶的时候，在其他的很多事情上家长都会用这种激将的办法来鼓励小孩们早点长大。从孩子能听懂说话时起，在很多场合家长都用这种方法。例如当男孩哭鼻子时，母亲就会说："你又不是个女孩子。""你是个男子汉呀！"或者说："你看，那个小孩都不哭，你干吗老哭。"当客人带小孩来串门时，母亲就会当着自己孩子的面，摸着那个小孩的头说："你给我当儿子吧，我一直都想要一个你这样聪明伶俐的好宝宝。比我们家的那个乖多了，不像他都长大了还净淘气。"这时，她自家的孩子就会飞奔到她的面前，一边用拳头打母亲，一边哭着说："我不乐意，我不乐意，我不喜欢这个宝宝，我听妈妈的话。"当一两岁的孩子特别爱闹或者大人说话不认真听时，这时母亲就会对男客人说："哎呀，求你把我这孩子带走吧，我们家实在不想要他了。"客人也会跟家长逢场作戏起来，站起身来就要把孩子从家里带走。于是孩子就像疯了一样，哭着喊着要妈妈救救他。母亲看到差不多达到了效果，就和颜悦色地把孩子带到自己跟前，并要求仍在抽泣的孩子发誓，今后再也不调皮捣蛋了。当然，对五六岁的孩子有时也会用这种滑稽剧给他们点颜色看看。

大人们还会用其他的方式来嘲弄小孩。比如，母亲会抱着孩子的父亲说："我不爱你，我爱你爸爸，因为你爸爸比你好。"这时，孩子就会万分嫉妒，一个劲地要把父亲和母亲分开。然后母亲就说"你爸爸又不像你，他从来不在家里乱喊乱叫，也不乱跑"。于是，孩子立即回答说："不对，你弄错了，我根本就不是那样的，我不乱喊乱叫，也不乱跑。我是一个好孩子。现在，你喜欢我了吗？"玩笑开得差不多了的时候，父母就会双目相对、暗自窃喜。不论男孩女孩，他们都用这种嘲弄的办法。

小时候的这种经历滋生了日本人普遍害怕受嘲笑和轻蔑的心理。我们不敢确定小孩多大后会明白大人们是在拿他开玩笑，但他早晚会懂得的。当他懂得了以后，他就会把这种受人嘲弄的感觉与害怕失去安全和亲近的恐惧感交织在一起。以后一旦受到别人的嘲笑时，他就会有心理上的阴影，他就会感到恐惧。

二至五岁间的小孩之所以会在心理上对这种嘲弄产生恐惧，主要是因为对那个年龄阶段的孩子来说家的确是个安全与自由的天堂。父亲与母亲之间，无论在体力上还是在感情上都有明确的分工，在孩子面前，他们很少以竞争者的姿态出现。一般由母亲或祖母来承担家务，教育小孩。对父亲则是毕恭毕敬、无限崇拜。家庭中的等级制度也十分明确。孩子们渐渐明白，在家中年长者有特权，男人的特权比女人多，兄长的特权比弟弟多。但是，一个人在他的孩提时代是会受到全家人的娇宠的，尤其是男孩子。在孩子们的眼中，无论是男孩还是女孩，妈妈永远是一个最容易欺负发泄的对象。一个三岁男孩可以向母亲发泄无名怒火，但对父亲却不敢有任何的反抗。如果他觉得自己受到了父亲的嘲弄或者对要把自己"送给别人"的话感到很愤恨，他就会把所有的委屈、郁闷一股脑地发泄到母亲的身上。当然，并不是所有的男孩都会脾气暴躁。但是，在所有的农村和上流家庭中，脾气暴躁是三到六岁间孩子的通病。小孩往往是对他母亲又哭又闹，用他的小拳头捶，用他的小手抓、总之是用尽其粗暴之能事。母亲毕竟只是女人。而当他三岁的时候无疑就是个男子汉了。通过种种粗鲁的做法，他也获得了一种作为男子汉的满足感。

而孩子对父亲则只能表现尊敬。因为对孩子而言，父亲在等级制上是高于他的。用日本人的常用术语来说，就是仅仅只是"为了训练”，孩子也必须学习如何对父亲表示应有的尊敬。在日本，父亲承担的教育子女的任务要比任何西方国家都少。教育孩子的事完全交给妇女。父亲对孩子有什么要求，一般只是用眼神示意或者简单地讲几句训诫的话就可以了。而且，由于这种机会很少，孩子们都会立刻听从。在空闲时间他也会给孩子做点玩具。在孩子会走路以后，父亲才偶尔抱抱孩子。这以前都是母亲抱的。在这个阶段，父亲有时也会作些育儿的工作。而在美国，这个任务全部是由母亲来完成的。

虽然孩子也必须对祖父母表示尊敬，但他们通常都是在祖父母面前纵情撒娇。祖父母并不承当教育孩子的角色。虽然有时祖父母也会觉得对小孩的管教太松了，想自己插手来管管小孩，但这样做毕竟会产生一大堆的矛盾。祖母通常一天到晚守在孩子旁边。而且，在日本，婆婆与媳妇争夺孩子的事极为普遍。从孩子的角度看，他可以获得双方的宠爱。从祖母的角度看，这样她就可以用孙子来抑制儿媳了。而年轻的母亲呢，她一生中最大的义务就是要讨取婆婆的欢心。因而，不管祖父母如何娇纵孙子，媳妇也不敢说半个“不”字。常常是，妈妈对小孩说不能再吃糖了，而祖母却马上又给他，还要非常刻薄地说“奶奶给的点心没有毒”。在日本的许多家庭里，祖母给孩子的礼物都是母亲无法给的，并且祖母比母亲有更多的闲暇时间来陪孩子玩耍。

在日本，家长都教育做哥哥和姐姐的要宠爱弟妹。在妈妈生下另一个孩子时，日本的小孩往往会有一种强烈的被“忽视”的感觉。失宠的孩子很容易联想到自己妈妈的乳汁和母亲的床榻就要让给新生的婴儿了。新宝宝诞生之前，母亲就会告诉孩子：这次，你会有一个活的洋娃娃而不是“假”玩具了；以后你就不是跟妈妈睡觉，而是跟爸爸睡了，而且把这描绘成是大孩子才享有的一种特权。小孩对家里为新宝宝出生做的各种准备都很感兴趣。新婴儿出生时，小孩也会由衷地感到激动和喜悦，但很快这种感觉就消失了。对于其后发生的一切事实，小孩都不会觉得特别难受，因为一切都是预料之中的。失宠的幼儿经常想把婴儿抱走。他对母亲说，“把这个宝宝送给别人吧”。母亲回答说：“不行啊，这是我们家的宝宝呀！我们应该对他好才是呀！你应该喜欢他才对嘛！你得帮妈妈照顾小宝宝，好吗！”可能会在相当长的一段时间之内都会是这种情况，因而母亲对此也并不特别在意。出现这种情况后，孩子多的家庭里会自然而然地出现一种协调的办法。孩子们会按间隔次序来安排照料婴儿：老大会比较愿意照顾老三，而老二则比较愿意照顾老四。弟妹们也是与隔一个次序的兄姐关系更亲密些。直到七八岁之前，性别上的差异对这种按间隔次序来定亲疏远近的做法影响不大。

日本的孩子都有玩具。父母亲、亲戚朋友们都送孩子们布娃娃或其他玩具作为礼物，有的是自己做，有的则是买。穷人们则几乎都是不花钱，自己做。小孩们就拿布娃娃和其他的玩具来做游戏，如摆家家、当新娘、过节日等等。在玩游戏之前先定规则，看看大人在真的干这些事时是怎么做的？有时双方都拿不准，就请母亲来定夺。当孩子们吵架时，母亲就说：“贵人度量大。”要大孩子让着小的。母亲还常常教育小孩“退一步海阔天空”。意思是说在玩游戏时，大的把玩具先让给小孩子玩，过一会儿他玩腻了，自然就想玩别的，那这玩具还是你的。母亲这么讲，三岁大的小孩很快就明白了。在玩主仆游戏时，母亲也是让年龄大点的小孩当仆人，说这样大家都高兴，大点的小孩自己也能得到乐趣。在日本人生活中，即使是成年人也对这种“退一步海阔天空”的原则非常尊重。

除了训诫与嘲弄之外，日本人在训育孩子时还经常使用的重要方法就是将孩子的注意力从他正在关注的事情上转移开来。有时人们甚至用糖果来诱使孩子们不干某事。当小孩到了上学的年龄后，人们就会采用各种各样的方法来“治疗”孩子的一些坏毛病。如果一个小男孩非常调皮、极不听话，还特别闹的话，母亲就把他们带到神社或寺院里去。母亲对世人宣告：“求神佛救救这个小孩吧。”于是就带着小孩大老远地来到寺庙，然后寺庙里的神官或僧侣就非常严肃地找孩子谈话，问他的出生日期以及他现在有什么不如意的地方。然后僧侣就开始祈祷，并说不久小孩就会没事的。有时僧侣则说孩子淘气是因为肚子里有虫子，于是，他就给小孩作法洁身，清除虫子，然后小孩就可以平安无事地回家了。日本人说这种方法“很见效、能治本”。在这个过程中，即使日本小孩受到了最不人道的治疗方法，他们也觉得这种治疗是“苦口良药利于病”。僧侣们会把一种盛满干粉的小型圆锥形容器放在小孩的皮肤上，点火燃烧，叫作“拔罐子”。然后这个容器的斑痕就会在小孩身上留一辈子。“拔罐子”是东亚一带古老的流行疗法。日本也有这种传统，人们爱用它来治疗各种疾患。“拔罐子”还可以治脾气暴躁和固执，母亲或祖母们经常用这种方法给六七岁的小孩治一些坏毛病。情节严重的可能要拔二次，但很少有那种特别淘气要拔三次的孩子。“拔罐子”并不是一种惩罚，意思不像美国人说的“你要这么干，我非揍你不可！”那样。但“拔罐子”远远要比挨打痛苦，因而孩子们就记住了不能淘气，否则就会被家长“拔罐子”。

除了那些对付调皮孩子的方法外，日本人还有很多培养孩子基本生理机能的比较普遍的做法。日本的教师都是手把手地教孩子如何做动作，而小孩则是老老实实地学。两岁之前，父亲就教小孩如何用正确的姿势盘腿端坐，小孩要两腿盘起来，腿的背面要贴着地板。刚开始时孩子很难做到不向后倒。尤其是，端坐的时候身子要直，不能到处乱晃。日本人说，掌握端坐的诀窍就是全身放松，父亲会亲自帮小孩纠正腿的姿势，而小孩则完全处于一种被动状态即可。小孩不仅要学坐姿，而且还要学睡姿。日本妇女非常重视睡觉的姿势是否优美，这就像美国妇女在乎自己是否被人看到裸体一样。日本人本来是并不以公开裸浴为羞的，只是后来日本政府为了赢得外国政府的承认，才对内宣布裸浴是陋习，必须加以制止。但日本人却对妇女的睡姿十分在乎。男人怎么睡都没关系，而妇女则必须双脚并拢，正面朝上地睡。这也是最早的规定男女有别的规则这一。和其他所有的规则一样，上层阶级比下层阶级更加严格地遵守这个规则。杉本夫人（悦子）出生于一个武士家庭，在她回忆自己从小受的教养时说："自我记事时起，我晚上总是小心静静地躺在小小的木枕上……武士的女儿不论在什么场合都应该是从容镇定、身心不乱的，即使在睡觉时也是如此。男孩子睡觉可以四肢叉开，呈'大'字形，手足乱放。但是女孩子睡觉必须规规矩矩的，身体呈现出'kinoji（日文'自制'的读音）'的样子，反映出这个人的自制能力还是挺强的。"日本妇女告诉我，晚上睡觉时，母亲或奶妈会亲自督察她们把手脚都放规矩。

在学习书法时，也是老师手把手地教学生练习，这样做是为了让孩子能够亲自"体会和感受"。在孩子还不会写字甚至还不认字之前，老师就会让他们去体会那种有张有弛、行文流畅的运笔方法。现代教育由于都是大班上课，人数众多，因而这种教课方法也不像以前那么常见了，但仍然可以见到。行礼、用箸、射箭乃至系个背婴儿的小枕头，老师都是手把手地教孩子应如何做，怎样才是正确的姿势。

除了上等人家的小孩外，日本的小孩子们都是在还没上学以前就与左邻右舍的小孩们一起自由玩耍了。在农村，孩子们不满三岁就开始有个小小的游戏圈子。在乡镇和城市里，他们甚至还在行人拥挤、车水马龙的街头自由嬉戏。在日本，他们是“特权阶层”。他们可以在商铺边偷听大人们说话，或是玩踢石子和橡皮球的游戏。他们还一起跑到村社去玩耍嬉戏，而神祇也会保护他们的安全。在上学之前到二、三年级这段时间内，男孩和女孩都是打成一片的。但更多情况下还是同性之间更亲近一些，特别是同年龄的孩子最容易成为真心朋友。这种从小就培养起来的友谊是非常稳固和持久的，在农村更是这样。在须惠村，上了年纪的人，“由于夫妻间性关系的逐渐减退，人们更愿意与同龄人在一起分享人生的真正乐趣。须惠村有句俗话叫‘同龄密友比老婆还要亲’”。

学龄前的儿童在一起玩时是无拘无束的。他们在一起玩的很多游戏在西方人看来简直就是毫不害臊地干一些下流的事情。由于大人们谈话时不太注意，也由于日本家庭居室狭窄，孩子们已经懂得了一些很浅显的性知识。而且，母亲在给孩子洗澡的时候也常常指着小孩的生殖器来逗他。因而，只要能注意场合和对象，日本人一般不会对小孩的性游戏加以责备。手淫也不会被认为是什么危险的事情。小孩之间可以随便的相互揭丑或是相互炫耀，而大人如果也这样做的话肯定会被认为是侮辱，要么也会因这种自炫引起耻辱感。小孩子则无所谓，日本人会眯着两个小眼睛说，“孩子们知道什么是羞耻呀”，并补充说，“也正因为这样他们才是幸福的呀”。这是幼儿与成人间无法跨越的鸿沟。在现实生活中，如果有人骂哪位成年人“不知羞耻”的话，那就等于说那个人没有人格、不值得尊重。

这个年龄段的孩子们都喜欢相互攀比家庭情况和财产状况，

他们还特别喜欢炫耀自己的父亲。比如他们会比："我爸爸比你爸爸有本事"，"我爸爸比你爸爸聪明"，他们甚至会比谁的父亲更会打架。所有的这些，在美国人看来都是不值一提的事情。而在日本，孩子们关注的东西与社会上大人经常说的是完全两样的。因为大人都会谦称自己家是"敝宅"，尊称邻居的家为"府上"；称自己的家庭为"寒舍"，称邻居家庭为"贵府"。而小孩从幼儿期形成游伴起到小学三年级，亦即九岁左右的时候，所有的小孩都是非常个性张扬的。这点日本人也是承认的。你会经常听到一个小孩说"我当主君，你当家臣"，而另一个说"不行，我不当家臣，我要当主君"。有时小孩们还爱炫耀自己，贬低别人。总之，小孩们是怎么想的就可以怎么说。随着年龄的增长，他们就知道有些话是不能说的。于是，他们是不问就不说了，而且再也不爱炫耀了。

孩子们对超自然的神灵的观点和想法最早都是在家里学到的。神官和僧侣是不会"教"孩子们这些的。一般来说，孩子们最早接触这种有组织的宗教的机会是参加盛大的民族节日或祭日。他们和其他的参拜者们一起去那里接受神官的洗礼。有时孩子也在特别的祭祀日和家人们一起去参加佛教仪式。小孩们经历的最频繁也是最深刻的宗教仪式是以自家佛坛和神龛为中心而举行的家庭祭祀活动。在所有的灵位中，最气势磅礴的要数祭祀家族祖先牌位的佛坛了，那里供着鲜花、香火及树枝。每天还会供奉新鲜的食品。首先，由家中的年长者向祖先报告今天家里发生的一切大事，然后大家再跪拜。晚上还要点上小小的油灯。日本人一般都不愿意在外面过夜，因为离开家里这一套祭告他们心里也觉得不踏实。神龛由一个简单的架子组成，中间供奉着从伊势神宫请来的神符之类的东西，也可摆放其他的供品。在厨房里还有被烟灰熏得漆黑的灶神，窗户和墙壁上也要贴上护符。这些都是保证全家平安的。同样，村里的镇守神殿也是最安全的地方，因为那儿有大慈大悲的众神镇守阵地。母亲们都喜欢带孩子去神殿内玩耍，孩子们也不怕神，而且也没有想要特意取悦众神的意思。神灵们受到众人的崇拜，然后他们又赐福人间，他们与当权者是不同的。

男孩入学两三年之后，学校才开始训练他们如何从一个幼儿慢慢向成年人的生活轨迹转变。这时，小孩得学着要自我控制了。如果太淘气，就会有人来“治疗”他的淘气，让他能慢慢从他正在入迷的事情中抽出身来。人们会和蔼可亲地劝诫他，有时甚至还会嘲笑他。但仍然可以由着他的性子来，有时甚至可以对他的母亲动武。他的那种小时候的自命不凡感再次得到了满足，即使在他上学后，这种情况并没有发生太大的改观。小学的头三年是男女同班，对每个小孩，不论男女，老师都是非常喜爱的，简直就是与孩子们打成了一片。然而，家长和学校的有关领导却一再强调不要让小孩们陷入非常“难堪”的境地。虽然孩子们年龄尚小，还不知道什么是“羞耻”，但老师们必须教育孩子们，让他们不要做出让自己“难堪”的事情。比如，就像狼故事里的那个小男孩一样，本来没有狼，可他却喊“狼来了！狼来了！”，以此来“愚弄别人。如果每个小孩都这样，那就不会有人再相信你了，这是一件多么让人难为情的事呀”。许多日本人都说，当他们犯错误的时候，第一个嘲笑他的不是老师或家长，而是他的同学。确实如此。因为在孩子成长的这个阶段，家长的工作不是嘲笑自己的孩子，而是要以这种难堪的事情为例，向小孩逐渐灌输个人对社会负有的责任和义务等等道德价值观。孩子六岁左右时，通过给他们讲一系列以忠、义、献身为主旨思想的故事，可以潜移默化地督促他们自觉地用这种思想来规范自己的行为。比如前文我们所引六岁儿童读本中义犬报恩的故事就是一个很好的例子。长辈对孩子说，“如此下去，世人会耻笑你”。这些规矩大多都是因时因事而异的，表现的如何就是平常人们所说的人的礼节如何。随着个人年龄的增长，他对邻居、家庭及国家的责任也有所增加，因而人必须学会对自己的行为加以约束，必须学会自我抑制，必须认识到自己所承担的“债务”。慢慢的，小孩的角色就发生了变化。作为一个“债务人”，如果他还想还清恩情的话，在现实中他就必须谨慎处世。

孩子的角色之所以会发生这样的变化这主要是因为孩子在成长的过程中，人们不再对他使用幼儿期那种嘲弄的方式了，而代之以一种更加严肃的方式。到小孩八九岁的时候，家人就会对小孩进行真正的排斥了。如果老师向家里报告说他不听话或什么不好的举动，或者操行分不及格，家里人就会不理睬他。如果店主人告状说小孩很淘气，那家里人就会觉得他是“辱没了门风”，因而全家都会批评他。我就认识两个还不到十岁的日本小孩就被父亲逐出家门，还不让他们到亲戚家去，说他们是丢人现眼。在学校老师也处罚他们。当时，这两个人只好待在外边的窝棚里，后来被母亲发现了才安排他们回家。小学的高年级孩子有时被关在家里“闭门思过”，他们还必须专心致志地写悔过的日记。总之，家里人都会把这种小孩看作是“问题少年”，在很多问题上都不支持他，整个社会也都批评他。因为他违背了“对社会的情义”，因而也别指望得到家庭的支持，也不可能指望得到同龄人的理解。要想得到同学们的亲近，他必须首先认错并保证下不为例。

杰佛里·格拉曾说：“我们必须注意到这种约束对社会影响的力度是非常深远的。自人类社会有家族或类似的宗派集团以来，当一个家庭或集团成员受到其他集团成员的责难和攻击时，这个集团的成员都会群起而攻之。只要他还能得到自己团队成员的认可，那么在需要帮助或遭到袭击的时候，他都能得到本集团的鼎力支持。然而，日本的情况则恰恰与此相反。也就是说，日本人只有得到其他集团的承认，才有可能得到本集团的支持。如果外部人批评他指责他，那本集团也就会反对他、惩罚他，除非他能使其他集团改变对他的看法并不再对他加以指责。由于这种机制的存在，日本与其他社会最不同的一点就是人们都非常希望能够得到‘外部世界’的赞同和认可。”

在这段年龄以前，虽然学校对女孩子的教育和对男孩子的教育在细节上有很大的差别，但总体上差别还是不大的。女孩子从小在家里受的约束要比兄弟多一些。虽然男孩子有时也要承担看护婴儿的工作，但这种工作主要还是由女孩来做的。在准备礼物和致以问候时，女孩子也是大家比较容易忽略的对象。而且，她们不能像男孩子那样乱发脾气。但是，和亚洲其他国家的女孩比较起来，日本的女孩子们已经是非常自由了。她们可以穿鲜红的衣服，可以和男孩子们一样在外面玩耍，有时甚至还可以和男孩子们打架，而且真的是巾帼不让须眉。小时候，女孩子们是“不知道羞耻的”。从六岁到九岁左右，女孩子们就和男孩们一样，开始懂得自己对社会承担着一种责任。九岁以后，日本的小孩就会按男女来分班。而往往男孩子们更注重男性间的团结，他们排斥女孩子，更不愿意被别人看见自己和女孩子说话。母亲们也会告诫女孩子不要与男孩子交往。一般来讲，女孩到这个年龄之后都沉默寡言，不喜外出，也难教育。由于此时男孩都比较排挤女孩，因而日本女人都说这就意味着女孩无忧无虑的童年已经结束了。在此后的许多年里，女孩的人生轨迹只能是“自重再自重”。这一教导一直贯穿在她们今后的生活中，无论是订婚之时，还是结婚以后。

如果男孩子只是懂得了“自重”和“对社会的情义”，那还不能说他就已经把日本男子应负的所有义务都弄懂了。日本人说："男童从十岁起开始学习'对名分的情义'。"这句话的意思是说日本人将男人知辱而后起视为一种美德。男孩还必须从小就学习一系列的规矩：比如应知道在何种情况下可以直接攻击对方，在何种情况下应采用间接的手段来洗刷污名。我觉得日本人的意思并不是说要让小孩从小就学会一些可能侮辱别人的过激手段。因为男孩子从小就往往对母亲粗暴无礼，他们还经常与年龄相仿的孩子们争执不休，因而没有必要说在十岁以后再教他们怎样攻击对方。然而，在学习"对名分的情义"的时候却的确要求十几岁的少年能够将他们对别人的攻击方式限定在社会公认的范围之内，并逐渐学会如何来协调好他们间的关系。在前面我们已经提到，与攻击别人比起来，日本人其实更有一种自虐的倾向。即使是学童也不例外。

六年的小学毕业后，小孩们就会面临着一场非常激烈的中学入学考试，大概只有总人数15％的学生能继续升入中学，而这其中男生占的比例较高。竞争几乎涉及了每个考生和每门学科，这些少年们一下子就被抛入了要承担"对名分的情义"的责任之中。对于这种竞争，他们并没有多少经验，因为从小不论是在学校还是在家里，社会都是尽量把这种竞争降低到最低程度的。这种突然而来的竞争性的考试，使竞争激烈的程度更高，也使人们对此更加关注。大家都很在意名次的先后，也爱怀疑这其中是否有私人交情的因素。然而，在怀恋过去时，日本人谈得最多的却不是这种激烈的竞争，而是中学里高年级学生对低年级学生的欺辱史。高年级学生对低年级学生颐指气使，还想出了很多捉弄他们的恶作剧，老让低年级学生干一些无聊的丢人的事情。因而，低年级学生一般都对此十分憎恨。日本男孩子是不会把这些事仅仅只看作开玩笑的，当一个男孩子被迫在高年级学生面前奴颜婢膝、四脚爬行时，他会咬牙切齿，记恨在心并图谋总有一天要报复。而由于在现实中他们不能立即报复，因而就会更加怀恨在心、耿耿于怀。他们认为这是事关“名誉”问题的大事情，维护自己的“名誉”是每个日本人应该具有的美德。因而，有时他会利用家庭势力把对方从职位上拉下来；或者刻苦练习剑术或柔道，待毕业之后在大庭广众之下当众羞辱对方。总之，仇一日不报，他们就会觉得“心事未了”。日本人正是从受了侮辱这个角度来看待这个问题的。

那些没有机会升入中学的少年，参军后也会受到类似的训练。和平时期，每四个日本青年中就有一个会被征当兵。而且在军队里，老兵欺负新兵的现象比中学里更加严重。军官们对此基本上是不闻不问，即使是退役的军官也很少插手此事。日本军规的第一条就是，向军官告状是丢脸的。士兵间的争端由他们自行解决。军官们会认为这是一种“锻炼”士兵能力的方法，因而从不会让自己牵连进去。一般老兵会把自己在头年受的所有委屈和怨恨一股脑儿地向新兵发泄，并想方设法侮辱新兵。据说从军队出来的人一般都跟变了个人似的，个个都成了“真正的国家主义者”。但是，这并不是因为他们受到了什么极权主义国家理论的教育，也不是由于他们被灌输了忠于天皇的思想，更重要的是由于他们经受各种苦难体验的结果。那些从小就受典型的日本文化熏陶并对自己的“尊严”十分在意的男青年们，一旦到了军队那个环境下就极易变得非常野蛮。他们不能忍受这种屈辱。他们认为这是社会对他们的排斥，因而他们就会变本加厉地报复别人。

很显然，现代日本中学和军队中的少年们之所以表现出这种性格特征，恐怕与日本人传统的对嘲笑和侮辱的看法是分不开的。在中学和军队中，人们对这种“侮辱”的反应其实并不是什么特例。

显而易见，由于传统的日本人对“名誉”的看法，人们对羞辱、嘲弄的反应就会比美国人强烈得多。和日本古老的模式一样，尽管这批受到嘲弄的人迟早会再以同样的方式虐待另一批人，但这并不能防止当时那个受到侮辱的少年千方百计要对虐待他的人进行报复。许多西方国家中都习惯找替罪羊来发泄心中的积愤，但日本人却不是这样。例如，在波兰，如果一个新学徒或一个年轻的收割手遭到别人的嘲弄后，他不是向嘲弄者泄恨，而是对自己的徒弟或其他新的收割手发泄。当然，有些日本少年也是用这种方法来消除怨恨的，但更多的少年会选择直接复仇。只有在和虐待自己的人有个了断后，人们才会“感到痛快”。

在日本战后的重建工作中，那些忧国忧民的领导人应该高度重视这种战前在学校和军队中普遍存在的侮辱青少年、戏弄青少年的现象。政府应该提倡“团结精神”，鼓励人们重视“同校关系”，尽量杜绝以大欺小、以高压低的陋习。在军队中应切实贯彻禁止虐待新兵的政策。虽然不论是各级军官还是老兵都应该对新兵严格训练，但这种训练不能构成对他人的侮辱、嘲弄和虐待。无论是在学校还是在军队中，上级和老兵都不能让下级或新兵模仿小狗摇尾巴的样子、学蝉鸣，或者在别人吃饭时间让他们“倒立”，违者都要受到惩罚。如果能做到这样，那将对日本国民的再教育起到深远的作用，它将比否定天皇的神圣性或是把军国主义的内容从教科书中删除更具有划时代的意义。

女孩们不用学习一系列“对名分的情义”的准则，因而她们不曾有过男孩子那种在中学和军队中受辱的经历，也不会有类似的体验。女孩子的生活比男孩子要稳定得多。打她们懂事起，她们受到的教育就是：无论什么事情都是男孩当先，礼品、关怀，女孩都是没有份的。在生活中，她们必须尊重的处世准则是在任何场合都不要公然发表自我主张。尽管如此，在孩提时代，她们还是和男童一样可以自由自在、无忧无虑的。特别是当她们还很小时，她们可以穿鲜红的衣物。长大成人后，那种颜色的衣物就不能再穿了。只有到了六十岁后才能再穿，因为她的第二个真正的特权期才到来。在家里，由于一般情况下婆媳的关系都不会太好，因而不论是媳妇还是婆婆都会来笼络她；她的兄弟姐妹们也希望能与自己的姊妹关系融洽，因而也会像其他家庭成员一样尊敬她；而孩子们为了赢得她的偏爱也都争着抢着要与她同睡，而她也会经常把祖母给她的小恩小惠分给那些两岁左右的晚辈们。日本人不喜欢自己一个人睡觉，晚上小孩们可以把自己的睡床搬到自己喜欢的长辈的旁边。证明“你对我亲不亲”的证据就是看两个人的睡床挨得紧不紧。虽然女孩子九、十岁的时候就不能再和男孩子们一起玩了，但作为补偿，她们可以炫耀自己新的发型。十四岁到十八岁间日本姑娘的发型是最讲究的。那个年龄的女孩子们可以穿丝绸衣服了，而以前她们只能穿布料的。这时，家里也会千方百计地打扮她们，让她们更加优雅迷人。这样一来，女孩子的虚荣心也就得到了某种程度的满足。

社会对女孩子的各种约束是要靠她们自己直接来承担和履行的，而不是要靠父母来强制执行。父母亲拥有的特权不是说他们可以任意体罚小孩，而是他们可以心平气和、一如既往地对小孩们提出自己的期望，希望女儿们能够按社会公认的价值观来生活。我觉得引用一下下面的事例很有必要，因为它说明了在女孩成长过程中这种非正式的、特殊的来自父母的压力是多么的重要。稻垣钺子从六岁起就由一位博学的儒者教她背诵经典中文诗词：

“在两个小时的授课时间里，老师除了双手和嘴唇外，简直就是纹丝不动。我坐在老师面前的榻榻米上，也必须同样正襟危坐，纹丝不动。有一次正在上课，我也不知什么地方不太合适，就稍微挪动了一下身子，双膝换了一个稍微舒服一点的角度，老师脸上立刻显出惊愕的神色。他轻轻地合上书，慢条斯理然而很严肃地说：'姑娘，你今天的心情显然不适合学习，你先回房好好思考思考吧。'我心里羞得无地自容，但毫无办法。我先向孔子的画像行了一个礼，接着向老师行礼道歉，然后就毕恭毕敬地退出书房。平日结课后我都会去向父亲报告一下情况，今天当我小心翼翼地来到父亲跟前时，父亲很吃惊，因为时间还未到，但他装作漫不经心地说：'你的功课学得真快啊！'这就犹如被丧钟重击了一下。直到今天，想到这件事时我仍然隐隐作痛。"

杉本夫人在另一本描写她的祖母的书中，言简意赅地概括了日本父母的一个最显著的特点：

"祖母脾气谦和，她希望每个人都能按照她的想法去做。虽然没有叱责，也没有争辩，但祖母的希望却像真丝一样柔软而坚韧，使整个家庭都能按她认为正确的方向前进。"

这种"像真丝一样柔软而坚韧"的"希望"之所以能够收到如此好的效果，原因之一就是祖母在训练每个人将自己的目标限定得非常明确。女孩子要培养的是一种习惯，而不仅仅是教会她们一些规则。在小时候就应该培养女孩正确用筷、进房的姿态。成年后她们还要学习茶道和按摩。所有的这一切都要由长辈手把手地教，反复不断地练习，直至娴熟并形成习惯为止。长辈们从不认为小孩子们没人教也能"自然而然地学到"正确的习惯。在书中，杉本夫人描写了在她十四岁订婚后大人们是如何教她给未来的丈夫准备早餐的，而她却与她未来的丈夫从未谋面过。她未来丈夫现在美国，而她在（日本的）越后。在母亲和祖母的亲自监厨之下，她一而再、再而三地"亲自下厨给松雄（未来的丈夫）做了几个据哥哥说是他特别爱吃的点心。我假想他就坐在我身旁，我给他夹菜，并劝他先尝尝。我学习关心我未来的丈夫，要让他感到愉悦。祖母、母亲也总是装做松雄就在跟前似的问这问那。我也很注意自己的行为举止和穿着打扮，好像丈夫真的在房间里一样。这样，我学会了如何尊重丈夫，如何摆正我做妻子的位子”。

对男孩子的要求虽然不像对女孩子的那么严格，但人们也会通过一系列的实例和模仿练习来教他们逐渐养成细致的习惯。在“学了”这些习惯之后就不能犯任何错误了。然而，对青春期的少男们来说，却是有一个重要的领域是靠他自己主动摸索的。长辈们是不会教他们怎么求爱的。在家里禁止做出任何公开的示爱活动。而且，在八九上十岁的时候，没有任何亲属关系的男女孩间是没有机会接触的。日本人的理想就是双亲要在男孩自己对性感兴趣之前就为他订下婚约。因此，大家都觉得男孩与女孩接触时最好表现的“害羞”一点。农村人常常用这个话题来逗男孩子们，而他们在谈到这个话题时的确是很“害羞”的。然而，从古至今，即使是在最偏僻的农村，也有许多姑娘，有时甚至还是大多数，都会未婚先孕。这种婚前的性行为是日本社会中比较自由的领域，不属于事关大事的范围，而且父母在谈婚论嫁时也对这些事不在乎。但是今天，就像须惠村一位日本人对恩布里博士讲的那样，社会仍然是教育女孩子们，甚至连女佣都应保持贞洁。中学的男孩也不许与异性有任何过密的交往。教育和舆论都在竭力防止两性在婚前有过分亲密的行为。日本的电影也把那些爱与年轻妇女调情的青年看作是“坏”青年，而把那些对可爱迷人的女子采取一种在美国人看来是冷酷甚至是粗野态度的青年当作是所谓“好”青年的标准。日本人认为爱与女人调情的男子一般都是花花公子，人们不是追逐艺伎，就是爱与妓女、咖啡女郎们勾勾搭搭。经常光顾艺伎馆是学习示爱的“最好”方法，因为“艺伎会教你，男人只需旁观即可。”他不用为自己笨手笨脚而发愁，因为他也从没指望要与艺伎发生性关系。但是，日本青年中有能力光顾艺伎馆的人并不多。多数青年都是到咖啡馆去看其他男人如何接近女人的，但是这种直接的观察与他们在其他领域所受的训练是不一样的。在相当长的一段时间内，男孩们都会担心自己是不是会显得笨手笨脚的。性是他们在现实生活中为数极少的不能得到年长者亲自指导的领域之一。有声望的家庭会在年轻夫妇结婚时送给他们一本《枕草子》和一些绘有各种姿态的画卷。正如一位日本人说的：“看书就可以学。这就好比庭园布置，父亲并不会教导如何布置一个日本式的庭园，但当你大了之后就会自己培养这种爱好了。”虽然大多数的日本青年都是通过别的办法来学习关于性行为的知识的，但日本人能够把性行为和园艺联系起来，并认为这两种都是看书就能学会的，这的确是件有意思的事情。但不管怎么说，性的知识都不是靠成年人的教导就能学会的。这其间种种差异使青年深信，性是独立于人生大事以外的一个特殊领域，在这里，不需要长辈的亲自指教，也不是说经过严格的训练就能掌握的。这是一个由自己控制并获得自我满足的领域，尽管人们在刚开始时都会有些不安和迷惑。性的领域和其他领域有着不同的游戏规则。男人结婚后可以毫无顾忌地在外寻欢作乐，这样做不会侵犯妻子的权利，也不会威胁婚姻的稳定。

妻子则没有同样的特权，她必须对丈夫保持忠贞。即使对他人有了好感，也只能偷偷进行，而且在日本很少有妇女和别人的暧昧关系不被丈夫发现的。人们常常把那些精神紧张或心绪不宁的妇女说成是“歇斯底里”患者。其实，女人遇到的最大的困难不是日常生活的麻烦，而是性生活的不协调。很多精神不正常的妇女以及大多数的歇斯底里（神经过敏、心绪不宁）患者都是由于家庭生活的不和谐。“妇女只能靠丈夫来得到性的满足。”一位须惠村的农民们说，大多数妇女的病都是“始于子宫”，然后殃及大脑的。丈夫如果只迷恋其他女人的话，妻子也会不由自主地手淫。下至农村上至大户人家，妇女们都秘藏有这种用于房事的传统器具。而且，在农村，妇女如果有了小孩了，她们就可以相当随便地谈论性行为。在没有做母亲之前，她们是不能开半点关于性的玩笑的，而当作了母亲以后，随着年龄的增长，这种玩笑就成了男女聚会时的家常便饭。她们还会合着下流小曲的节拍，扭腰摆臀，毫无顾忌地跳着色情舞蹈。“这种动作必定会引起哄堂大笑”。在须惠村，士兵服役期满复员回乡时，村里的人都会跑到村外去迎接。这时，妇女们就会女扮男装，互开下流玩笑，还假装要强奸年轻姑娘。

因而可以说，日本妇女在性问题上还是有一些自由的。出身越是卑微，这种放任的空间就越大。她们一生要遵从许多禁忌，但绝不忌讳男女之事。在满足男人性欲时，她们是淫荡的；同时，当男人提出性要求时，她们也是克制的。女人到了成熟年龄，就抛开禁忌，如果出身卑微，她的淫荡程度甚至会比男人毫不逊色。日本人对品行端正的理解是妇女要因年龄、场合的不同而对性采取不同的态度。日本人并不要求妇女始终保持西方人所理解的那种“贞女”或“淫妇”的一成不变的形象。

男人们也是如此，有时他们放纵不驯，而有时他们却节制谨慎。男人的最大乐趣就是在艺伎陪坐下，找一帮男友尽情地喝酒助兴。日本人喜欢喝酒喝醉，他们没有节制饮酒的概念。两三杯酒下肚以后，就会一反平日拘谨的常态，相互倚躺，亲密无间。醉酒者除极少数“难缠的人”会发生吵闹以外，一般很少看见粗暴行为或打架。除了喝酒这种“自由领域”之内的事外，日本男人决不能干违反常规的事情。如果哪个人在生活中的其他重要领域做了违反常规的事，那就会被人骂作混蛋、傻子。

以前西方人认识到的日本人性格中的所有矛盾都可以再次从日本人对儿童的教育中得到明证。日本人的人生观是有两面性的，我们对它的每一面都应高度重视。日本人在幼儿期过的都是一种有特权的和娇纵的生活，虽然在今后的生活中他们经历了各种训练和考验，但他们始终怀念那种无忧无虑、天真无邪的童年时代。他们无需为未来描绘天堂，因为，他们过去曾有过天堂。他们对自己童年的描绘都是建立在“人之初、性本善；众神慈悲以及作一个日本人无上光荣”的道德理念之上的。这样，日本人就很容易产生一种极端的思想，即认为人人身上都有“佛性”（成佛的可能性），人人死后都能成神。这既使他们对自己充满了自信，又使他们相当自负。因而很多日本人都会干一些超过自己能力范围之外的事情，甚至有时为了坚持己见而以死表达自己对政府的反抗情绪。有时，这种自信使他们陷入集体性的狂妄自大。

六七岁以后，强大的压力就要求人们应逐渐学会“谨言慎行”、“明晓羞耻”了；如果犯了错，家人就会一致反对他。虽然这种压力不如普鲁士士兵的纪律那么强大，但却是无处不在的。即使在无忧无虑的幼儿时代，也有两件事情为以后个人自觉履行义务奠定了基础：一件是父母坚持要训练小孩自己撒尿并手把手地纠正他的各种姿势；另一件是父母常常嘲弄孩子，吓唬说要遗弃他。这些经历使人们从小就对长大后将要面临的各种约束有一定的心理准备。为了不被“世人”耻笑或是遭世人遗弃，他要学会抑制那种在幼儿时期的冲动，并不是因为那些冲动不好，而是因为那种做法已经与现实情况不相时宜了。现在他必须认认真真地生活。虽然童年时的那种特权已经一去不复返了，但现在他可以享受更多的成人的快乐和满足。同时，幼年时代的种种经历并不会真正地在内心深处消失，那些刻骨铭心的儿时的经历对塑造人们的人生哲学起了重要的作用。在那些所谓的“人情世故”上，他尽情地放纵自己；在那些成人的“自由领域”内，他再次体验儿童时代的特权。

在日本儿童从少儿时期向成年人转型的过程中最重要的一个环节就是要得到伙伴的认同，这起着非常重要的作用。在儿童心中深深扎根的正是这种思想，而不是什么绝对的道德标准。在他还只会刚刚撒娇的时候，如果母亲把他抱到自己的床上让他睡觉，他就开始自己在心里慢慢地盘算自己得了多少糖果，而兄弟姐妹们得到了多少，以此来判断自己在母亲心目中的地位。如果他敏感地察觉到自己受到了冷落，他甚至会问姐姐：“你是最疼爱我吗？”稍微大点的时候，他会渐渐放弃自己纯粹的个人满足，而希望从“世人”的赞许和接纳中得到补偿。最大的惩罚莫过于遭“世人”的讥笑和嘲讽。当然，文化在儿童教育中起了重要的作用，但这种现象在日本则特别突出。遭“世人”抛弃在孩子心目中的印象就是母亲威胁说要抛弃他。因此，在他整个一生中，遭世人排斥比挨打还要可怕。日本人对嘲笑和排斥都异常敏感，尽管有时仅仅是心理作用而已。实际上，由于日本社会人与人之间都没有什么秘密，每一个人的所作所为几乎所有的人都知道。因而如果人们不满意你的做法，想要排挤你是一件非常容易的事情。再加上日本房子的板壁既不隔音，白天还都大敞其门，因此，对那些没有能力修筑围墙和庭院的人家来说要保住自己的隐私就更困难了。

有些日本儿童由于在从少儿时期向成年人转型的过程中出现了断层，因而他们的性格呈现出明显的两面性，而了解日本人经常使用的一些象征符号将有助于了解这些人的双重性格。人都有幼年期“不懂羞耻”的一面，因而很多成年人都不免经常拿着镜子扪心自问，现在的自己究竟还保存多少儿时的天真。他们说，镜子能够“映射出永恒的纯洁”，既不会培养虚荣心，也不会贬低你，而是反映人灵魂深处的真正的思想。人们可以从镜子看到那个“不懂羞耻”的自我。在镜子中，人们打开眼睛这个灵魂的“窗口”，看到自己正像那个“不懂羞耻”的真实的自我一样自由自在地活着；在镜子里他看到了自己理想的父母的形象。正是如此，人们才会随身带着镜子。甚至有人在自家供上一面特别的镜子，以静观自身，反省自己的灵魂。他“自己祭自己”，“自己拜自己”，这虽然有点不寻常，但并不费事。因而日本所有家庭的神龛上都供有镜子作为神器。在战时，日本的广播电台还特意播送过一首歌，赞扬几位女学生自己掏钱买一面镜子放在教室里。人们决不会联想到这是虚荣心的表现，而会认为她们这样做主要是为了保持内心的平静。经常对镜自省可以检测自己的精神是否高尚。

在小孩还没有开始养成“对镜自省”的习惯以前，日本人就对镜子有着特殊的情感。日本在照镜子的时候并不见得都是要“自省”，而主要是因为从镜中可以找到自己童年的影子，是那么的自然和善良，根本不会让人联想到“羞耻”。镜子还隐含的另外一种象征性的意义就是要通过自律来达到“圆熟”。在这种坚持不懈的自我修养中，日本人应尽量消除那种爱照镜子的潜意识，力求回归到儿时的那种天真无邪的状态。

尽管幼儿时期的特权生活对日本人产生了重要的影响，但人们不认为那些建立在羞耻感基础的种种道德规范就是对人们自由的剥夺。我们都知道自我牺牲是基督教的核心概念之一，但日本人却对这种思想非常质疑，并批判这种自我牺牲的观念。即使是在生命的最后时刻，他们也说是“自觉自愿”为“尽忠”、“尽孝”或为“情义”而死，并不认为属于自我牺牲的范畴。日本人认为这种心甘情愿地选择去死才是自己要达到的人生目标，否则就是“犬死”，是毫无价值的。这与英语中的“dog's death”意思是不一样的，在英文中“dog's death”指的是因贫困而死的人。另外，“self－sacrificing（自我牺牲）”在英文中指的是做事中规中矩的人，而在日文中则属于“自重”的范畴。“自重”常常意味着克制，做大事的人必须要保持克制，在日本人的价值观中“自重”与“克制”具有同等重要的分量。美国人强调自由是实现目标的必要条件，而具有不同文化烙印的日本人则认为光有自由是不够的，人们还必须学会克制自己，这样才能更充分地体现自我价值。要不然的话，人们怎能控制那种充满冲动的危险的自我呢？生活中太多的激情会淹没人们正常的生活！正如一位日本人说的那样：

“日积月累，在上漆时底打得越厚，做出来的漆器就越值钱。一个民族也同样如此。……人们讲到俄罗斯人时说，‘剥开俄罗斯人的外表，出现的是鞑靼人’；对于日本人，人们也可以说，‘剥开日本人的外衣，除掉它的漆层，露出来的是海盗’。但请不要忘记：日本的漆是珍品，是杰出的工艺品。它不是任何瑕疵，没有丝毫杂质，至少它与坯质是同样精美的。”

日本儿童教育中存在的断层现象使日本男人的性格中呈现出很多自相矛盾的地方，这让西方人感到非常诧异。在日本，小孩很小的时候就被大人们宠坏了，那时的他们简直就是自己小小世界的神，可以为所欲为，甚至可以恣意攻击别人，他们的一切要求也都能得到满足。后来，这种记忆虽然渐渐淡去，但潜意识里日本人的这种思想还是根深蒂固的。这种双重性使日本男性在成人后既可能沉溺于罗曼蒂克的恋爱，也可能心甘情愿地顺从婚姻的安排；既可能沉浸于享乐和安逸，也可能将责任义务看得高于一切。严谨的教育使他们在行动时表现得缩头缩尾，而有时他们却又勇敢得近于莽撞；在等级制下他们可以表现得极为驯服，但有时他们又是非常难以驾驭；他们殷勤有礼，但有时又显得傲慢不逊；在军队里，他们可以毫无怨言地接受训练，但在训练时却又是难以驯服的；他们是坚定的保守主义者，但同时却又对新的东西很感兴趣；他们学习中国，却又不排斥西方。

本人性格的二元性使日本人经常陷于一种矛盾之中。如何正确处理儿时那种纵情无虑、自由自在的生活方式与现实中处处受限、动辄关系到自身安危的状况之间的矛盾，如何在对大家都关注的核心利益上做出自己的选择，这是一个非常难办的问题。不同的人会采取不同的方式，虽然大家都觉得在处理这件事情上有些力不从心。有些人像道家那样，一丝不苟地约束自己的生活，唯恐稍微的放纵会扰乱自己实际的生活。而由于人人都会有这种放纵的念头，而且也都有过类似的经历，因而人们才会对这种恐惧更加担心。他们态度超然，墨守自己所制定的规则，并由此认为自己就是能发号施令的权威。而有些人则更加压抑，他们害怕自己心中郁积的反抗情绪有一天会爆发，于是以表面的温顺来加以掩饰。他们让自己沉溺于日常的生活琐事，不让自己有认清自己真实感情的机会。每天他们都只是机械地重复那些基本上毫无意义的生活琐事。还有一些人，由于对儿时的生活过分依赖，长大后面临社会对成年人的一切要求他们都感到无所适从，他们总是想依赖别人，而实际的年龄已不允许他们再这么做。他们觉得任何失败都是对权威的背叛，从而动不动就会陷入紧张状态。只要不能以常规的方法来妥善处理的意外情况都会使他们感到恐惧。

日本人在极度担心遭人排斥或受人非难的情况下就会陷入上述的危险境地。在没有压力的时候，一般的日本人既能享受生活的乐趣，又能仔细小心地注意不刺伤他人的情感。这是一个相当巨大的成功。他们儿时的经历增强了他们的自信心，同时也没有什么罪恶感的负担，虽然后来为了与伙伴协调一致而必须受到各种束缚，但这种义务也是相互的。尽管在某些事情上，个人愿望会受到他人的干涉，但在一些规定的“自由领域”中，个人的冲动仍可得到相当程度的满足。众所周知，日本人一向喜欢接近自然。诸如观樱、赏月、赏菊、远眺新雪，在室内悬挂虫笼子以听虫鸣，以及咏和歌、俳句，修饰庭院、插花、品茗等等。这些活动与一个主旋律是烦闷和侵略的民族是非常不和谐的。他们在追逐享乐时也并非消沉颓废。在日本没有想要发动战争之前的幸福年代里，农村的人们在闲暇时也是非常活泼愉快的，而当他们工作时，那种勤勉的态度是世界上很多民族难以相比的。

但是日本人却要求得太多。为了避免遭受世人疏远和诽谤的重大威胁，他们宁愿放弃刚刚尝到甜头的个人幸福。在人生重大事情上他们也必须抑制这些冲动，而极少数违背这些规矩的人甚至也有丧失自尊的危险。自尊（自重）的人，其生活准绳不是明辨“善”、“恶”，而是迎合世人的“期望”，为了不让世人“失望”，他们会把个人的要求埋葬在群体的“期望值”之中。只有这样，世人才会认为你是“知耻”而谨慎的善人，也才能为自己的家族、家乡和国家添光加彩。这种思想强加给日本人的压力是巨大的，日本人也就一心要让日本成为东方的领导者和世界的一流强国。每个日本人都承担着巨大的心理负担，人们高度紧张，唯恐失败，唯恐自己所有的付出换来的仍只是人们的藐视。有时他们的积愤也会爆发，也会做出极端的攻击行动。与美国人觉得是自己的主张或自由受到威胁的出发点不一样，日本人有时发动进攻主要是因为觉得自己受到了侮辱或诽谤。这时，那个危险的自我就被激怒了，如果条件允许，他们就会向诽谤者们发泄；否则，他们就向自己发泄。

日本人为他们的这种生活方式付出了很高的代价。他们自愿放弃了很多在美国人看来如同空气一样必不可少的自由。我们应该注意到自战败以来，日本人一直都在追求民主。如果有一天他们能够率直而无所顾虑地任意行动，那他们将会多么的高兴啊！杉本夫人就曾绘声绘色地向我们描述了她在东京一所教会学校学习英语时的经历，在那儿，除了能学习英语之外，她还可以在花园里种自己喜爱的花。老师给每个女学生分了一块苗圃并供给她们所需的种子。

“这块可以随意种植的苗圃给了我一种全新的自我感觉……人的心中能有这种幸福感，这件事本身就很出乎我的意料之外……我难以想象，像我这种从不违背传统，从不玷污家名，从不惹父母、老师、领导生气，也从不损害世上任何事物的人，现在竟然也能自由行动了。”

还有一些女学生打算种花，而她居然打算种马铃薯。

“没有人会理解这种近乎荒谬的行为当时给我心灵的冲击，啊，自由之神在叩响我的心扉。”这是一个崭新的世界。“我家的花园中有一块土地是特意让它荒着以保持天然野趣，但也会有人修剪松枝，整饰树篱。每天早晨老大爷还要清扫石阶，把松树下那块地方扫干净，然后把从林中采来的嫩绿松针细心撒在上面。”

和刻意营造这样一种天然野趣一样，对杉本夫人来说，日本人也是长时间以来都被教育成要伪装自己的真实想法。这种伪装在日本随处可见。日本庭园中一半埋在地下的巨石都是经过精心挑选，从别处运来的，然后还用小石块铺底。巨石的布置也要与流泉、屋宇、矮丛、树木相衬。菊花也都是栽在盆里，时刻准备着参加一年一度的菊展。每朵花瓣均经过栽培者的细心修整，并且常用肉眼不易察觉的金属线圈定型，以保持其优美的形态。

当杉本夫人亲自摘掉菊花上的细线圈时，她的心情是欢悦而纯真的。那些经过修剪的菊花，其花瓣一旦回归到自然的状态，就显现出满心的欢悦。但是，在今天的日本社会中，如果不考虑他人的期望并怀疑“羞耻”感在社会中的能量，那将无疑会破坏人们生活的微妙平衡。在新的局面下，人们必须学习新的制约方式。变化是需要付出代价的。要提出新的观点、构建新的道德观并不是一件容易的事情。西方人不能指望着日本人能立即吸收一种新的道德观念，并把它们真正变成自己的东西。同时，悲观地认为日本永远不可能建立一套比较自由、宽容的伦理体系也是不正确的。在美国生活了“二代”的日本人已经对本国道德方面的知识和实践非常陌生了，他们骨子里也没有必须要遵守父辈们习惯的想法。同样，生活在日本国的日本人，在新的国际环境下，也有可能形成一种不像过去那样强调自制和义务的生活方式。菊花即使不经人工的修剪照样可以秀丽多姿。

在这种崇尚精神自由的过渡时期，日本人或许还可以借助两三种古老的传统来保持生活的平稳。其中的一种就是“自我负责”的精神，日本人喜欢把自己形象地比作一把刀，而“自我负责”的精神就是要自己负责擦净自己“身上的锈”。如同持刀者有保持刀的光洁的责任和义务一样，人们也应该对自己行为的后果负责。他必须勇于承认并接受与自己相关的一切后果，这可能是由于他身上固有的缺点所致，也有可能和他的立场不坚定以及做事的力度不够有关。在日本，自己对自己行为负责的要求要远比自由的美国严格得多。从这个角度来说，刀不再是进攻的象征，而是梦想和责任感的比喻。在一个崇尚个人自由的社会，这种品德将起着最有效的平衡的作用。而且，日本的儿童教育和处世哲学已经把这种自我负责的品质融为了日本精神的一部分。现在，在西方人看来，日本人是已经“放下刀”了，投了降了，而在日本人的心目中，他们仍将继续关注如何才能使心中那把易被锈蚀的刀始终保持洁净的光芒。以日本人的道德观来衡量，即使在一个更加自由、更加和平的世界里，刀作为日本国一种象征仍然是不能丢弃的。

投降后的日本人

日本认识到军国主义已经失败。但他们还会关注军国主义在其他国家的动态。如果没有失败，日本将再次燃起好战的热情。如果也失败了，日本将汲取教训，认识到帝国主义侵略不会带来荣誉。

美国人经常以自己在战后日本的社会改造中所起的作用而自豪。1945年8月29日电台颁布了美国国务院通过美国陆军、海军的联合指令，并由麦克阿瑟将军全权负责此项政策的实施情况。然而，由于美国报刊、电台中到处充斥着具有明显党派特征的褒贬不一的评论，因而普通老百姓也对美国为何以此政策引以为荣的原因不是很清楚，只有极少数通晓日本文化的人才能够判断目前美国既定的对日政策是否恰当。

日本投降时的一个重要问题是盟军对日本占领的性质问题。战胜国对现任政府乃至天皇是应该保留还是应该废弃？是应该由美国的军政官员直接对日本行使县至县、省至省的行政管辖权吗？盟军在占领意大利和德国时采取的方式是在当地建立盟军临时政府（A. M. G），并将它作为战斗部队不可分割的一部分，而地方事务的行政管理权则掌握在盟军行政官员的手中。那么，在日本投降后，太平洋区域盟军临时政府的负责人希望在日本也采取同样的占领模式。日本方面不知道自己还能保留多少行政方面的职权。波茨坦公告上只是说："盟国必须对日本领土上部分地区进行有效占领，以此来确保盟军基本战略目标的实现，并彻底清除日本国内残余的煽动日本民众发动世界战争的黑暗势力。"

国务院、陆军部、海军部三部联合向麦克阿瑟部队发出命令，要求麦克阿瑟部队严格执行上级对上述各种问题的指示。日本战后的重建和行政管理工作将主要由日本国民自己负责。最高司令官可以通过日本政府甚至是天皇来实行对各个行政机关的管辖权，但前提条件是这样做有助于美国在日本的战略目标的实现。日本政府将在最高司令官（麦克阿瑟将军）的指挥下，对国内事务行使正常的行政管辖权。因而，以麦克阿瑟为核心的对战后日本的改造方式是与盟军对德国或意大利的占领方式存在着天壤之别的。它纯粹是一个对日本各级官僚机构实行自上而下管理的行政机构。最高司令部的通告是直接发给日本政府，而不是发给日本国民或某些县市的居民。它的主要工作职责就是制定日本政府的工作目标，如果哪位日本内阁大臣对这个目标持否定意见，他要么提出辞呈，要么说服最高司令部采纳他的意见，并对工作目标进行修改。

这种管理方式是一种非常大胆的尝试。从美国的角度看，这个政策的好处是不言而喻的。正如当时希德林将军（General Hilldring）所说的那样：

“充分利用日本的本国政府的好处是巨大的。如果不让日本政府直接行使行政管理权，那我们势必要亲自统辖一个七千万人口国家所必需的复杂的管理机构，而他们的语言、习惯、态度与我们都是截然不同。通过对日本政府的净化并加以合理的利用，我们节省了大量的时间、人力和物力。换言之，我们是在让日本人自己整顿自己的国家，而我们只需提供具体的指导意见即可。”

然而，当华盛顿在准备制定这样一项政策的时候，许多美国人还很担心日本人会采取桀骜和敌对的态度。一个报复心理极强的民族将消极抵制一切和平计划。但后来的事实证明实际情况并非如此，这主要是由于日本文化的特殊性，用那些关于战败民族政治、经济方面的一般道理是无法解释的。也许没有任何一个民族能够像日本这样顺理成章地接受这种“善意”的政策。在日本人看来，接受这种政策就意味着要血洗现实战败的耻辱，并促使他们实行新的国家政策。而日本人之所以能欣然接受，这主要还是由于他们的特质文化所形成的特别的国民性格。

美国人总是在永无休止地争论媾和条件的宽严，但问题的关键并不在于是宽还是严，而在于把握好一个度，恰如其分的惩罚不仅能摧毁日本传统的、危险的侵略模式，而且还能帮助他们树立起新的目标。至于最终应选择哪种手段还是要根据具体的国民性格和传统的社会秩序而定。普鲁士的权威主义不仅影射在家庭生活中，而且还深深地扎根于普通市民的日常生活当中，因而对德国限定一定的媾和条件是非常必须的。而在对待日本时，任何明智一点的条款都应该注意日本和德国这两个国家在媾和条件上的不同。与日本人不同，德国人从不认为自己欠了社会和历史的债，他们努力工作不是为了偿还无休无止的债务或恩情，而是为了避免沦为牺牲者。和其他身居高位的人一样，父亲也是权威的代表，人们常说，父亲就是“强迫别人尊敬他”的人。他要是得不到别人的尊敬他就会觉得不舒服。在德国每一代人中，儿子在青年时期都是反对父亲的。然而当他们长大成人后，迫于生活的压力，他们最终还是与父母一样向单调无味、没有激情的生活屈服了。人生的高潮期毕竟还是性格叛逆的青年时代。

日本文化中并不存在那种所谓极端的权威主义问题。几乎所有的西方观察者都认为，日本父亲对孩子的关怀和钟爱是在西方人很少见的。日本小孩认为儿子与父亲亲近是理所当然的事情，而且他们还经常公开地炫耀自己的父亲。因此，只要父亲声调稍有改变，他们就能马上领会父亲的意思。但是，父亲在儿子的心目中并不是一个特别严厉的老师的形象，儿子怕父亲更主要的还是由于青年时期不是反抗父母权威的时期。相反，在世人眼里，青年期应该是一个服从家庭意志并培养家庭责任的时期。日本人说，他们尊重父亲是“为了练习、为了训练”自己对权威的服从和尊敬。因为父亲作为等级制的代表和特定生活的产物，在这里已经被物化了。

儿童在孩童时代与父亲接触中所养成的这种待人接物的态度现在已成为整个日本社会的一种生活方式。处于等级制上层、备受他人爱戴的人其实并不一定掌握实权；身居高位的官员也并不一定就能行使实权。上自天皇下至基层官员在决策时都有顾问或其他隐蔽力量在幕后操纵。在二十世纪三十年代初期，日本超国粹组织的代表黑龙会的领导人在接受东京一家英文报纸记者的访问时，曾对日本社会的这一侧面作了生动贴切的描述。他说：“社会（当然是指日本）是一个三角，它的一角被大头针固定住了。”换句话说，三角形在桌面上是大家都看得见的。而大头针在下面则是大家不易察觉的。三角形有时往右偏，有时往左偏，但都是围绕着一个隐蔽的轴在偏动。借用西方人常用的一句话就是，在反省时，我们发现人们仍在努力使专制和强权继续盖着神秘的面纱，人们仍将一切行动继续说成是出于对国家最高象征的忠诚，虽然大家都心知肚明的是，这个象征性的东西早已被排除在实权范围之外了。一旦揭开这种力量源泉的面纱，日本人就会觉得自己这种做法太功利了，太与现行的体制不相称了。这种看法同日本人对高利贷和暴发户的看法如出一辙。

正是由于日本人是从这个角度来观察的社会，因而他们深信不革命也可以改善和消除社会上的剥削和不公正的现象。他们并不想让整个社会都支离破碎，而是希望在不完全抛弃现有的社会制度的框架下对社会组织机构进行一次全新的变革，就像明治维新时期的日本一样。他们把这种变革称为“维新”，即对现状进行改良的意思。日本人从来就不是革命者。一些西方学者在他们的著述中错误地估计了当时日本的形势：他们有的寄希望于日本发起一场轰轰烈烈的意识形态运动；有的则过分高估了战时日本地下力量的能力，还指望他们有朝一日也能夺取政权；还有的甚至希望日本战后的激进力量能够在选举中获胜，这些都是与当时的实际情况不相符合的。保守派代表币原（Shidehara）首相在1945年10月组阁时曾公开发表了以下言论：

“新的日本政府将继续发扬尊重全体国民的意志的民主传统，……。自古以来，天皇就以全体国民的意志为己愿，这是明治天皇宪法的精髓。而我们当今的民主政府正是这种精神的具体体现。”

在美国人看来，上述日本政府对民主所做的冠冕堂皇的解释是毫无价值的。但是，它却给出了这样一个信号，即日本政府打算在与西方意识形态不相同的本土文化的基础上来扩大国民的民主权利、改善国民的福利。

当然，日本也会尝试引进一些西方的民主政治机制。但是西方的制度并不一定就是改善世界的神丹妙药，即使在美国也是如此。在日本要推行普选是困难的，而要确立起经过选举产生的领导人的至高无上的法律地位也存在着很多实际问题。当出现这些问题后，日本人却靠着自己不断的摸索、修改和完善，最终也达到了类似美国的民主。因而，现在就有一些美国人愤恨地说这场战争是白打了。美国人一向都是对自己的民主机制深信不疑。但是，在漫长的日本战后重建时期，普选充其量也就在国家发展过程中占据次要的位置。自十九世纪九十年代日本第一次试行选举以来，整个国家并没有发生根本性变化，而那些小泉八云（Lafcadio Hearn）在书中记述的传统问题在今后的生活中还会重新出现。

“在这些甚至会付出个人生命的激烈竞选活动中，其实并没有掺杂什么个人仇恨的因素；人们在议会中的争论不休，有时甚至会出人预料地大打出手也不是因为他们个人的不和。政治斗争不是个人之间的斗争，而是各党派、利益集团为争取自己的利益而展开的斗争。而每一个党派或集团的忠诚追随者都会把每次政治变故看成是另外一种的战争——一场没有硝烟的检验成员忠诚度的战斗。”

二十世纪二十年代，村民们在选举投票之前往往会说：“我已做好随时被砍头的准备了。”人们经常会把选举战同过去特权阶级的武士攻击平民的做法进行比较。直至今日，日本选举所包含的意义仍与美国有巨大的差别。不论日本是否采取危险的侵略政策，这种差异都无法弥补。

日本能否成为一个和平的国家，关键是要看它敢不敢面对现实，敢不敢承认自己过去的行动是“失败的”，同时它能不能很快地将自己的精力转移到其他方面。日本是一个适应性很强的民族，它曾尝试过要以战争的方式使自己在世界上占有“一席之地”，然而他们却失败了。于是，他们就只好抛弃这种政策，因为从小到大，日本人一直受到审时度势思想的熏陶。任何一个专制的民族在发动战争时总会借用“主义、原则”的名义，即使在向敌人投降时，他们也会自欺欺人地说：“可悲呀，与我们失败相伴随着的也是正义的消亡。”自尊使他们仍会为下次“正义”的胜利而继续努力，或者，他们会自我惩罚并进行自我忏悔。而日本人则绝不会这么干。在日本投降刚五天，美国大部队都还没有登陆日本的时候，东京最大的报纸《每日新闻》就开始大谈特谈日本的失败以及由此可能带来的政治变化了。它说：“然而，这对最终解救日本国民还是大有好处的。”这篇社论一再强调每个人都必须明白日本已经彻底失败了。既然企图单凭武力来谋取日本强势地位的努力已经宣告破产了，那今后日本就必须毫无选择地走和平国家的道路。另外一家东京大报《朝日新闻》也在同一星期发表文章，说日本近年来“过分相信军事力量”是日本国内外政策失败的重要原因。因而，“我们必须抛弃那种不合时宜的陈旧思想，而在国际合作与爱好和平的基础上来解决问题”。

西方人注意到了这种原则性的转变，因而对此也心怀疑虑。但日本人的性格就是这样的，不论是在处理个人人际关系领域还是在国际关系领域。如果日本人采取了某种行动而未能达到其设定的目标，那日本人便觉得是自己犯了“错误”。如果失败了，人们就会马上抛弃以前从事的工作，因为日本人觉得自己不是生来就到世上来接受失败的。日本人常说：“光咬肚脐是没有用的。”二十世纪三十年代，世人普遍的观点是武力是争取全世界尊敬的手段之一，因而军国主义在日本大肆蔓延，而现在日本人也为他们的这种理论付出了代价。1945年8月14日，日本天皇用他那庄严神圣的音调向世人宣布：日本失败了。因而他们坦然接受了战败的一切后果。这意味着美军将要占领日本，于是日本人就欢迎美军的到来；这意味着日本侵略企图的失败，于是他们就主动考虑日本应制定一部摈弃战争的宪法。日本投降后的第十天，《读卖报知》以《新艺术与新文化的起步》为题发表了社论，其中写道：“我们必须坚定地相信，军事的失败与一个民族的文化价值是两回事，应当把军事失败作为一种动力……因为，只有在付出了惨重的代价之后，日本国民才能提高自己的修养，才能提高自己客观认识事物的能力，才知道应该对以前那种歪曲日本人思想的非理性因素进行认真坦率的分析……现在，我们需要拿出勇气来正视战败这一冷酷的现实。同时，我们也必须深信日本文化的前途将无限光明。”这就是说，他们曾经试验过一种行动方针已经失败了。今天，他们将试行一种新的和平的处世之道。日本舆论也还在反复强调："日本必须在世界各国中赢得尊重。"因而，日本国民的责任就是要在崭新的基础上赢得别人的尊重。

这些报纸的社论不仅仅是少数知识分子的心声。东京街头以及偏远山村的广大民众也同样经历着巨大的转变。美国占领军简直不敢相信如此友好的国民就是曾经发誓要用竹矛死战到底的人。日本人的伦理道德中包含着许多美国人所排斥的东西，但是，美国占领日本期间的经验雄辩地证明，其他民族的伦理也包含有许多值得赞扬的方面。

麦克阿瑟将军（MacArthur）领导下的美国对日管理当局承认了日本人开始新航程的能力。他没有采用令人屈辱的方法来阻碍这一进程。如果我们按照西方的伦理把这种手段强加给日本，在文化上是可以接受的。因为根据西方伦理观念，侮辱和惩罚是使做坏事的人认识到自己的罪孽的有效社会手段。这样的认罪是重新做人的第一步。如前所述，日本人对此则有不同看法。按照他们的伦理观念，一个人必须对自己行为的一切后果负责，一切过失所产生的自然而然的后果会使他谨记不再这样去做。这些自然而然的后果也可能是战争全面的失败。但是，日本人对这些情况并不必须视为屈辱而去憎恶它们。按照日本人的说法，某人或某国对他人或他国进行侮辱应该采用诽谤、嘲笑、轻蔑、侮蔑以及揭露其不光彩的事情等手段。如果日本人认为受到了侮辱，那么复仇就是一种美德。尽管西方的伦理强烈谴责日本人的这种信条，美国占领的有效性却取决于在这一点上的自我克制。这是因为，日本人非常憎恶被嘲笑，他们认为这是投降而带来的必然后果，与解除武装、承担苛刻的赔偿义务等是截然不同的。

日本曾经取得了伟大的胜利，最终战胜了一个强国。在敌国最终投降时，日本认为它（指俄国——译者注）并未嘲笑过日本，日本作为战胜者谨慎地避免侮辱遭受失败的敌人。在日本，有一张妇孺皆知的著名照片，它是1905年，俄军在旅顺口（Port Arthur）投降时拍的。在照片上，战胜者和战败者的区别只是军服的不同，俄国军队并没有解除武器，仍然佩戴着军刀。根据日本人中一个比较广泛流行的版本：当俄军司令官斯提塞尔（Stoessel）将军表示同意日方提出的投降条件时，一位日本上尉和一名翻译官带着一些食物来到了俄军司令部。当时，“除了斯提塞尔将军的坐骑以外，所有的军马已全被宰杀吃掉了。因此，日本人带来的五十只鸡和一百个新鲜的鸡蛋受到了热烈的欢迎”。斯提塞尔将军和乃木（Nogi）将军的会见定在了第二天。“两位将军的手紧紧握在了一起，斯提塞尔将军很赞赏日本军队的英勇……，乃木将军则称颂俄军长期的英勇防御。斯提塞尔将军对乃木将军在这次战争中失去了两个儿子表示了深切的同情……斯提塞尔将军把自己心爱的纯种阿拉伯白马送给了乃木将军。乃木将军说，虽然他非常希望从将军手中得到这匹马，但必须首先献给天皇陛下。他相信天皇一定会把这匹马赐给他的。他承诺，如果得到了那匹马，他一定要像爱护自己的马那样尽心爱护它。”日本人都知道，乃木将军在自己的住宅前院，为斯提塞尔将军的爱马建了一所马厩。据说，它比乃木将军自己的住房还要考究，在将军死后，这个马厩就成为乃木神社的一部分。

有人说，日本人的性格在上次俄国投降和占领菲律宾期间发生了完全的改变，例如，他们在菲律宾的大肆破坏和残忍是众所周知的。不过，对于日本这样随着情况而极端地改变道德标准的民族而言，上述结论不一定就是正确的。首先，在巴丹（Bataan）

战役之后敌人并没有投降，只有局部地区投降了。虽然后来菲律宾的日军投降了，日本仍处于战争中。第二，日本人从未认为俄国人在本世纪初曾经“侮辱”过他们。与此相反的是，在二十世纪二三十年代，几乎所有日本人都认为美国实行的是“蔑视日本”的政策，用他们的话说是“根本没有把日本放在眼里”。他们对排外法案（Exclusion Act）、美国在《朴茨茅斯和约》（Treaty of Portsmouth）以及在《海军协定》所扮演的角色就是这样反应的。美国在远东经济影响的扩大和我们对世界上有色人种的种族歧视态度也促使日本人采取了同样的反应。因此，日本对俄国的胜利和日本在菲律宾对美国的胜利，显示出了日本人行为中明显对立的两面性格：受过侮辱是一种情况，没有则是另外一种情况。

美国取得的最后胜利再次改变了日本人所处的环境。如同日本人生活中的通常情况一样，最终失败使他们放弃了以前所坚持的方针。日本人这种独特的伦理道德观，使他们能够自行血洗耻辱忘记过去。美国的政策和麦克阿瑟将军的管理避免了给日本人增加新的耻辱。他们只坚持那些在日本人看来仅属于接受战败“当然结果”的事情，这种做法显然取得了良好的效果。

保留天皇具有非常重大的意义，这件事处理得很好。天皇首先拜访了麦克阿瑟将军，而不是麦克阿瑟将军首先拜访天皇。这件事给日本人上了生动的一课，其意义是西方人难以估量的。据说，在建议取消天皇的神性时，天皇曾提出过异议，说让他抛弃他本来没有的东西，这让他感到很为难。他诚恳地说，日本人并未把他看作西方道德意义上的神。但是麦克阿瑟司令部的人劝他说，西方人对于天皇仍具有神性的看法将影响日本的国际声誉。于是天皇忍辱负重，同意发表否认神性的声明。天皇在元旦发表了声明，并要求把世界各国对此事的评论全部给他看。读了这些论评后，天皇致函麦克阿瑟司令部对此表示满意。外国人在此以前则可能不理解，天皇对发表了声明一事感到很高兴。

美国的政策还使日本人得到了某种满足。国务院、陆军部、海军部三部联合命令上明确写道，“对于在民主基础上组织起来的各个劳动力、工业和农业的团体，应鼓励其发展并提供相应的便利条件。”日本工人在许多产业中组织起来了，二十世纪二十和三十年代积极活动的农民组织也重新兴起。对于许多日本人来说，他们能够主动地努力改善自己的生活环境，这就是日本在这次战争中有所收获的最好证明。美国一位特派记者告诉我，东京一位参加罢工者盯着美国士兵喜气洋洋地说：“日本‘胜利’了！是吗？”现在，日本的罢工与战前日本的农民起义很相似，过去的农民起义常常是因为赋税和徭役过重，并且会妨碍正常的生产。它们不是西方意义上的阶级斗争，因为它们没有企图改变社会制度本身。现在，日本各地的罢工也没有降低生产。罢工者比较喜欢采取的办法就是由工人“占领工厂，照常工作，增加产量，使管理者丢脸。在三井（Mitsui）财团的一家煤矿中，‘罢工’的工人把管理人员全部赶出矿井，并且把日产量从250吨提高到了620吨。足尾（Ashio）铜矿的工人在‘罢工’中也增加了生产，并把工资提高了两倍。”

当然，不论管理者的政策具有怎样的好意，战败国的行政工作总是很困难的。在日本，粮食、住宅、国民再教育等问题不可避免的十分严重。假如不利用日本政府的官员，问题势必同样严重。复员军人问题是美国当局在战争结束前非常担忧的一个重要问题，由于保留了日本的官员，这个问题的威胁显然减轻了许多，但也不是很容易解决的。日本人是深知这种困难的。去年秋天，日本报纸以深有同感的语气讲到，对于那些历尽艰辛却战败的日本士兵，战败这杯苦酒实在是太难喝了。报纸恳求他们不要因此而影响了自己的“判断”。总体说来，复员军人表现了相当正确的“判断”，但失业和战败也使其中一些人参加了追逐国家主义目标的旧式秘密社团。他们很容易憎恨他们现在的状况。日本人已不再赋予他们昔日那种特权。以前，伤残军人身穿白色衣服，街上行人遇见时都要行礼的。入伍时村子里要开欢送会，退伍要开欢迎会，以美酒佳肴招待他们，还有美女歌舞表演助兴，士兵们都是坐在上席的。如今复员军人根本得不到过去那种优待了，只有家里人给他们安排一个位置，仅此而已，别无其他。在许多城市和乡镇，他们都受到了冷遇。不难想象，了解到这种骤然变化对日本人是多么痛苦，我们就可以更好理解这些军人多么喜欢与旧日同伴相聚，缅怀过去那种把日本的名誉寄托给军人的时代了。而且，可能他的战友有人告诉他，有些幸运的日本军人已经在爪哇（Java）、山西（Shansi）、满洲（Manchuria）与盟军作战了，为什么要绝望？他也将再次去打仗！以国家主义为目标的秘密社团在日本早就存在，这些团体要“为日本正名”。那些因复仇愿望没有完结，而感到“世界不平衡”的人极有可能参加这种秘密社团。这类社团如黑龙会（Black Dragon）、黑洋社（Black Ocean）等使用暴力，在日本的道德中是对“名分的情义”，是允许使用的。为了消灭这种暴力的存在，在今后的若干年内，日本政府必须继续坚持长期的努力，强调“义务”的同时，压抑对名分的“情义”。

因此，仅仅号召“判断”还不够，还必须重建日本的经济，使目前二三十岁的日本人有生存的办法，并且“各得其所”。必须改善农民的状况。每当经济出现不景气时，日本人就回到故乡农村去。但是，很多地方土地狭小，加上沉重的债务，很难养活众多的人口。日本的工业也必须开始发展了。反对平分遗产的情绪变得十分强烈，应该只有长子能够继承遗产，其他的幼子必须到城市去寻找机会。

日本人今后无疑有困难而漫长的道路要走。毋庸置疑的是，如果国家预算不包括重整军备的费用，他们就有机会提高国民的生活水平。珍珠港事件前十年间，日本财政的一半都花在购买军备及维持军队上。如果停止这类支出并逐步减轻取自农民的地租，这样的国家是有可能健全经济基础的。如前所述，日本农产品的分配是耕种者得60％，其余40％用于支付地租和租税。这与同是稻谷种植国的缅甸（Burma）、暹罗（Siam）的情况大不相同。那些国家传统的分配方式是90％留给耕种者的。日本耕种者所交纳的巨额税金归根结底是用来维持战争机器了。

今后十年间，任何欧洲或亚洲不扩充军备的国家，都将比扩充军备的国家具有潜在的优势。因为这类国家可以用财富来建设健康、繁荣的经济。在美国，我们在推行亚洲政策和欧洲政策时几乎没有注意到这种情况。因为我们知道，我国不会因国防计划的巨大费用而陷入贫穷之中。我国没有蒙受任何战争灾祸，我们不是以农业为主的国家。我们的重大问题是工业生产过剩。我们的大批量生产和机械设备非常完善，若不从事大规模军备、奢侈品生产、福利事业以及研究设施的建设，我们就将失业。资本盈利投资的需求也十分迫切。在美国以外的其他国家，情况则完全不同。即使在西欧也很不同。德国尽管要承担巨额赔偿，但因不能重新武装自己，在今后十年时间里，如果法国推行扩充军备的政策，那么德国就有可能建立起法国所不能做到的健全而繁荣的经济基础。同理，日本也将利用同样的优势超过中国。中国当前的目标是实行军事化，其野心得到美国支持的。日本的财政预算中如果不包括军事化目标，在不远的将来它就将奠定繁荣的基础，并成为东方商业贸易的主角。日本将把经济建立在和平利益的基础上，并提高国民的生活水平。和平的日本将在世界各国中获得重要的地位，如果美国能积极支持这项计划，对日本将是莫大的帮助。

如果美国做不到用命令方式创造一个自由民主的日本，那么任何其他国家也做不到。不论在哪一个被统治的国家，这种办法从来没有成功过。对于一个具有不同习惯和观念的民族，任何外国都不能对其发号施令，强迫其按照外国的模式去生活。任何立法都不能使日本人承认被选举出来的人们的权威，也不能使他们无视其等级制度中的“各得其所”。任何立法也不能使他们具有我们美国人所习惯的那种自由随便的人际交往，自我独立的强烈要求和自行选择配偶、职业、住宅和承担各种义务的激情。但是日本人已明确认识到需要向这个方向改变。日本投降后，他们的当政者说，日本必须鼓励男女国民支配自己的生活，相信自己的良心。虽然他们没有明确这样说，但每个日本人心里都明白：他们已开始怀疑“耻”在日本社会中的作用了，并且希望看到自由在同胞中的新发展，也就是从对“社会”谴责和排斥的恐惧中解放出来。

不论其如何心甘情愿，日本的社会压力对个人要求太多了。社会压力要求他隐藏个人感情，放弃个人欲望，而以家庭、团体或民族代表的身份面对这个社会。日本人已经证明，他们能够忍受这种生活方式所要求的一切自我训练。但是，他们身上的负担实在太沉重了。他们必须高度抑制自己以求得自己更好的待遇。他们不敢要求过那种心理压力较轻的生活，结果却被军国主义者引上了一条不归路。在付出如此高昂的代价之后，他们变得自以为是，并且变得鄙视那种道德观念比较宽容的民族。

日本人走向社会变革迈出的第一大步是承认侵略战争是“错误”，是一次失败。他们十分希望在和平国家中重新赢得受尊重的地位，这就必须实现世界的和平。今后数年间，如果俄国和美国致力于扩充军备，准备相互进攻，日本则将利用它的军事知识参加那场战争。但是，承认这一点并不能让我们怀疑日本成为和平国家的内在可能性，因为日本的行为动机是随机应变的。如果情况允许，日本将在和平的世界中谋求其地位。反之，它也会成为武装阵营的一员。

目前，日本人认识到军国主义已经失败了。他们还将关注军国主义在世界其他国家是否也已经失败。如果没有，日本会再次燃起自己的好战热火并展示它能对战争做出什么样的贡献。如果军国主义在其他国家也失败了，日本自身可以证明，它已经吸取了教训，帝国主义的侵略企图绝不是通往荣誉之路。